国家出版基金项目
NATIONAL PUBLICATION FOUNDATION

中国社会科学院创新工程学术出版资助项目

中国对外开放40年

张宇燕◎主编　40 Years of Opening-up in China

经济管理出版社
ECONOMY & MANAGEMENT PUBLISHING HOUSE

图书在版编目（CIP）数据

中国对外开放40年／张宇燕主编．—北京：经济管理出版社，2018.12
ISBN 978-7-5096-6264-9

Ⅰ.①中… Ⅱ.①张… Ⅲ.①对外开放—研究—中国 Ⅳ.①F125

中国版本图书馆 CIP 数据核字（2018）第 284850 号

组稿编辑：张永美
责任编辑：张永美　高　娅
责任印制：黄章平
责任校对：赵天宇

出版发行：经济管理出版社
　　　　　（北京市海淀区北蜂窝 8 号中雅大厦 A 座 11 层　100038）
网　　址：www.E-mp.com.cn
电　　话：(010) 51915602
印　　刷：三河市延风印装有限公司
经　　销：新华书店
开　　本：720mm×1000mm /16
印　　张：18.75
字　　数：317 千字
版　　次：2019 年 12 月第 1 版　2019 年 12 月第 1 次印刷
书　　号：ISBN 978-7-5096-6264-9
定　　价：118.00 元

·版权所有　翻印必究·

凡购本社图书，如有印装错误，由本社读者服务部负责调换。
联系地址：北京阜外月坛北小街 2 号
电话：(010) 68022974　邮编：100836

编著者名单

主　　编：张宇燕

编 审 组：张宇燕　姚枝仲　孙　杰　张　明　毛日昇

各章作者：

　　　　张宇燕（第一章）

　　　　宋　泓（第二章）

　　　　姚　曦（第三章）

　　　　姚枝仲（第四章）

　　　　冯维江（第五章）

　　　　马盈盈　东　艳（第六章）

　　　　王碧珺　高恺琳（第七章）

　　　　韩　冰（第八章）

　　　　朱丹丹　徐奇渊（第九章）

　　　　刘东民　宋　爽　杨子荣（第十章）

　　　　高海红（第十一章）

总　序

1978~2018年，中国国内生产总值（GDP）总量和人均GDP分别增长了近36倍和24倍强，长达40年的平均9.4%的实际增长率，是同期任何其他国家都未达到的高速增长。在世界经济史上，曾经有过若干个著名的发展里程碑，但是，在一代人的时间内使人民生活水平得到如此大幅度的改善，这个"中国奇迹"确是其他案例都无法比拟的。

例如，我们可以做一个思想模拟，以平均出生时预期寿命代表一代人，以人均GDP作为生活水平改善的代理指标，看一看历史上曾经创造奇迹的几个国家情形，并与中国进行比较。

英国在1880~1930年人均GDP的年均增长率只有0.9%。以1880年时出生人口预期寿命50年来算，平均来看，当时的一个英国人可以在一生中感受到生活水平提高56%。继英国和其他西欧国家之后，美国成为又一个现代化强国。在赶超英国的过程中，即在1920~1975年美国的人均GDP年平均增长率约为2%。以1920年出生的人口预期寿命55年算，美国人终其一生，生活水平可以达到近1倍的改善。日本是下一个成功地实现对先行者赶超的国家，也是亚洲第一个实现了现代化的国家。1950~2010年，日本的人均GDP年平均增长速度超过4%。以平均预期寿命60年算，1950年出生的日本人，一生中生活水平提高了将近10倍。

1981~2017年，中国的人均GDP年均增长率为8.7%，也就是说，1981年出生的中国人，在半生的时间里便已经经历了超过19倍的实际生活水平改善。以平均预期寿命68岁算，那时出生的中国人将期望活到2049年，即中华人民共和国成立100周年之际。可以想见，到中华民族伟大复兴之时，中国人民的人均收入改善会以什么样的奇迹呈现。

因此，这一中国奇迹，无论是从自身的角度还是从人类发展史的角度，都是值得大写特写的。对于经济学家来说，对历史过程大写特写的方式，便是以经验和理论相结合的方式解说既往的经历，从"做对了什么"中提炼智慧，不仅帮助自己认识当下和展望未来，也为其他探寻发展之途的后起国家提供中国方案。

中国取得经济社会发展成就的根本原因，在于坚持实施改革开放，激发劳动者、经营者和各级干部发展经济的积极性，消除阻碍生产要素积累和配置的体制弊端，学习借鉴国外先进技术和管理，利用国际市场把人口红利转化为比较优势和竞争力。因此，解说中国奇迹的重要任务，便是从经验和理论两个角度回顾、总结、分析、反思40年的改革开放历程。

由于以下几个突出特征，中国及其发展对于世界的意义尤其重要。首先，中国拥有世界上最大规模的人口，2017年约为世界总人口的18.5%，占人类1/5的中国人民创造的成就对世界意义的显著性，是其他国家无可比拟的。其次，知识分子天生具有探索兴衰之谜的学术好奇心，而吸引众多学者尝试回答的关于中国科技（发展）为什么由盛至衰的"李约瑟之谜"，正是经济史学中同样著名的、旨在探索为什么16世纪以来世界经济发展出现大分流这个谜题的中国版本。最后，就从另一个方向上满足相同的学术好奇心而言，中国是迄今为止唯一经历了经济发展由盛至衰再至盛，同时接近于完整经历经济发展的每一个必要阶段的发展中国家。

中国的改革开放经验如此引人注目，以至于国内外众多经济学家，无论从正面还是从反面，一直以来都在孜孜不倦地开发这一宝藏。然而，对于中国经济学家来说，解说中国奇迹的学术话语权大有旁落人家的倾向。这样说并非出于某种狭隘的自尊心理，而是因为迄今为止占据学术话语主流地位的很多研究成果，往往只是隔靴搔痒，并没有抓住中国经验的本质和中国智慧的要义。

例如，许多经济学家把已故经济学家哈耶克的一个著名表述作为认识中国经验的经典范式，认为中国在过去几十年里取得的改革成功，是"人类行为的意外结果"（unintended consequence of human action），由此出发产生的一些学术出版物受到追捧。至少由于两个原因，可以说在这种范式下所做的研究具有很大的误导性。首先，这些作者忽略了重要的一点，中国的改革虽然并未从一开始就绘制了蓝图，但却是以"三个有利于"为出发点，并且始终坚持以此评价改革成功与否，以及以此为圭臬设计进一步改革的路径。其次，这些作者也非常不恰当地把中国改革的探索者、设计者、实践者及其付出的艰险、智慧和努力避重就轻地一笔带过。

作为中国本土研究者，有责任和义务以自己的研究弥补上述缺陷。经济管理出版社编辑出版"中国经济改革开放40年系列丛书"，目的就是从中国经济改革开放的各个领域，系统讲述40年制度创新的历程，包括其间经历的种种曲折和取得的辉煌成就。丛书各卷的主编和主要作者，都是中国社会科学院相关学科的杰出学者，既具有深厚的理论素养，其中也不乏改革开放发展的亲历者和参与者。各位作者的学术背景不同，写作风格和论述问题的方式各异，但是，各位作者总体上努力做到把中国故事讲明白，把中国智慧提炼出来，力图从学理角度为人类社会发展提供中国方案。

歌德曾经说：理论是灰色的，而生命之树常青。我认为，这句话并不应该理解为理论不重要。从更加积极的角度理解这句话，可以得出这样的结论：从成功的实践经验中提炼特征化事实，不断丰富乃至修正已有理论体系，创造新的理论范式和体系，可以使理论本身生命常青。包括本丛书作者在内的中国经济学家，责无旁贷地面临着这个重要的使命。希望这套丛书能够为完成这一使命贡献中国社会科学院学者的力量和智慧。

蔡　昉
2019年4月20日于中国社会科学院

目 录

第一篇 总 论

第一章 中国对外开放的理念、进程与逻辑 …………………… 3
　一、对外开放的背景与认知 …………………………………… 4
　二、对外开放的主要内容 ……………………………………… 7
　三、对外开放的理论逻辑 ……………………………………… 11
　四、结语 ………………………………………………………… 15

第二篇 对外开放40年的经验

第二章 中国开放40年的历程与启示 ………………………… 19
　一、引论 ………………………………………………………… 19
　二、与西方国家关系的正常化时间段 ………………………… 20
　三、从参与国际分工到加入东亚区域生产网络（1978~1989年）…… 21
　四、在大开放中脱颖而出（1990~2000年）………………… 25
　五、成为全球加工和制造基地 ………………………………… 33
　六、全球经济中的重要一极 …………………………………… 36
　七、结论和启示 ………………………………………………… 39

第三章 对外开放40年的总体收益 …………………………… 46
　一、引言 ………………………………………………………… 46
　二、对外开放40年对经济增长的贡献 ………………………… 48
　三、对外开放40年福利效应的测算 …………………………… 57

四、对外开放40年对经济社会发展的其他贡献 …………………… 67

第四章　应对开放不利影响的经验 ………………………………… 70
　　一、对外开放的不利影响 ………………………………………… 70
　　二、中国应对不稳定的经验 ……………………………………… 77
　　三、中国应对不平等的经验 ……………………………………… 85
　　四、小结 …………………………………………………………… 91

第三篇　对外开放新战略

第五章　"一带一路"倡议与新型全球化 ………………………… 95
　　一、新时代呼唤新型全球化 ……………………………………… 95
　　二、新型全球化的内在要求 ……………………………………… 98
　　三、"一带一路"倡议为新型全球化注入动力 ………………… 99
　　四、新型全球化催生国际新秩序 ………………………………… 101
　　五、塑造新型全球化的中国担当 ………………………………… 103

第六章　从贸易大国走向贸易强国 ………………………………… 106
　　一、中国外贸波澜壮阔40年 ……………………………………… 106
　　二、贸易强国的提出、概念和特征 ……………………………… 113
　　三、中国贸易强国建设的现状 …………………………………… 118
　　四、从贸易大国向贸易强国转换的战略举措及实现路径 ……… 129

第七章　中国对外直接投资的旧发展与新阶段 …………………… 135
　　一、从限制到放松：中国成为全球第二大对外直接投资国 …… 136
　　二、对外直接投资模式发生结构性变化 ………………………… 140
　　三、中国对外直接投资的影响 …………………………………… 148
　　四、中国对外直接投资进入"鼓励发展+负面清单"监管模式 … 152
　　五、现有对外投资模式难以持续 ………………………………… 157
　　六、"一带一路"沿线地区的投资机遇 ………………………… 160
　　七、结论与对策建议 ……………………………………………… 167

第八章　负面清单与投资环境 ⋯⋯⋯⋯⋯⋯⋯⋯⋯⋯⋯⋯⋯ 169
　　一、历史与沿革：中国外商投资管理体制发展概述 ⋯⋯⋯⋯ 170
　　二、背景与含义：负面清单管理制 ⋯⋯⋯⋯⋯⋯⋯⋯⋯⋯⋯ 174
　　三、实践与改进：外商投资准入负面清单各版本内容 ⋯⋯⋯ 180
　　四、挑战与变革：负面清单与中国投资环境 ⋯⋯⋯⋯⋯⋯⋯ 188
　　五、机遇与前景：中国投资环境的进一步优化与完善 ⋯⋯⋯ 194

第九章　发展合作：从受援国到援助国 ⋯⋯⋯⋯⋯⋯⋯⋯⋯ 196
　　一、国际发展援助发展趋势和展望 ⋯⋯⋯⋯⋯⋯⋯⋯⋯⋯⋯ 197
　　二、中国对外援助的特点和面临的挑战 ⋯⋯⋯⋯⋯⋯⋯⋯⋯ 203
　　三、中国对外援助战略与管理变革 ⋯⋯⋯⋯⋯⋯⋯⋯⋯⋯⋯ 207
　　四、中国对非援助的贸易能力提升评估：问题的提出及理论机制 ⋯ 213
　　五、中国对非援助的贸易能力提升评估：模型设定及回归分析结果 ⋯ 216

第十章　金融开放与金融安全 ⋯⋯⋯⋯⋯⋯⋯⋯⋯⋯⋯⋯⋯ 224
　　一、金融开放对金融安全的影响：理论分析与国际经验 ⋯⋯ 224
　　二、金融开放新举措及其对我国金融安全的影响 ⋯⋯⋯⋯⋯ 230
　　三、我国在金融开放条件下增强金融安全的政策选择 ⋯⋯⋯ 247
　　四、小结 ⋯⋯⋯⋯⋯⋯⋯⋯⋯⋯⋯⋯⋯⋯⋯⋯⋯⋯⋯⋯⋯⋯ 252

第十一章　人民币国际化 ⋯⋯⋯⋯⋯⋯⋯⋯⋯⋯⋯⋯⋯⋯⋯ 254
　　一、人民币国际化的含义和背景 ⋯⋯⋯⋯⋯⋯⋯⋯⋯⋯⋯⋯ 254
　　二、人民币国际化的国际背景 ⋯⋯⋯⋯⋯⋯⋯⋯⋯⋯⋯⋯⋯ 258
　　三、人民币国际化进展 ⋯⋯⋯⋯⋯⋯⋯⋯⋯⋯⋯⋯⋯⋯⋯⋯ 262
　　四、人民币国际化下一步政策配套 ⋯⋯⋯⋯⋯⋯⋯⋯⋯⋯⋯ 266
　　五、结论 ⋯⋯⋯⋯⋯⋯⋯⋯⋯⋯⋯⋯⋯⋯⋯⋯⋯⋯⋯⋯⋯⋯ 272

参考文献 ⋯⋯⋯⋯⋯⋯⋯⋯⋯⋯⋯⋯⋯⋯⋯⋯⋯⋯⋯⋯⋯⋯ 274

第一篇

总 论

第一章　中国对外开放的理念、进程与逻辑[*]

中国改革开放 40 年，各领域取得举世瞩目的成就。对外开放成为中国的基本国策，既是老一辈领导集体总结国内外历史经验后做出的重大抉择，也是实现国家繁荣发展的内在要求。

中国改革开放的总设计师邓小平早在改革开放之初便明确指出："现在的世界是开放的世界"，"发展经济，不开放是很难搞起来的。"① 邓小平的对外开放思想主要包括如下论断：建设经济特区，积极利用外资，开展对外经济合作和对外贸易，逐步从沿海向内地推进对外开放，正确处理独立自主、自力更生与对外开放的关系等。改革开放的根本目标是解放和发展生产力，提高劳动生产率，最终实现中国经济的高质量发展。概言之，改革开放就是通过体制机制改革，理顺政府与市场的关系，让市场在资源配置中发挥主导作用；强化产权保护，加速人力资本积累，鼓励科技创新；降低交易成本，深化国际分工与专业化，扩大市场规模。改革与开放既相互独立又相辅相成、辩证统一。对内改革涵盖了经济、社会、政治、文化等各个领域，同时每个领域的改革均涉及开放，也为推进对外开放提供体制机制保障；而基于贸易往来、直接投资、金融合作等持续扩大的对外开放，其本身就是改革，它们反过来又会促进和深化国内各领域的改革。中共十八大以来，新时代的对外开放无论在理念，还是在形式和内容上都迈上了一个新台阶。围绕着这一历史进程，本章试图归纳总结对外开放的基本内容，并探讨其取得伟大成就所遵循的经济学原理或理论逻辑。

---

[*] 本章内容已发表于《中国社会科学》2018 年第 11 期。在本章的写作过程中，中国社会科学院世界经济与政治研究所的贾中正博士和冯维江研究员提供了大量帮助，特此致谢。

① 《邓小平文选》（第 3 卷），人民出版社 1993 年版，第 64、367 页。

一、对外开放的背景与认知

中国实施改革开放有着深刻复杂的历史背景。在国内，1966年5月至1976年10月的"文化大革命"，使新中国遭受自成立以来最严重的挫折和损失。"文化大革命"结束后的中国亟须一场拨乱反正的变革来纠正过去的错误，让全民族重拾信心、看到希望。从双边关系上看，1978年底和1979年初，作为第二代领导集体的核心，邓小平相继访问日本和美国。这两次访问强化了邓小平对中国与世界先进工业与科技水平差距悬殊的判断，更坚定了其打开国门搞建设的决心。从全球局势上看，1979年12月苏联入侵和占领阿富汗，美苏争霸进入白热化阶段。可以说，正是内部与外部纷繁复杂的大变局，促使当时的中国领导核心认真思考国家未来的发展方向。审时度势之后，他们最终决心推动改革开放，让中国融入经济全球化。

改革开放之初的中国，基本处于一种通过计划配置资源或要素、多重限制基于自愿契约的交易、严重挤压市场规模的状态，而改革开放正是要摆脱这种状态，并让社会主义中国通过全面引入市场机制来融入经济全球化的世界。从国内环境来看，一方面改革开放的决策者已甩掉历史包袱且拥有足够的政治资源，另一方面政府又面临较大财政压力，充分就业难以实现，民众生活水平很低。从国际环境来看，中国已成为美苏两霸争取的"第三极"力量，而其他计划经济体制国家大多开始改革并有所进展，东亚国家的开放经济模式取得成功。在此背景下，为了尽快摆脱困境，推动经济回归正轨并保持长期稳定快速增长，中国主动开启对外开放的大门亦是水到渠成之事。

亚洲开放经济体的成功经验对中国开启改革开放之门也起到了关键作用。基于日本棉纺工业的发展史，日本经济学家赤松要于1932年提出了"雁形模式理论"。依据技术差距论，该理论认为后起国可以通过从创新国引进先进技术，在国内生产加工，推动产品出口这一循环，实现自身产业结构的工业化、重工业化和高度加工化；而先期模仿国也可通过与后进模仿国发展贸易来形成与创新国相对应的贸易产业链格局，进而带动本国经济的快速发展。①20世纪60年代，以"亚洲四小龙"为代表的新兴工业经济体紧随日本这一"领头雁"，积极推行外向型经济发展模式，深度参与国际分工，重点发展劳动密集型加工产业，在较短时期内实现了经济飞跃式发展，顺利跨越"中等收入陷阱"，为中国推行改革开放提供了有益的现实借鉴。总结这些经济体的成功发展经验可知，对外开放是实现快速发展的一个关键性先决条件。它与较高储蓄率、鼓励出口、吸引外资（先进技术与管理等）、重视人力资本投资等因素共同作用，推动了经济增长。

中共十一届三中全会召开以后，以邓小平为核心的第二代领导集体逐渐成形。② 基于当时世界经济与政治的重大变化，邓小平敏锐地洞察到时代的主题已经开始由战争与革命转变为和平与发展。他先是提出"在较长时间内不发生大规模的世界战争是有可能的"。③ 后来，他又做出和平和发展是当代世界的两大主题的论断。④ 基于这些科学研判，中共中央决定将全国工作重点转移到经济建设上来，确立了对内搞活经济，对外实行开放的政策。⑤ 在中国共产党第十二次全国人民代表大会召开时，邓小平提出："我们坚定不移地实行对外开放政策，在平等互利的基础上积极扩大对外交流。"⑥ 中共十二大报告明确指出，实行对外开放是我国坚定不移的战略方针。对外开放符合时代主题和世界发展大势，成为中国现代化建设的必然选择和必须长期坚持的一项基本国策。

与中国共产党的其他重大理论方针政策一样，对外开放具有与时俱进的理论品质，其内涵在历次重要会议中得以不断丰富和完善。中共十三大报告提出，进一步扩大对外开放的广度和深度，不断发展对外经济技术交流与合作。十四届三中全会提出，要充分利用国际国内两个市场、两种资源，优化资源配置……发展开放型经济。中共十五大报告提出，完善全方位、多层次、宽领域的对外开放格局，发展开放型经济。中共十六大报告指出，未来

---

① Akamatsu Kaname, "Waga kuni keizai hatten no shuku gooben shoohoo", 转引自 Pekka Korhonen, "The Theory of the Flying Geese Pattern of Development and Its Interpretations", *Journal of Peace Research*, Vol. 31, No. 1, 1994, pp. 93-108.
② 中共中央文献研究室编：《邓小平年谱（一九七五——一九九七）》（下），中央文献出版社2004年版，第1295页。
③ 《邓小平文选》（第3卷），人民出版社1993年版，第127页。
④ 《邓小平文选》（第3卷），人民出版社1993年版，第96、104页。
⑤ 《邓小平文选》（第3卷），人民出版社1993年版，第135、237页。
⑥ 《邓小平文选》（第3卷），人民出版社1993年版，第3页。

五年开放型经济发展的重点是坚持"引进来"和"走出去"相结合。中共十七大报告认为中国开放型经济进入新阶段，并首次提出"开放型经济体系"。以美国、欧洲等发达经济体为策源地和重灾区的国际金融危机爆发后，中国等新兴经济体在全球治理舞台上的角色凸显。2008年，中国在二十国集团（G20）峰会上提出包括推动国际金融组织改革、改善国际货币体系等在内的重要改革举措。[①] 这意味着以中国为代表的新兴经济体不再是既有国际体系的被动融入者和适应者，而开始成为更加主动的参与者和完善者。

中共十八大提出，要全面提高开放型经济水平。适应经济全球化新形势，必须实行更加积极主动的开放战略，完善互利共赢、多元平衡、安全高效的开放型经济体系。习近平总书记进一步指出："中国将在更大范围、更宽领域、更深层次上提高开放型经济水平"，"共同维护和发展开放型世界经济"。[②] 中共十九大将对外开放提升至新的高度，提出必须坚定不移贯彻创新、协调、绿色、开放、共享的发展理念，发展更高层次的开放型经济，推动形成全面开放新格局。这反映了中共十八大以来，中国开始以更加主动积极的姿态，引领全球开放经济体系的建设和全球治理体系的改革。总结改革开放政策的演变历程不难发现，由适应者、融入者，到参与者、完善者，再到倡导者、引领者，中国的对外开放贯穿国民经济发展的各个时期，始终保持着旺盛的生命力和活力，并逐步形成主动性更强且具有自身特色的开放型理论体系。

在中共十八届五中全会第二次全体会议上，习近平剖析了当前国家发展中的突出矛盾和问题，主要包括创新、协调、绿色、开放、共享五大方面的内容。[③] 这些矛盾和问题已经成为掣肘中国经济由"高速增长"向"高质量发展"转变的主要障碍。正是基于这些判断，党中央大力推动创新发展、协调发展、绿色发展、开放发展、共享发展，并以此作为实现中华民族伟大复兴中国梦的物质路径。在上述"五大发展"之中，开放发展具有明显的系统重要性。作为创新发展基本内容之一的科技创新，既涉及自主研发，也涉及充分运用人类社会创造的先进科学技术成果和有益管理经验。在一个国家间相互依存度达到史无前例之高度的世界里，没有与外部世界的良性互动就不

---

① 《胡锦涛文选》（第3卷），人民出版社2016年版，第139页。
② 习近平：《习近平谈治国理政》，外文出版社2014年版，第114页、第335页。
③ 习近平：《习近平谈治国理政》（第2卷），外文出版社2017年版，第197~200页。

可能有内部的协调发展。当气候变化等全球问题频繁且日益严重地影响人类生存的时候，绿色发展本身就是一个需要世界各国采取共同行动加以应对的议题。发展的终极目标是每一个人的发展，发展的成果也应当由各国人民一起分享。

这里特别值得强调的一点是，对作为中国社会主义市场经济体制基石之一的财产权保护的认识，同样经历了漫长的过程。改革开放前夕，邓小平就已经注意到保护生产者积极性的重要性，并对那种"说什么养几只鸭子就是社会主义，多养几只就是资本主义"的观点进行了批评。① 但从保护生产者积极性到建立比较完善的产权制度和市场机制并严格高效地执行，并非一蹴而就。中共十二大报告在强调"我国在公有制基础上实行计划经济"的同时提出了"计划经济为主、市场调节为辅"的原则。② 十二届三中全会提出"发展社会主义商品经济"。③ 1992年初，邓小平提出资本主义也有计划、社会主义也有市场的重要论断。④ 这一论断打破了阻碍市场在资源配置中发挥主导作用的思想桎梏。随后中共十四大报告又明确提出"建立社会主义市场经济体制"。⑤ 2004年，我国宪法修正案明确规定"公民的合法的私有财产不受侵犯"。2007年我国第一部《物权法》正式实施。从中共十二大到《物权法》实施，历时25年。

二、对外开放的主要内容

在过去40年中，与中国对外开放相关的政策与制度改革形形色色且涉及方方面面。经过分析与梳理，本章把对外开放这一基本国策加以贯彻落实的主要改革举措，归纳为以下六个方面。

第一，推动体制机制改革，支持对外开放。制度的适用性或覆盖面是有边界的，那些使有效制度安排适用性加强和覆盖面加大的做法，或能在更大

---

① 中共中央文献研究室编：《邓小平年谱（一九七五——一九九七）》（上），中央文献出版社2004年版，第238页。
② 胡耀邦：《全面开创社会主义现代化建设的新局面——在中国共产党第十二次全国代表大会上的报告》，载《十二大以来重要文献选编》（上），人民出版社1986年版，第22页。
③ 中共中央文献研究室编：《改革开放三十年重要文献选编》（上），中央文献出版社2008年版，第349页。
④ 《邓小平文选》（第3卷），人民出版社1993年版，第373页。
⑤ 《江泽民文选》（第1卷），人民出版社2006年版，第228页。

范围内使交易得以实现的制度安排，都会拓展市场规模。这意味着推动对外开放离不开相对完善的制度保障。与对外开放密切相关的经济体制改革主要涵盖农村经济、所有制结构、国有企业、价格体制、金融体制、财税体制、外贸体制等领域。以对外贸易体制改革为例，1994年1月《国务院关于进一步深化对外贸易体制改革的决定》明确了改革的目标，即统一政策、开放经营、平等竞争、自负盈亏、工贸结合、推行代理制，建立适应国际经济通行规则的运行机制。① 体制机制改革的目的是使制度更加有效，具体体现为对财产权和契约权的尊重和保护，以降低交易成本，这无疑有助于深化对外开放，形成单一或统一的市场。

第二，引进吸收先进的科学技术，既是中国对外开放的初衷之一，也是助推经济飞速发展的关键因素。技术进步作为提高劳动生产率的直接动因之一，对促进长期经济增长发挥了极其关键的作用。改革开放初期，中国严重缺乏资金、先进技术和科学管理理念、经验等，而大力吸引外资的目的就是博采众长，为我所用。早在1979年4月中央就提出了"调整、改革、整顿、提高"的方针，当时技术引进主要体现在两个"转变"之上：一是由新建项目为主转向技术改造为主；二是由成套设备引进为主转向采用许可证贸易、合作生产、顾问咨询和技术服务为主。1985年3月出台的《关于科学技术体制改革的决定》指出，现代科学技术是新的社会生产力中最活跃和决定性的因素。1988年邓小平提出了"科学技术是第一生产力"的著名论断。1995年5月中共中央正式提出"科教兴国"战略。进入21世纪后，又有一大批支持国家中长期科学和技术发展规划的政策文件陆续出台，这对激发创新动力、鼓励科技创新起到了巨大的推动作用。

第三，遵循"摸着石头过河"理念，对内"先行先试"，总结经验后再逐步推广至全域，以充分拓展国内市场和国际市场。与此紧密关联的有两大举措。一是建立经济特区。1979年7月，中央决定采取"特殊政策、灵活措施"的方式，在广东省的深圳、汕头和珠海以及福建省的厦门分别试办经济特区。1984年4月，中央又进一步批准大连等14个城市对外开放，鼓励创建经济技术开发区；1988年和1990年，中央又分别批准建立海南经济特区和上海浦东新区。这些特区通过创造良好的投资环境，配以关税减免等优惠措施，吸引外商投资，进而引进先进的科学技术、科学的管理理念和方法

---

① 中共中央文献研究室编：《十四大以来重要文献选编》（上），人民出版社1996年版，第638页。

等,带动和促进了区域经济和国民经济发展。二是设立自由贸易试验区。上海自由贸易试验区作为中国首个自由贸易试验区于2013年9月正式成立,它以制度创新为核心,转变政府职能,深化金融改革,推进投资和贸易便利化,打造国际化、法治化、便利化的良好营商环境,并将相关经验和做法上升为制度向全国推行。

第四,越来越积极地参与区域经贸与金融合作。在国际舞台上,对外开放主要体现在以下三个方面。一是积极参与亚太区域合作。1991年11月,中国正式被接纳为亚太经济贸易合作组织成员。2000年,中国参与清迈倡议机制,对东亚地区金融合作机制建设和东亚地区一体化进程起到重大推进作用。二是建立中国—东盟自由贸易区。这标志着中国参与区域合作进入全新的层级。此自贸区的建立有利于扩大双方贸易和投资,加速区域内各国间的资金流、物流和信息流等,促进区域市场的培育和发展,提升中国与东盟经济一体化水平。三是提出"一带一路"倡议。2013年9月和10月,习近平在出访期间先后提出共建"丝绸之路经济带"和"21世纪海上丝绸之路"的重大倡议(以下简称"一带一路"倡议)。该倡议以共商、共建、共享为基本原则,以深化"五通"合作为关键支撑,以构建全面开放新格局为努力方向,积极拓展国际合作新空间,通过深化贸易投资合作,促进基础设施互联互通,加强创新能力开放合作和全球经济治理合作,来更好地造福沿线各国乃至世界人民。①

第五,稳步推进人民币国际化,拓宽经贸合作领域。人民币成为国际经济金融往来的计价、结算与储备货币,有助于规避汇率风险,降低交易成本,促进中国与其贸易伙伴间的经济一体化,分享大宗商品的定价权,助推国际货币体系多元化,约束关键货币国政策制定者不负责任的行为,并获取铸币税。1996年12月,中国先行实现人民币经常项目下的可兑换。后经多年努力,人民币在2015年11月获准加入国际货币基金组织(IMF)特别提款权(SDR)货币篮子,并于2016年10月1日正式实施,从而使人民币在成为世界关键货币的道路上迈出了重要一步。当然我们也要清醒地认识到,人民币国际化之路仍很漫长,人民币离国际关键货币还有很大的差距。

---

① 中共中央宣传部编:《习近平新时代中国特色社会主义思想三十讲》,学习出版社2018年版,第298~307页。

第六，参与并推动国际架构变革，完善全球治理，降低全球规则的"非中性"。[1] 1980年中国恢复了在IMF和世界银行集团的成员地位，2001年正式加入世界贸易组织（WTO），2015年创建亚洲基础设施投资银行（AIIB）。这些行动相继成为中国适应和融入国际体系的对外开放阶段中具有里程碑意义的重大事件。肇始于美国的金融危机给世界各国带来严重负面影响，充分暴露出金融监管的缺陷与国际金融组织的弊端。为了维护国际金融稳定、促进世界经济增长，中国积极推动对世界银行和IMF等进行改革。2010年4月世界银行的投票权改革使中国成为其第三大股东国。2016年1月生效的IMF份额改革使中国的投票权由之前的第6位升至第3位，国际影响力和话语权亦随之提升。推动共建金砖国家新开发银行、亚洲基础设施投资银行等国际金融机构则标志着中国开始作为倡导者、引领者迈向世界舞台中央。金砖国家新开发银行主要侧重于基础设施和可持续项目的长期发展融资。金砖国家应急储备安排则聚焦于金融稳定，为面临国际收支压力的成员提供短期流动性支持。亚洲基础设施投资银行则重点支持对基础设施建设及其他生产性领域的投资，以促进亚洲经济可持续发展。中国在持续推进对外开放的进程中，自身角色也正在从国际体系的适应者、参与者向不可或缺者、倡导者、引领者和完善者转变。

中国的对外开放实践是一个不断拓展和深化的历史进程。随着20世纪80年代末90年代初东欧剧变，苏美对峙和"两个平行市场"并存的格局瓦解，世界范围内兴起市场化浪潮，经济全球化深度发展，中国的对外开放进程也随之加速和深化，并最终实现了以下五个方面的转变。一是在开放对象国方面，经历了从"坚持对发达国家开放"，向"对发达国家开放"与"对发展中国家开放更好结合"的转变；二是在开放领域方面，经历了从制造业、实物贸易开放为主，向包括能源、航空、汽车、农业等在内多种产业及金融、保险、教育、咨询等服务贸易多领域并举开放的转变；三是在开放空间上，经历了从沿海开放拓展到沿海沿边乃至全面开放的转变；四是在开放方向上，经历了对外开放为主向双向开放、共同开放相结合的转变；五是在开放诉求上，经历了从引进外资和先进技术与管理经验，向推动共建全球价

---

[1] 制度非中性是指同一制度对不同人意味着不同的事情，在同一制度下不同的人或人群所获得的往往是各异的东西，而那些已经从既定制度中或可能从未来某种制度安排中获益的个人或集团，无疑会竭力去维护或争取之。参见张宇燕：《利益集团与制度非中性》，《改革》1994年第2期。

值链的转变。

中国对外开放是一个由局部向总体、由低级向高级的渐进过程，可以从中外合资企业的经营变化中得到验证。最初，合资企业的所有产品必须为出口而生产，中国的劳动力作为要素通过商品出口的方式进入了国际分工体系或全球市场之中；后来，合资企业也被允许向国内市场销售产品，且内销比例越来越大，国内市场和国外市场日渐融为一体。最初，外资作为生产要素只被允许配置在相对狭小的特定区域和领域，且东道国对股权和"生命周期"都有比较严格的限制；后来，随着限制的不断放松，可以利用的外资规模、种类、条件都发生了巨大的变化。最初，中国国内生产的产品缺乏标准，或者只有相对较低的国内标准；后来，随着出口加工制造品规模越来越大，国内市场对国际标准特别是发达市场标准的认知程度越来越高，产品标准开始与发达市场接轨。①

三、对外开放的理论逻辑

对外开放促进经济社会进步和国家繁荣发展，这是被古今中外的经济理论和发展实践所证明的深刻道理。马克思曾明确地把国际经济关系列入政治经济学的研究框架之中。在讨论政治经济学方法与体系时他写道："（4）生产的国际关系。国际分工。国际交换。输出和输入。汇率。（5）世界市场和危机。"② 根据马克思主义政治经济学的思想，技术进步和生产力发展必然带来分工的深化和交换的扩大，而分工的深化又会促进生产效率的提高，进而推进国民经济的发展，并深刻地影响世界经济。③

中国对外开放实践与中国传统中的贸易思想高度吻合。早在两千多年前，中国的思想家、历史学家便对自由贸易与经济繁荣之间的关系持有深邃见解。司马迁在《史记·货殖列传》中有"以所多易所鲜"之说。④《淮南子·齐俗训》则更进一步提出："泽皋织网，陵阪耕田，得以所有易所无，

---

① 李侃如：《治理中国：从革命到改革》，胡国成、赵梅译，中国社会科学出版社 2010 年版，第 262~263 页。
② 《马克思恩格斯选集》（第 2 卷），人民出版社 2012 年版，第 709 页。
③ 裴长洪、刘洪愧：《习近平新时代对外开放思想的经济学分析》，《经济研究》2018 年第 2 期。
④ 《史记》（第 10 册），中华书局 1959 年版，第 3262 页。

以所工易所拙"。① 司马迁所谈"货殖",即为现代经济学中的收益或增长。"以所多易所鲜""以所有易所无""以所工易所拙",可谓中国古代贸易思想的精髓,它们言简意赅地点明了经济增长的根本源泉之一来自贸易。据此,我们可称其为"淮南子—司马迁定理"。经由"易"(也即交换)来获取贸易收益与经济发展的典型事例,还有诸如"因地制宜""扬长避短""互通有无"等。在中华文明数千年的历史长河中不难发现,那些采取了符合"淮南子—司马迁定理"的经济政策时期,往往经济繁荣、社会安定。

"淮南子—司马迁定理"虽然出现在两千多年之前,但已经凝练地包含了现代开放经济基本原理,特别是贸易理论中的三大理论。亚当·斯密在其传世之作《国富论》中着重讨论了一国繁荣发展的逻辑。在斯密眼中,经济发展表现为人均收入的增长,而劳动生产率的提高是促进人均收入增长的唯一来源;提升劳动生产率的根本途径则在于分工和专业化水平的提高;导致分工和专业化水平提高的基础条件,则是市场规模的扩大。由此我们可以得到一个促进经济增长的理论模型:市场规模扩大→分工和专业化加强→劳动生产率提高→人均收入上升→经济增长。② 对以上增长逻辑加以简化后可得:经济繁荣来自市场规模的扩大,即所谓的"斯密定理",或"绝对优势理论"。

大卫·李嘉图的比较优势理论则认为,不同国家因技术差异导致劳动生产率不等,进而导致生产成本不同,一国在生产两种产品均无绝对优势的情况下,应基于"两利相权取其重,两弊相权取其轻"的原则,集中生产绝对劣势相对较小的产品,并将之与其贸易伙伴进行交换,即可实现贸易双方的福利改进,这就是所谓的"比较优势理论"。③ 该理论使自由贸易促进经济繁荣的理念得到进一步升华。马克思对此观点亦持肯定态度。他认为,国际交换中劳动生产率较低的国家,即经济不发达的国家"所付出的实物形式的

---

① 《淮南子》,顾迁译注,中华书局2009年版,第179页。
② 亚当·斯密认为,每个国家都可以利用国际分工获得好处。如果一个国家生产葡萄酒所耗费的劳动少,另一个国家生产毛呢所耗费的劳动少,那这两个国家都应专门生产本国耗费劳动少的商品,然后彼此交换,这样双方都可以节省劳动,也即提高劳动生产率,各自得到好处。参见亚当·斯密:《国民财富的性质和原因的研究》(下卷),郭大力、王亚南译,商务印书馆2009年版,第331页。
③ 大卫·李嘉图:《政治经济学及赋税原理》,郭大力、王亚南译,译林出版社2011年版,第64~77页。

第一章 中国对外开放的理念、进程与逻辑

对象化劳动多于它所得到的,但是它由此得到的商品比它自己所能生产的更便宜。"①

"淮南子—司马迁定理"特别强调了禀赋对贸易的作用。两千年后瑞典经济学家俄林基于赫克歇尔的研究指出,"每一地区最适于生产那些所需生产要素在该地区比较丰富的产品"。② 由此,他提出了关于要素差异的国际贸易理论,即"要素禀赋论"或"赫克歇尔—俄林理论"。"要素禀赋论"认为,生产商品需要不同的生产要素,除了劳动力还有诸如土地、资本、技术、知识等要素,且由于生产的商品不同,需要配置的生产要素也存在差异。基于此,一国应该出口由本国相对充裕的生产要素所生产的产品,而进口由本国相对稀缺的生产要素所生产的产品。换言之,世界各国间要素禀赋的相对差异,以及生产各种商品时利用这些要素的强度差异,共同构成了国际贸易的基础;通过贸易各参与国均可以提升自身福利水平,进而促进共同繁荣和发展。

上述贸易理论都不同程度地证明,即使不存在技术进步,只要市场中微观主体(个人或企业)或国家专注于自身拥有优势之产品的生产,并与贸易伙伴交换获取自己没有或生产效率不如人的产品,即可实现"得自贸易的收益",进而促进经济增长。中国过去40年所见证的经济奇迹,其主要源泉之一在于伴随市场规模拓展而获得了巨大的"得自贸易的收益"。然而在现实中,技术进步自始至终与市场规模拓展并行,并主要体现在分工和专业化水平提升的过程中,有时甚至决定了市场规模拓展的速度和边界。再者,无论前述中所说的"易"还是"交换"或"交易",其实现都不是没有条件的。这里所说的"条件",简言之即交易规则,以及交易规则基于其上的制度安排。由此一来,中国奇迹赖以实现的条件便是三位一体的:"得自贸易的收益""得自技术进步的收益"和"得自制度完善的收益"。就中国奇迹而言,对外开放扮演着逻辑上和实践上的先行者角色。

讨论技术进步对经济长期增长贡献的文献汗牛充栋,其中以熊彼特的论述最具代表性。熊彼特指出,增长的源泉来自创新,而创新表现为新产品、

---

① 《资本论》(第3卷),人民出版社2004年版,第265页。
② 贝蒂尔·奥林:《地区间贸易和国际贸易》,王继祖等译,首都经济贸易大学出版社2001年版,第6页。"奥林"现通译为"俄林"。

新方法、新市场、新原料和新组织方式。① 从熊彼特对创新的概括中可以看到,他的关注点主要在于与技术密切相关的创新。引发技术进步的动因,既有市场行为主体为追求利润而从事的创新活动,也有他们的学习或引进他人的先进技术和组织生产的方式。熊彼特创新理论中不被人特别关注的是他对"新市场"的讨论。恰恰是在这一点上,熊彼特和斯密等强调市场规模的贸易理论会于一处。新市场的出现势必引发新的分工与专业化生产,市场规模扩大带来的竞争加剧也迫使各层次的市场行为主体从事技术创新或技术引进。在强调专业化生产和竞争扮演着推动技术进步的关键角色的同时,熊彼特还指出了创新得以实现的一个至关重要的条件:存在一个有效的金融市场,为创新提供必要的资金支持。鉴于金融市场乃典型的制度密集型安排,体制机制改革或有效制度的设立便成为无法回避的问题。

贸易与技术进步都可以促进经济增长,但前提条件在于有效的制度安排,其中的核心要素是明确界定和保护财产权,各行为主体尊重契约,政府和市场各自发挥自身的功能而不相互跨界。上述三项制度安排的核心要素,既是市场规模得以维持和扩大的条件,也是市场规模扩大最终传导至经济增长的条件。三项要素中最为关键的角色是政府,因为界定和保护产权、维护契约、保障市场发挥资源配置的决定性作用,无一不是由政府来实施。② 换言之,经济繁荣取决于政府权力的有效使用。显而易见的是,制度安排的作用范围不仅限于一国内部。国家间的交往是以规则为基础的,国际制度或规则覆盖的广度和深度同时又决定着市场规模的大小和贸易的质量,而后者反过来又影响着市场规模。对于一个长期游离于国际贸易体制之外的国家而言,接受并进入既定的国际体制不仅意味着自身市场规模的扩大,也意味着必须改革自己与既定国际体制格格不入的原有体制,还意味着国内既得利益集团的利益受到极大冲击。这便是所谓的"倒逼改革"。

对外开放的经济逻辑,基本思路在于阐述开放如何通过扩大市场规模来促进长期经济增长。市场规模的扩大有五个维度:一是参与交易的人口数量的增多;二是参与者因人力资本积累和技术创新而提高了财富创造能力;三是可交易对象范围的扩大;四是货币化程度攀升;五是有效制度安排之覆盖

---

① 约瑟夫·熊皮特:《经济发展理论——对于利润、资本、信贷、利息和经济周期的考察》,何畏、易家祥等译,商务印书馆1991年版,第73~74页。
② 曼瑟·奥尔森:《权力与繁荣》,苏长和、嵇飞译,上海人民出版社2005年版,第10页。

面的拓展和执行力度的加强。五者相辅相成、共同作用，最终导致了市场规模的扩大。[①] 将市场规模的扩大与长期经济增长理论相结合，我们便可以得到一个简洁的模型，其关键变量和逻辑关联如下：市场规模扩大→潜在的"得自贸易的收入"出现或增大→得到政府恰当保障的财产权和契约权→交易成为可能并可以顺利完成→分工和专业化程度加强→创新和学习带来的技术进步→劳动生产率提高→经济增长（人均收入增长）。从前面的讨论不难发现，上述逻辑框架有助于我们从理论上深化对中国对外开放的理解。

在此有必要就全球治理做一点补充。全球治理本质上是一套用于规范国家或非国家行动体之间博弈的规则体系，具有强烈的"非中性"特征。当前的国际制度和体系由西方发达国家主导创建，更多地体现了发达经济体的利益，长期以来新兴经济体和发展中国家在其中的发言权和代表性明显不足。随着全球主要国家博弈者之间实力对比发生深刻变化，一些新兴经济体越来越成为解决全球问题的不可或缺者，它们与现行国际制度的利益攸关度亦显著提高，希望通过全球治理来维护和拓展自身利益的诉求也不断增强。[②] 在此背景下，在平衡好权利和义务关系的同时，本着尽力而为、量力而行的原则，积极推动全球治理体系变革而非将旧有体系推倒重来或另起炉灶，规避或淡化全球治理体系中"非中性"制度安排，实乃大势所趋。一国在条件具备时独自或与其他利益攸关方联手谋求改进自身在既定国际体制中的地位，无疑属于理性选择。上述逻辑可以说恰当地解释了中国在全球治理领域内的所作所为。

四、结语

中国自1978年开始的对外开放是一个不断拓展和深化的历史进程。在此进程中，中国决策者与民众对改革开放的认知逐步深入，中国与世界的关系特别是中国在世界中的角色也在不断调整。在改革开放之初，打开国门的中国是国际经济体系的适应者和融入者，之后变为参与者和完善者，再后

[①] 张宇燕、冯维江：《中国的和平发展道路》，中国社会科学出版社2017年版，第89~121页。
[②] 张宇燕等：《全球经济治理结构变化与我国应对战略研究》，中国社会科学出版社2017年版，第11页。

来又努力成为国际体系改革的倡导者和引领者,并在实践中形成了一系列层层递进、一脉相承的中国特色开放经济政策与理论。在邓小平改革开放理论指导下的中国对外开放实践,既很好地吻合了中国传统的贸易理论"淮南子—司马迁定理",也在现代贸易理论和长期增长理论中得到说明。

随着中国特色社会主义进入新时代和国际环境发生深刻变化,特别是美国总统特朗普执政后,中美关系开始进入质变期,中国仍需要以自身开放来引领和促进世界各国的相互、共同开放,积极参与全球治理改革和区域经贸合作,为推动构建人类命运共同体,建设持久和平、普遍安全、共同繁荣、开放包容、清洁美丽的世界,创造良好国际条件。

中国经济取得的巨大成就得益于过去40年持续推进的改革开放。未来,中国经济若要实现高质量可持续发展,仍离不开进一步的深化改革与对外开放。30多年前邓小平讲道,"如果开放政策在下一世纪前五十年不变,那末到了后五十年,我们同国际上的经济交往更加频繁,更加相互依赖,更不可分,开放政策就更不会变了"。[1] 过去40年来,中国对外开放政策一以贯之。特别是中共十八大以来,习近平在多个场合反复强调,中国开放的大门永远不会关上,只会越开越大。[2]

---

[1] 《邓小平文选》(第3卷),人民出版社1993年版,第103页。
[2] 习近平:《深化伙伴关系 增强发展动力——在亚太经合组织工商领导人峰会上的主旨演讲》,《人民日报》2016年11月21日第3版;习近平:《开放共创繁荣 创新引领未来——在博鳌亚洲论坛2018年年会开幕式上的主旨演讲》,《人民日报》2018年4月11日第3版。

第二篇

对外开放40年的经验

第二章 中国开放40年的历程与启示

一、引论

作为一个贫穷大国，长期以来，新中国受到了西方国家的禁运和封锁，处于封闭、半封闭状态。在这样的条件下，我们被迫走了一条独立自主、自力更生的发展道路——大规模进口国外的先进技术和设备甚至全套的生产线，进行国内生产和销售，满足国内不断增长的物质和文化需求。这种发展模式的效率取决于进口来的国外技术和设备的先进程度、数量以及吸收、消化的程度等。为什么我们自己不能研发这些技术和设备呢？一方面，我们没有这样的能力；另一方面，即便自己能独立地研发出来，费时费力不说，也还不一定能够赶上世界先进水平，事倍功半。而要进口就需要外汇。这样一来，外汇的多少以及出口创汇的能力就成为该模式实施范围、规模以及可持续的限制条件。中国的开放，最初就是从寻求突破这种约束开始的。

客观地讲，改革开放之前，我们已经很好地吸收和消化了以前不同时期进口的设备和技术，并建立起独立而比较完整的工业体系。但是，我国整个产业和企业的技术水平和世界先进水平相比，仍然处于非常低的水平，有20多年甚至更长的差距。[①] 而我们迫切需要进口的技术和设备，绝大多数都集中在西方发达国家。

那么，中国能否通过开放引进先进技术和设备、更新改造国内的生产设备？中国开放所面临的外部环境如何？或者简单地说，中国的开放是对哪些

---

① 即便是到了20世纪90年代的中期，这种差距仍然十分巨大。1995年第三次工业普查的数据显示，1995年，我国独立核算企业的生产设备（已安装）的技术状况是：处于当时的国际水平的，有11.72%；处于国内先进水平的，有17.31%；处于国内一般水平的，有39.57%，处于国内落后水平的，有31.4%。

国家开放？这些国家接纳中国吗？简言之，我们需要从中国自身的发展、外部环境的变化以及两者的有效互动三个方面来观察中国的开放，并试图理解中国开放的不同以及可能带来的启示。

下面我们按照这样的逻辑关系，分阶段地分析和评价中国的对外开放和主要绩效，最后给出一些结论和启示。

二、与西方国家关系的正常化时间段

（1）从20世纪60年代末期开始，苏联的综合国力尤其是军事实力大幅度上升，并在与美国的霸权竞争中，从以前的守势转向了更加咄咄逼人的攻势。美国因此面临着很大的压力。与此同时，坚持独立自主路线的中国、反对苏联的大国沙文主义并追索沙俄时期不平等条约所丧失的国土回归，使中苏关系交恶，而且在边界地区不断发生小规模冲突。1969年的珍宝岛冲突甚至有将两国推入全面战争的风险。苏联在中苏边境陈兵百万，极大地威胁着中国的国家安全。

反对苏联扩张主义的共同利益将中美两国推到了一起。从20世纪60年代后期开始，经过长期的秘密接触，中美冲破重重险阻，终于在1972年实现尼克松总统访华，并于1979年正式建立外交关系。

与美国的关系改善，以及最终建交，是中国外交史上的重大标志性事件。一方面，它使中美双方的关系进入了一个新的互利合作时期。为了抵抗共同的敌人，中美在各个领域展开了合作，堪称"小蜜月时期"。另一方面，也促使中国和西方国家的关系大大改善，并直接促成了与西方所有主要国家的正式建交。在共和国的历史上，这是建立外交关系最多的时期。

（2）第二次世界大战（以下简称"二战"）后，随着殖民体系的瓦解，越来越多的落后国家获得了民族独立。从20世纪50年代中后期开始，联合国发展中成员的数量大大上升。到60年代末期，已经超过了联合国国家总数的2/3，成为国际政治舞台上稳定的大多数。由于与发展中国家和地区的良好关系，使中国恢复在联合国的合法席位的努力开始显现成效。在1970年的联合国第二十五届大会上，成功将恢复中华人民共和国在联合国的合法席位作为一个议题纳入下一年的联合国会议议程。结果，在1971年10月18~25日召开的第二十六届联合国大会上，中国在广大友好国家的支持下，恢复了在联合国的合法席位，登上了联合国的政治舞台。在投票支持中国的努力中，除一部分发展中国家外，还有绝大部分的欧洲国家。这间接显示出中美关系解冻的巨大影响力。

（3）与美国关系的改善，以及恢复联合国合法席位带来中国对外关系的大突破。1971年恢复联合国席位后，中华人民共和国成为联合国安理会五个常任理事国之一，国际地位大大提升，使与广大发展中国家和地区的关系改善。同时，1972年2月21～28日，美国总统尼克松访华，也为中国与西方国家之间的关系打开了一扇大门！

这个时期，我们与世界上主要发达国家、新兴经济体等都建立起了外交关系。这样的外交构架为以后的开放打开了广阔的空间。比如，欧盟国家，美洲（美国、加拿大、墨西哥、巴西、阿根廷等）、亚洲的日本以及老东盟国家（新加坡除外，1990年建交）、大洋洲的澳大利亚和新西兰等。

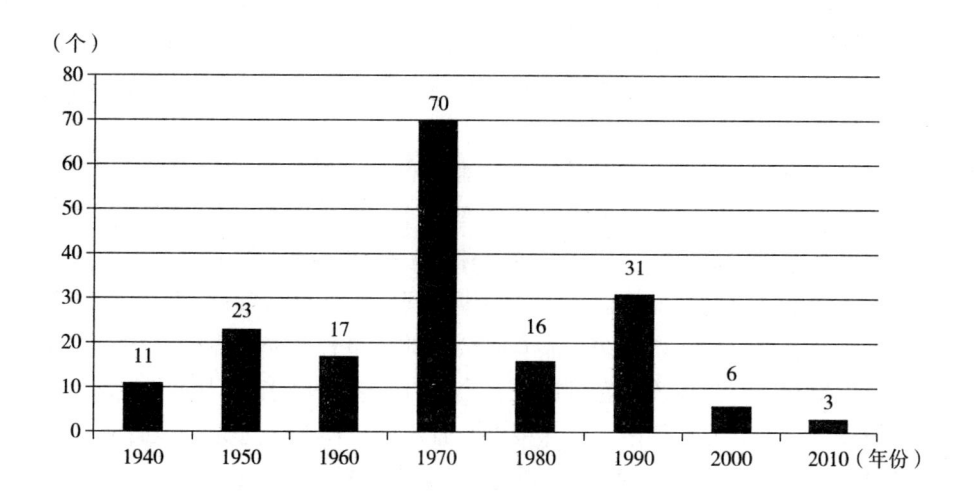

图2-1 中国不同年代建交国家数量分布

注：截至2018年5月，建交国共177个国家。
资料来源：外交部网站。

三、从参与国际分工到加入东亚区域生产网络（1978～1989年）

20世纪70年代是一个大动荡的年代。西方社会，经历了"二战"以来长达20多年的经济复苏、繁荣之后，正在遭受石油危机的冲击，经济陷入"滞胀"之中。为了走出困境，以里根和撒切尔夫人为代表的美欧国家，大力推行经济自由化，改革"二战"以来形成的政府对经济的过多干预以及种种规制，并逐渐开启了新一轮全球化的序幕。同一时期，中国经济也在经历着"文化大革命"的冲击，国民经济几乎到了崩溃的边缘。在邓小平领导下的第二代新中国领导人勇敢地告别过去，实行了改革开放的政策。从此之后，过去29年，一直平行运行，相互孤立的中国和西方开始了有效的互动。

因为率先进行改革开放，中国因此获得了先机。

（一）1979年：特区的建设

最初的开放是从更多地引进技术，从而出口创汇的角度出发的。这样一来，临近中国香港和中国澳门的广东宝安县和珠海县就自然成为首选。最初的设想是利用地理上毗邻港澳的优势，利用港澳的资金和技术，以及与国际市场的联系，建成出口基地。

这样一种合作形式对于港澳的商人来讲也是非常难得的机遇：一方面，可以利用中国内地的廉价劳动力以及生产条件，扩大生产，降低成本；另一方面也可以逐渐转移生产，甚至形成一种分工合作关系，将中国内地的这些毗邻地区的生产活动纳入他们的生产和供应网络。最早从事这类活动的是香港永新企业有限公司和澳门纺织品有限公司的董事长曹光彪先生。1978年8月，曹先生和珠海当地政府签订协议，合作办厂：由他在澳门的纺织品有限公司投资740万港元从英国、联邦德国、日本、美国等引进先进设备和部分建筑材料，珠海方面则以建厂用地租金、土建材料等折合投资55万元，合办一家毛纺企业，承接来料加工。曹先生负责生产技术指导和产品外销，珠海方面则用加工费偿还曹先生的投资——双方约定5年内还清，然后，工厂无偿归珠海所有。这种合作方式后来被称为"补偿贸易"。这是改革开放后吸引外资在珠海办厂的最早尝试。工厂很快投产，但是，初期的经营中也遇到了不少问题，比如，工人的技术素质和管理水平达不到要求，工资和绩效没有挂钩，企业缺乏自主权等。但是，经过培训以及引进中国香港和国外的先进管理制度等之后，这些问题都得到了很好的解决。不久，曹先生进一步扩大在中国内地的投资，又在新疆投资合办了"天山毛纺有限公司"，成为我国早期比较成功的合资企业之一。

1979年7月15日，中共中央、国务院批转广东省、福建省关于对外经济活动实行特殊政策和灵活措施的报告，决定在深圳、珠海、汕头和厦门试办特区。1980年5月16日，经中共中央、国务院批准，正式将"特区"定名为"经济特区"。

这样一来，港澳的商人和企业早在20世纪80年代中期的汇率大幅度升值之前，就探索出了一种新的合作方式，并形成了和中国内地经济的密切联系。这样一种合作也为后来的其他"亚洲四小龙"经济体所效仿，从而为中国内地经济融入东亚地区的生产网络开拓了一条捷径。

（二）1984年：沿海城市的扩展

改革开放初期，经济特区确立之后，也遇到了不少的问题和争议。一方面，经济特区建立后，一段时间内一些不法分子大肆从事走私活动，大大冲击了建设特区的初衷，也引发了一些人对于特区建设的非议。另一方面，国内"左"倾思想观念强烈的人员指责经济特区是资本主义，是新的飞地，和过去的租借类似，等等。面对这种情况，1984年年初，邓小平专门来到特区进行视察。1月24日到2月10日，在实地考察了深圳、珠海、厦门三个经济特区之后，他充分肯定了特区的做法，并于2月24日在北京召集主要中央领导同志开会，主题是如何进一步办好经济特区和增加对外开放城市的问题。1984年3月26日至4月6日，中共中央书记处和国务院在北京召开沿海部分城市座谈会；会议建议进一步开放天津、上海、大连、秦皇岛、烟台、青岛、连云港、南通、宁波、温州、福州、广州、湛江和北海14个沿海港口城市，并在其中的某些城市中建立经济技术开发区，政策比照经济特区的政策执行。1984年5月4日，中共中央批转沿海部分城市座谈会会议纪要，决定进一步开放14个沿海港口城市，并扩大这些城市的权限，给予外商投资若干优惠等政策。

进一步增加的这14个沿海开放城市不仅坚定了开放的方向，也扩大了开放的范围。

（三）1985年：三个三角地区的开放

1984年10月20日，中共十二届三中全会在北京召开，并形成了《中共中央关于经济体制改革的决议》。随后，我国的经济体制改革全面铺开，对外开放也进入了快车道。

会后不久，国务院主要负责同志赴广东、福建等沿海地区进行调研，并形成《关于沿海地区经济发展的几个问题》的考察报告。报告把业已形成的经济特区、沿海开放城市以及经济技术开放区称为我国对外开放的桥头堡，并建议其要发挥跳板和带动作用；同时，建议上海、广州等大型城市应该成为对内对外辐射的两个扇面，发挥对其他开放城市的枢纽、中介作用。报告还提出了进一步开放珠三角、长三角以及辽东和胶东半岛的建议。这些意见得到了邓小平同志的充分肯定。

1985年1月25~31日，长江三角洲、珠江三角洲和闽南厦（门）漳（州）泉（州）三角地区座谈会在北京召开。会议一致认为，在新的形势下，开放这三个三角地区是加速沿海地区经济发展、带动内地经济开发的重要战略举措，具有重大战略意义。

1985年2月18日，中共中央、国务院批转《长江、珠江三角洲和闽南厦漳泉三角地区座谈会纪要》，决定将这三个三角地区开辟沿海经济开发区。这样，我国对外开放就形成了由经济特区—沿海开放城市—沿海三大三角地区（以及随后的辽东和胶东半岛）的由点到面、不断扩大的大格局。尤其重要的是，通过这样的开放布局，沿海开放地区与内地之间的联系更加通畅、便捷了。

（四）1988年：沿海开放地带——两亿人口的参与

1987年10月，中共十三大召开，发表了《沿着有中国特色的社会主义道路前进》的大会报告，提出要进一步扩大和深化对外开放，不断发展对外经济技术交流和合作。报告要求"必须继续巩固和发展已初步形成的'经济特区—沿海开放城市—沿海经济开发区—内地'这样一个逐步推进的开放格局。从国民经济全局出发，正确确定经济特区、开放城市和地区的开发与建设规划，着重发展外向型经济，积极开展同内地的横向经济联合，以充分发挥它们在对外开放中的基地和窗口作用"。

中共十三大召开后不久，1987年11月至1988年初，国务院主要负责人先后去上海、浙江、江苏和福建等沿海省市考察，并形成了加快沿海地区对外开放和经济发展的总体设想，即"沿海经济发展战略"。1988年1月23日，邓小平审阅《沿海地区经济发展的战略问题》报告，并批示

"完全赞同。特别是放胆地干，加速步伐，千万不要贻误时机"。① 随后的 1988 年 3 月 18 日，国务院发出《关于进一步扩大沿海经济开发区范围的通知》，决定新划入沿海开发区 140 个市、县，其中，包括杭州、南京、沈阳等省会城市。同年 4 月，又新设立海南省，并兴建我国最大的经济特区——海南经济特区；1990 年，开发开放上海浦东，实行经济技术开发区和某些经济特区政策。

（五）总结和评价

20 世纪 80 年代，国际环境的变化非常剧烈。在这个十年的中前期，西方世界不仅推行去规制化以及贸易和投资的自由化，而且相互之间也在进行着角力。1985 年 9 月，在美国的压力下，日元、马克以及其他西方主要货币都对美元实现了大幅度的升值，史称"广场协议"。在此之前，日元对于美元的汇率是 1 美元兑换 250 日元，之后的 1987 年则是 1 美元兑换 120 日元。同一时期，"亚洲四小龙"的货币也大幅度升值，造成当地的劳动密集型产业丧失比较优势，被迫进行大规模向外转移。

正是在这样的背景下，1988 年中国大规模实行的沿海经济大发展战略或者沿海经济大循环战略，实现了与这种产业转移的对接。在很短的时间内，中国的贸易结构就发生了根本性的改变，并逐渐成长为东亚地区的加工和制造中心。

这样，在国内外出现大动荡之前，中国的对外开放不仅突破了传统计划经济的束缚，搭建起了一个以沿海地区为前沿和桥头堡、内外相连的开放大格局，而且通过积极的战略对接，形成了承接"亚洲四小龙"和日本产业转移的政策及制度框架，初步实现了与这些周边先进经济体的经济融合。

四、在大开放中脱颖而出（1990~2000 年）

20 世纪 90 年代是一个大变革的年代：一方面是苏东国家的崩溃，以及由此而来的休克疗法，使这些国家的经济陷入了长达十年之久的衰退和萧条之中。另一方面是信息技术革命如火如荼的推进，世界进入了信息时代，连接世界各地的互联网开始运行。中国又一次因为大刀阔斧的改革开放而捷足

---

① 《邓小平文选》（第 3 卷），人民出版社 1993 年版，第 408 页。

先登。

（一）1990~1994年

20世纪90年代，世界风云突变。曾经不可一世的苏联解体了，中东欧的传统社会主义国家也纷纷改弦更张，放弃社会主义和共产党的领导，走上了资本主义和多党制之路。随着这种转变，一方面，这些转型经济体陷入了空前的经济衰退之中，不少国家的GDP在随后的十年中连年下降，最低达转型前的40%~50%。另一方面，苏联的垮台也使坚持社会主义和共产党领导的中国面临空前的压力。

这一点突出地反映在美国对我国恢复关贸总协定的缔约国地位，以及随后的"入世"谈判的战略和要价变化上。1989年4月18~19日，关贸总定中国工作组第7次会议本来已经完成了对中国外贸制度的评估；同年5月24~28日，中美第5轮复关问题双边磋商也取得了实质性进展，并有望在当年年底结束复关谈判。但是，1989年6月4日的"政治风波"彻底改变了这种态势。实际上，1989年12月12~14日，在关贸总协定中国工作组第8次会议上，缔约方开始了对中国贸易制度的重新审议。这是西方国家对中国复关态度和战略转变的一个标志。

1990年，美国根据国内法（1974年贸易法中的"杰克逊—瓦尼克"条款）开始了对中国最惠国待遇的年度审核。这一事件标志着10多年来维系中美经贸关系的根基发生了动摇，中国置身于GATT/WTO之外的代价陡然增大。从此，美国利用双边谈判机制，迫使中国在许多具体方面适应美国和国际的规则。1991年11月，美国根据1974年301条款开始对中国市场的调查，并于1992年签订《关于市场准入备忘录》；同年，中国与美国签署知识产权保护协定，1994年新的争议又兴起，并到了发生贸易争端的边缘。显然，美国利用它在国际上的独特地位（霸权地位），单边地、歧视地（CHINA-SPECIFIC）对中国提出种种要求，并通过双边谈判的杠杆机制迫使中国让步，进而通过GATT/WTO的非歧视原则将中国的这些让步推广到所有缔约方或成员方。

当时，国内对于前进的方向也陷入争论和彷徨之中。改革开放事业一时陷入了缓慢推进甚至停滞状态。在这个危急关头，邓小平又一次站了出来，通过"南方谈话"的形式，再一次将中国的改革开放事业推向前进。

"改革开放也不会一帆风顺。现在的改革开放迈不开步子，不敢闯，要害是姓资还是姓社的问题。判断姓资姓社的标准应该是三个有利,即是否有利于发展生产力,是否有利于增强综合国力,是否有利于提高生活水平。特区的实践表明,改革开放不仅可以发展生产力,还可以解放生产力。"①

这一时期,中国为尽早结束谈判作了很多努力,也作出了很多调整。譬如,1992年中共十二大明确提出要建立社会主义市场经济;以及中美关于知识产权的双边谈判等。以关税削减为例。1992~1994年,中国进行了四次大规模的单边、自主的关税削减活动,平均关税从1992年的43.2%下调至1994年底的36.4%,在短短的三年间就下降了6.8%。

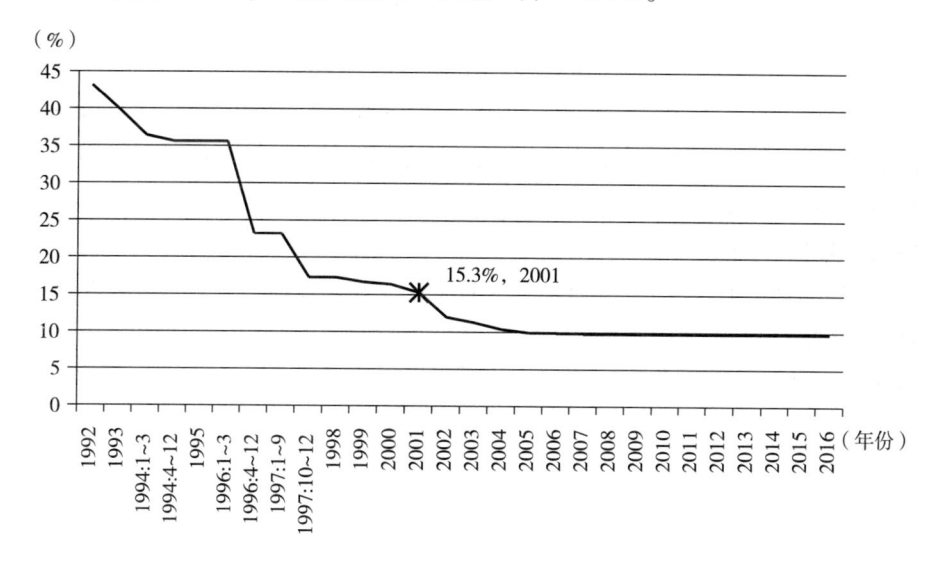

图 2-2 中国关税削减

资料来源:《中国财政年鉴》,2007年(第415页),2017年(第407页)。

总之,1990~1994年,是中国被迫作出调整的时期。苏联解体使美国也彻底改变了对我们的战略和政策。这样,复关以及后来的"入世"谈判中,美国跟我们进行了真刀实枪的讨价还价。客观上讲,这5年是国际国内形势变化剧烈的时期。苏联及东欧社会主义国家的解体,战后持续将近半个世纪的美苏对抗的冷战格局结束,美国一超独霸的格局形成。中国失去了在冷战体系中作为美苏对抗平衡器的独特作用。作为世界上仅存的社会主义大国,

---

① 《邓小平文选》(第3卷),人民出版社1993年版,第372页。

中国日益成为美国的潜在对手。同时，乌拉圭回合谈判结束，多边贸易体系管理的贸易范围大大扩大。服务贸易、知识产权、农产品等议题加入进来，这增加了谈判所涵盖的范围和难度。另外，还涉及非常敏感的中国台湾问题。显然，对于这些变化，中方没有或不愿接受，尤其是在1994年复关努力失败时。因此，这一时期是中国和主要缔约方尤其是美国相互配合错位的时期。

（二）1995～2000年

1995年，世界贸易组织正式成立。中国的复关谈判转入"入世"谈判阶段。因为美方立场和战略上的改变，中国的"入世"谈判一开始便从双方的非正式沟通开始。这种沟通起码进行了4次。

（1）1995年3月11~13日，美国贸易代表坎特访华，与当时的外经贸部部长吴仪就复关问题达成八点协议，同意在灵活务实的基础上进行中国"入世"的谈判，并同意在乌拉圭回合协议基础上实事求是地解决中国发展中国家地位的问题。

（2）1995年5月7~19日，应关贸中国工作组主席吉拉德邀请，外经贸部部长助理龙永图率中国代表团赴日内瓦与缔约方就中国复关进行非正式双边磋商。此次磋商被西方媒体称为"试水"谈判。

1995年6月3日，中国成为世界贸易组织观察员。1995年11月，中国政府照会世界贸易组织总干事鲁杰罗，把中国复关工作组更名为中国"入世"工作组。与此同时，"台湾当局"也"照会"世贸组织把关贸总协定中国台北问题工作组更名为世界贸易组织中国台北工作组。

（3）1995年11月28日，美方向中方递交了一份"关于中国'入世'的非正式文件"，即所谓的"路线图"，罗列了对中国"入世"的28项要求。

1996年2月12日，中美就中国"入世"问题举行了第10轮双边磋商。中方对美方的"路线图"逐点做了反应。

（4）1996年3月22日，龙永图率团赴日内瓦出席世界贸易组织中国工作组第一次正式会议并在会前和会后与世界贸易组织成员进行双边磋商。

之后，又进行了8轮谈判，中美之间才达成了双边协定。

中美双方的最高层领导都参与和推动了关于中国"入世"的谈判过程。期间，APEC首脑人会议为中美两国领导人提供了接触的重要渠道，为协定的达成起了非常重要的促进作用。1996年江泽民与克林顿在APEC菲律宾马尼拉峰会上会晤，1997年江泽民访美，1998年克林顿访华，高层互访推动了中美谈判的进程。1999年4月，朱镕基总理访美，中美双方进行夜以继日的谈判，就农业问题达成协议，但克林顿慑于国会压力，在最后时刻退缩。5月，以美国为首的北约轰炸中国驻南斯拉夫大使馆，中美谈判中断，直到9月新西兰奥克兰APEC峰会才得以恢复。其后，克林顿与江泽民数次通信通电，决意加速谈判进程。1999年谈判最后达成协议也是在双方高层领导人的共同推动下实现的。

世界上具有重要影响的两个伟大国家——中国和美国关于中国加入WTO问题的谈判却主要通过两国领导人之间的个人关系来维系和推动，这显然是很不正常的。这种状况的存在也正好说明了中美关系的苍白和缺乏根基。在这种情况下，商业利益成为唯一的追求：一方决意加入，一方漫天要价，双方针锋相对，讨价还价悲惨激烈；谈判跌宕起伏，惊心动魄。这一时期主要是中国适应美国的过程。为了加入WTO，中国一次又一次地提出减让清单，一次又一次地遭到拒绝。期间，中国至少进行过11次市场准入和其他方面的让步（见表2-1）。

表2-1 1996~1999年中国为加入WTO所作的承诺

日期/地点	关税	非关税	其他
中国"入世"工作组，日内瓦，1996年11月	减低5000种商品的关税	（1）100多种商品的非关税限制取消；（2）其他的限制在15年内取消	（1）谈判期间不再出台与WTO规则不相一致的法律和政策；（2）统一外汇市场；（3）当年底，人民币在经常账户上实现自由兑换
APEC论坛，苏比克盆地（SUBIC BAY），1996年11月	到2000年时，平均关税由23%降到15%	—	—
WTO部长会议，新加坡，1996年12月	—	—	（1）接受部门开放方式，放弃了以发展中国家身份加入的要求；（2）抵制对国有企业的改革

续表

日期/地点	关税	非关税	其他
WTO 工作组，日内瓦，1997年3月	—	—	(1) 三年内给予外商投资企业和外国企业贸易权；(2) 从加入之日起，按照 TRIPs 协定对知识产权进行保护
WTO 工作组，日内瓦，1997年5月	—	—	(1) 接受非歧视原则，终止价格双轨制；(2) 在"入世"议定书中写入司法审议条款和对专利及 TM 法律；(3) 在"入世"议定书中写入对专利及 TM 法律的司法审议条款
WTO 工作组，日内瓦，1997年8月	对2000多种纺织品和化学产品关税的大幅度减让	配额/进口许可的逐渐废除：轿车、小公共汽车和机动车零部件，8年内；摩托车、照相机和压缩机，6年内；66个食糖、雪茄以及某些羊毛和棉制品，加入时；在配额逐渐废除期间，同时增加其额度	加入 WTO 时，不再出台对农产品的补贴
中欧谈判，北京，1997年10月	在减低汽车、酒精类饮料等高峰关税上的"概念性突破"	2005年之前，逐渐废除进口配额	布里坦和吴仪就中国在服务领域中的让步发表联合声明（在平衡和平等进入基础上的"公平和透明原则"）
江—克华盛顿峰会，1997年10月	—	—	江泽民许诺中国将在合理的时间内参加 ITA

第二章　中国开放 40 年的历程与启示

续表

日期/地点	关税	非关税	其他
WTO 工作组，日内瓦，1997 年 12 月	与不少国家，如日本和韩国就货物贸易谈判达成了协议	中国提供了一个新的需要进行检查的产品名单	中国提供了一个大幅度修正过的服务贸易减让表（但是地域和数量限制，以及基础电信等没有包括在内）
WTO 工作组，日内瓦，1998 年 4 月	"一揽子"关税减让承诺：2005 年平均关税减至 10%	中国提供了修正过的有关补贴和 SPM 措施的说明	中国与 ITA 的参加方进行非正式对话；中国建议以部门方式进行服务领域开放谈判，并在法律、会计和分销领域取得进展
WTO 工作组，日内瓦，1998 年 7 月	—	—	中国提出了新的经过修改过的服务贸易开放承诺：BP 服务在加入 WTO 后将对外商投资企业开放，但股权限制在 25%；移动电话和数据传输在 5 年内将对外商投资企业开放，股权分别限制在 25% 和 30%；金融领域中，对外资银行开设分支机构的限制在加入时将取消；加入 5 年后将取消对外企的分销权利的限制

就关税单边削减而言，1996~1997 年，中国的关税就从 36.3% 下调到 17.3%，下降幅度高达 52.3%。在短短的两年时间内，将总体关税水平削减一半世所罕见。到 2001 年中国加入世界贸易组织的时候，总体关税水平进一步降低到了 15.3%。从 1992 年开始，中国的总体关税从 43.2%，降低到了 15.3%，在十年时间中削减了 64.58%。这十年的开放力度由此可见一斑。

中美有关中国"入世"协定达成之后，经过几轮的谈判，中欧之间也于

31

2000年达成协议。自此，中国"入世"进程进入最后阶段。

在中西方有关中国"入世"激烈讨价还价之时，全球化的趋势也在大踏步向前发展：其一，原来的社会主义国家开始转型；其二，原来实行进口替代的拉美、亚洲等不少发展中国家，也因为债务危机而进入以"华盛顿共识"为基础的大改革大开放中；其三，尤其重要的是，以美国计算机产业为代表的信息革命开始推进，互联网开始出现。传统的、以IMB为代表的大型一体化生产型跨国公司，让位于以标准化、模式化的、由微软和英特尔公司所把持的温特主义（Wintelism）。美国计算机品牌制造商被迫将自己的计算机生产尤其是笔记本生产以及众多零部件外包出去。"亚洲四小龙"在新一轮产业调整中，融入这一进程，同时，将原来的劳动密集型产业向外转移，甚至连一些计算机外围设备和零部件的生产也向外转移。

与以前的情形相比，这个时期的国际生产能力转移显示出了一些独特的发展趋势：首先，产业转移的重点由以前的劳动密集型产品，如纺织服装、鞋和金属制品等产业和初级电子组装、测试活动向电子、化学、运输工具以及机械等中间产品和零部件的生产活动转化。这几个产业是全球零部件和中间品贸易中最重要的部分，它们在全球贸易中的地位从1986年的27%增至1997年的43%。其次，非股权参与的外包形式引人注目。跨国公司将非核心的生产、营销、物流、研发甚至是非主要框架的设计活动都分包给成本更低的发展中国家企业或专业化公司完成，不仅减少了固定投入成本，而且达到了在全球范围内利用最优资源的目的。最后，生产能力转移不再是个别企业的孤立行为，而是在国际生产的网络或体系的基础上，形成了以领导企业为核心，全球范围内相互协调与合作的企业组织框架。通过这些国际生产网络，生产能力的转移速度和范围都达到了一个新的水平。这样，市场竞争的性质发生了变化，单个企业之间的竞争转变为生产体系之间的竞争。竞争的程度和影响范围都大大增强了。

发达国家向发展中国家和地区生产能力转移的分布是很不平衡的。接受发达国家转移来的生产能力的发展中国家和地区非常集中。譬如，2000年，前5个最大的接受国吸收了这种生产能力的78%；前10个最大的接受国吸收了总额的92%。其中，我国是最大的受惠者，大体上吸收了这种生产能力的28%。1990~2000年，我国出口增长中有60%来自三资企业。这10个最大的接受国（除巴西之外）主要是东亚国家或者与美国或欧盟建立了区域性贸易安排的发展中国家。相反，那些与主要发达国家联系少、基础设施（尤其是交通运输设施）落后、劳动力素质差、政局动荡、政策多变的国家则极少能够参与到这一过程之中。

总之,在这一轮新的全球产业结构大调整中,中国也抓住了机会,大规模地吸引来自周边发达经济体的产业转移。一时间,"跨国资本、技术和管理,加上中国工人、工厂以及配套"成为国际市场上所向披靡的锐利竞争武器,并成为一种时尚。这样,欧美国家的跨国公司为了生存也被迫加入这样的浪潮之中,纷纷将自己的生产活动向中国转移,使中国成为国际投资的热土。1992年之后,中国吸收外资尤其是绿地性外资连续多年占据发展中国家首位。在很多年份,中国一个省份吸收的外商直接投资的数量甚至超过了很多国家。

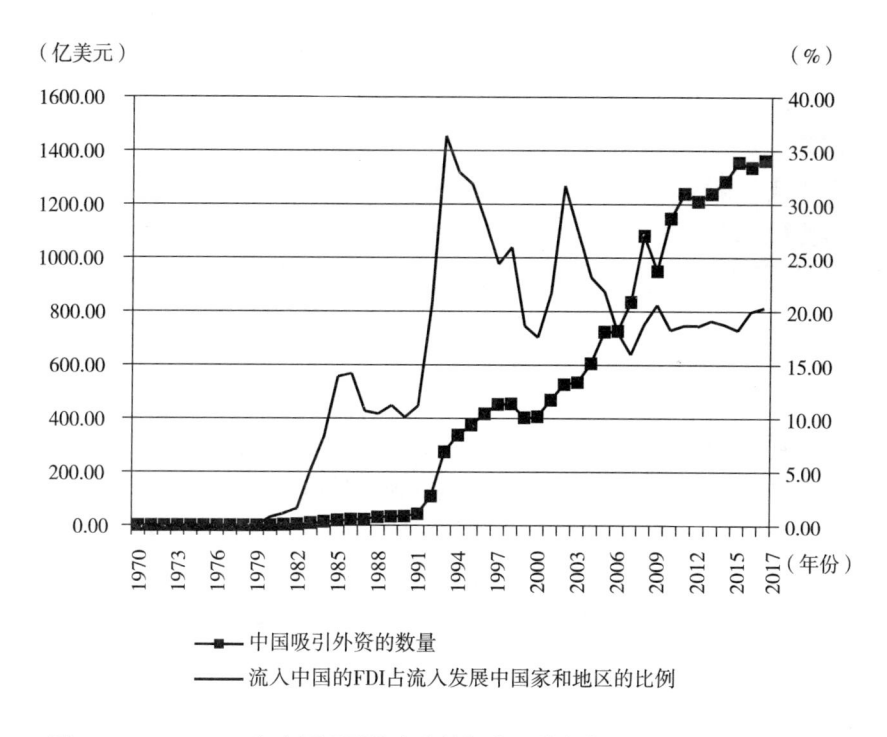

图 2-3 1970~2017 年中国吸引外商直接投资及其占发展中国家和地区的比例
资料来源：UNCTAD 数据库。

五、成为全球加工和制造基地

(1) 2001 年,中国加入世界贸易组织,开始了按照"入世"承诺进行预定的、稳定的改革开放时期。但是，这种改革开放也是在 WTO 成员的监督下进行的，在中国"入世"后的前八年中，WTO 每年都对中国"入世"承诺兑现、落实情况进行审查。

同时，国内也利用加入世界贸易组织的契机，开始了大规模的、从上到下、从南到北的培训过程。一时间，进行"加入 WTO 的影响以及应对"成为各行各业人们讨论和街谈巷议的热门话题。这样的培训和教育发挥了很好的作用，至少各个企业、行业以及各个地区都在制订落实"入世"承诺的方案以及应对"入世"影响的措施等。这样一来，虽然中国为了加入世界贸易组织而作出了广泛且超出"发展中成员"开放水平的承诺，但是，通过积极的应对，"入世"反而成为促进中国改革开放，尤其激励各行各业的人们努力奋斗、提高竞争力的强大推动力，使整个中国都获得了空前的大发展。这样的经历在"入世"的历史上，也是独一无二的。

随着"入世"承诺的落实，我国对外开放也进入了新的阶段，即由有限范围、地域、领域内的开放，转变为全方位、多层次、宽领域的开放；由以试点为特征的政策性开放，转变为在法律框架下的制度性开放；由单方面为主的自我开放市场，转变为我国与世界贸易组织成员之间的双向开放市场；由被动地接受国际经贸规则的开放，转变为主动参与制定国际经贸规则的开放；由只能依靠双边磋商机制协调经贸关系的开放，转变为双边、多边机制相互结合和相互促进的开放。①

（2）进入 21 世纪之后，全球化发展进入了新的高潮。这种高潮表现在以下三个方面：其一，产业转移和外包成为一种国际潮流。通信和信息技术的开发、长途海运和航空货运的发展使跨国外包经营成本大大降低；而"低成本生产基地+全球性资本和最好的技术，供应区域甚至全球市场"的经营和竞争模式使很多的产业和企业被迫将生产活动转移到陌生的海外地区进行。由于加入世界贸易组织的开放承诺，以及与西方国家的良好合作，加上良好的政策环境、生产条件，中国成为全球投资的首选之地。联合国贸易与发展委员会每年发布的有关世界主要跨国公司投资展望中，中国连续多年都是跨国公司的首选投资地。其二，全球化的发展以及国内需求的增长，使中国对于资源和能源型产品的需求大大增长，国内的需求远远不能满足，因

---

① 国家统计局网站：新中国成立 60 周年经济社会发展成就回顾系列报告之二，《从封闭半封闭到全方位开放的伟大历史转折》，http://www.stats.gov.cn/ztjc/ztfx/jnggkf30n/200810/t20081028_65688.html。

此，只好在全球范围内筹供。这直接导致了世界范围内的能源和初级产品的大涨价。这种涨价的周期长达十多年之久，在全球金融危机之后，仍在延续。其三，因为大宗产品的繁荣，越来越多的发展中国家和地区尤其是转型中的国家和地区，以及20世纪80年代后期因债务危机而陷入困境的众多发展中国家，不仅逐渐走出了困境，恢复增长，而且成为新的全球化产品的新兴市场。

随着对于能源和资源产品需求的不断增加，越来越多的中国企业开始"走出去"，投资或者购买国外的矿产和能源基地，以保障国内的需求。在世纪之交，尤其是"入世"之后，中国政府也开始鼓励国内企业"走出去"，对外投资，开拓国外市场。这一时期，来自贸易伙伴越来越多的反倾销、反补贴以及保障措施起诉，也是促使很多中国企业和产业"走出去"的原因之一。从20世纪90年代中期开始，中国就取代"亚洲四小龙"和日本，为世界反倾销、反补贴的头号受害国。世界上，每年30%~40%的反倾销、反补贴案例都是针对中国产品和企业的。"走出去"可以规避这方面的起诉。

在很短的时间内，中国的对外投资大规模增长起来。也是从这个时期开始，中国开始了"引进来与走出去""引进外资与对外投资"的双向发展，更加平衡的开放型经济格局逐渐形成。

（3）中国向全球加工和制造业基地的转变。这个过程经历了三个重要阶段：其一，实现与发达国家之间的贸易平衡，由逆差转正。作为一个发展中国家，在传统的贸易格局下，中国和发达国家处于贸易逆差状态，而和其他发展中国家和地区处于贸易顺差状态。这正是中国开放初期的情形。但是，从1990年开始，这种情形就发生了改变，中国和发达国家的贸易也开始处于盈余状态。这背后的原因就是20世纪80年代后期，中国逐渐融入东亚生产网络中。其二，20世纪90年代，尤其是从1993年之后，中国与发达国家的贸易盈余不断扩大，中国作为区域生产基地的作用在不断加强。其三，中国"入世"之后，尤其是2003年、2004年之后，中国与发达国家的贸易盈余大幅度增长。与此同时，也出现了与不少新兴和发展中国家和地区的贸易转入逆差的改变。由于资源和能源价格的大幅度上涨，不少出口初级产品的发展中国家也加入中国经济的循环之中。但是，这种情形并没有持续很长时间。因为通过资源出口获得外汇收益的发展中国家和地区也开始增加了对于中国产品的进口，从而与中国的贸易也处于逆差状态之中。在中国经济大循环中，越来越多的资源型国家加入进来，其中，大部分是发展中国家；与此同时，中国也越来越成为众多国家的第一大贸易伙伴。2017年，中国是60个国家和地区的最大进口来源，以及43个国家和地区的第二大进口来源；是30个国家和地区的第一大出口市场，以及12个国家和地区第二大出口市场。至少从贸易联系上看，中国越来越具有世界影响力了。

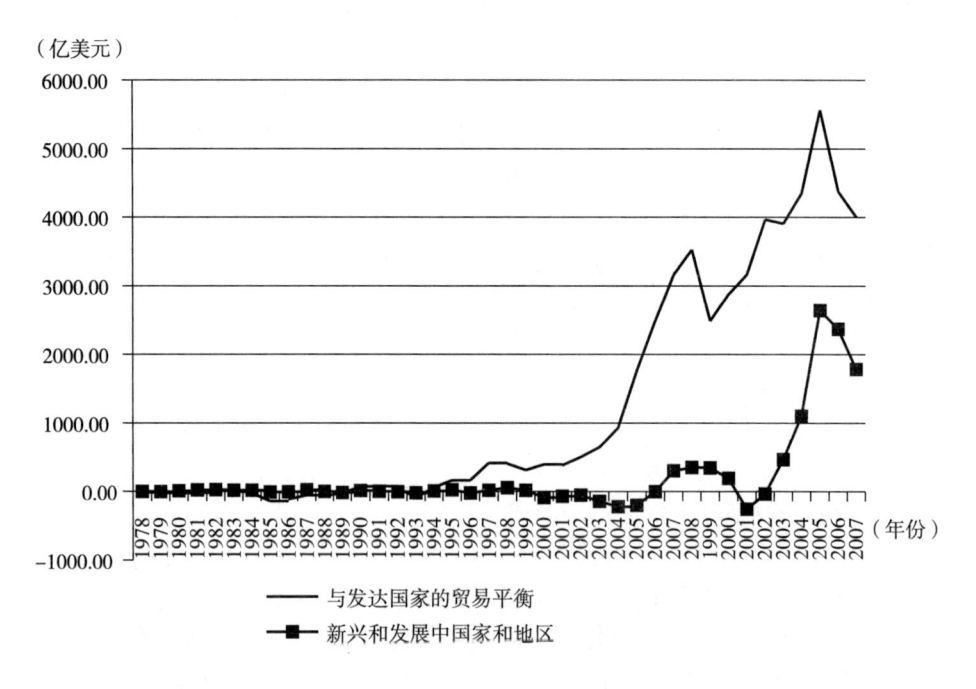

图 2-4　1978~2017年中国与发达国家、新兴和发展中经济体之间的贸易平衡
资料来源：CEIC。

六、全球经济中的重要一极

（1）2008年爆发的全球金融危机，带来了全球化以及中西关系的大转折。金融危机发生之前，全球范围内自由开放的市场经济的发展使世界经济已经形成了空前的跨国大分工。这种分工表现在以下三个方面：

其一，发达国家与发展中国家和地区之间的分工合作达到空前的水平，结果形成一种新的国际竞争模式，即发达国家通过将产业和生产能力外包到发展中国家和地区的形式，形成了"发达国家的资本、技术加市场"与"发展中国家和地区的劳动力、良好的生产经营条件"相结合的超级竞争优势。这样的竞争力在国际市场上所向披靡，并为各国所纷纷仿效，从而形成一种潮流，并成为这轮全球化的本质特征。

其二，世界范围内，形成一个恐怖的大平衡：一方面是从事加工和制造从而长期保持贸易盈余的国家，比如，中国、德国、日本、韩国等，另一方面则是从事产品外包和大规模进口，并长期保持贸易赤字的国家，比如，美国、英国、加拿大等国家；与此相关，则是资本市场上的"逆向操作"——大量的贸易盈余，又通过购买美国国债等形式，流向美国等国家，从而保持了资本和商品市场的平衡。这种平衡维持的基础，最主要的是：①"二战"后形成、20世纪80~90年代进一步强化的、开放的自由市场经济体制和国际秩序；②"二战"后形成、20世纪70年代进一步加强的美元霸权地区。

其三，世界范围内，形成了欧洲、北美和亚太三个相对独立而又密切联系的生产、制造基地，以及消费市场。三足鼎立的世界经济格局基本成型。

（2）2008年的全球金融危机使这种全球化的可持续大打折扣。

其一，金融危机之后，欧美国家均陷入艰难的复苏和调整之中。其中，调整的内容之一是为全球化提供基础的全球金融体系以及国际货币体系。基本的问题是，美元和欧元等西方主要货币的地位能够维持多久呢？为了应对金融危机的冲击，欧美国家先后都采取了大肆印钞的做法，美其名曰"量化宽松政策"。这种做法使人们思考这样一个严肃的问题，即如此大肆放水的国际核心储备货币，其信用几何呢？在中国国内，不少人提出这样的疑问，即中国人民通过辛辛苦苦的努力所赚取的美元储备所购买的美国国库券，在美联储大肆印钞的操作下，能留下几分价值呢？

其二，国际范围内，G20登上历史的舞台，并提出了调整现有世界经济平衡的构想，即所谓的全球经济"强劲、平衡、可持续增长框架"。其核心内容是：要求中国等贸易盈余国家缩减盈余比例，并认为设定3%作为目标，扩大国内的消费，增加进口；同时，鼓励美国等贸易赤字国家扩大出口，增加生产，适当减少消费和赤字规模。但是，在自由、开放的全球市场经济条件下，通过G20的平台进行人为的干预，似乎有点螳臂当车之感，效果可想而知。

其三，更重要的、更根本的变化发生在发达国家的内部。全球化发展虽然是自由、开放的全球市场经济发展的自然结果，但是，这种发展也需要各国政策的支持。没有这样的支持，全球化的发展是不可想象的。从这个角度来看，全球化并非不可逆转。在西方民主国家中，支持全球化的政策基础来自民众对于全球化的感受以及由此带来的切实好处。如果这样的好处存在，民众就会支持全球化，否则，就会反对全球化，从而引发这些国家政府及其政策的大调整，最终减缓甚至逆转全球化。那么，全球化是否对于普通民众带来切实的利益呢？这样的问题在金融危机之后越来越突出，在美国甚至引发了政府到底是救助"华尔街"（Wall Street）还是"普通民众"（Main Street）的争论。

最近这几年，西方国家尤其是美国，无论是普通民众（皮尤调查）还是知识界对于全球化都表现出了不满的情绪。这种变化的背后，是超级全球化对于西方国家的影响开始在侵蚀这些国家支持全球化的国内基础和力量。这表现在以下两个方面：第一，国内的中间人群的收入水平长期停滞（过去30年）；国内收入不平等，尤其高收入阶层的收入大幅度增加，导致收入差距不断扩大。第二，为了推进全球化，政府必须为受到全球化冲击的当地产业和劳工提供社会保障。因此，政府的税收根基要牢靠。但是，全球化的发展却从三个方面来冲击这种基础：第一，受到全球化的冲击，发达国家中需要接受政府救助以及支持的人员数量在增加。第二，政府的税基同时在发生改变。比如，同一时期，发达国家政府对于公司利润税的边际税率却不断下降。第三，劳动者在整个收入分配所占的比例不断下降，而资本所获份额则不断增加，进一步导致了收入不平等的加剧，以及政府社会保障负担的加重等。

这种变化的结果就是西方国家中民粹主义兴起，以及民粹主义政权上台。现在我们所面临的特朗普政府就是典型的代表。

（3）中国的崛起，以及所引发的中西之间的关系调整。"入世"以后，尤其是全球金融危机期间，中国经济高歌猛进，使中国崛起越来越显现出来，一夜之间一个强大的中国似乎突然出现在美国等西方国家面前：2003年，中国进口首先超过日本，成为亚洲第一大进口市场；2004年中国出口超过日本，成为亚洲第一大出口国；2007年中国出口超过美国，2009年出口和进口都超过德国，成为世界第一大出口国；2013年进出口总额超过美国，成为世界第一大货物贸易国。与贸易方面的快速成长相伴随，中国的GDP也在2010年超过日本成为世界第二大经济体；从购买力平价的角度来看，也在2014年超过了美国成为世界第一大经济体。自2002年以来，中国对世界经济增长的平均贡献率接近30%，是拉动世界经济复苏和增长的重要引擎。

在西方学界还在积极讨论如何应对全球金融危机的2009年，美国前财长Lawrence Smmers就曾尖锐地指出：过一段时期，人们也许会忘记这场危机，但是会越来越多地感受到中国崛起的影响。也就是从这个时候开始，以美欧为代表的西方国家逐渐调整对华关系。目前，这种调整仍然在进行中，但是，大的方向已经明了，就是要和中国进行一种针锋相对的讨价还价，并通过各种贸易战甚至联合行动来迫使中方让步，从而建立起一种新的合作关系。

七、结论和启示

从40年中国对外开放的历程，我们可以得出以下结论：

第一，中国从最初进口外国的先进技术和设备，满足国内的生产和消费需求，从而不断扩大出口，获取外汇收入的开放（改革开放之前），逐步转型到参与国际分工，再进一步转型到参与区域甚至全球的生产网络，参与国际价值链分工合作的开放，并成长为区域乃至全球性的加工和制造中心，成为全球经济体系中不可或缺的重要一环。通过这三种形式的开放（出口创汇、参与国际分工以及参与区域和全球价值链分工），我们不仅实现了经济的快速增长，成为世界第二大经济体，更是成为世界经济体系中不可或缺的有机组成部分。

第二，中国的对外开放大体上经历了四个阶段：

表2-2　1978~2017年中国对外贸易的发展

贸易逆差伙伴	1978~1989年	贸易平衡（亿美元）	1990~2000年	贸易平衡（亿美元）	2001~2008年	贸易平衡（亿美元）	2009~2017年	贸易平衡（亿美元）
1	日本	-334.37	中国台湾	-1204.55	中国台湾	-4248.41	中国台湾	-8681.46
2	美国	-262.79	韩国	-487.21	韩国	-2545.39	韩国	-6681.10
3	德国	-140.95	俄罗斯	-210.52	日本	-1449.70	澳大利亚	-3518.49
4	加拿大	-106.23	德国	-125.12	马来西亚	-665.45	日本	-2387.73
5	澳大利亚	-94.15	澳大利亚	-115.33	沙特	-594.46	瑞士	-2104.55
6	意大利	-42.91	马来西亚	-99.75	菲律宾	-556.73	沙特	-1968.88
7	法国	-35.48	印度尼西亚	-99.51	安哥拉	-556.13	安哥拉	-1797.74

续表

贸易逆差伙伴	1978~1989年	贸易平衡（亿美元）	1990~2000年	贸易平衡（亿美元）	2001~2008年	贸易平衡（亿美元）	2009~2017年	贸易平衡（亿美元）
8	阿根廷	-33.92	阿曼	-89.31	泰国	-507.49	德国	-1743.69
9	巴西	-21.83	日本	-84.41	巴西	-397.03	巴西	-1709.46
10	瑞士	-20.41	瑞典	-80.67	澳大利亚	-392.96	马来西亚	-1493.36
11	巴基斯坦	13.09	菲律宾	42.08	越南	328.99	西班牙	1209.73
12	沙特	13.79	西班牙	48.73	土耳其	329.82	新加坡	1348.38
13	菲律宾	14.24	孟加拉	51.19	墨西哥	353.68	墨西哥	1624.65
14	叙利亚	15.85	中国澳门	53.92	意大利	431.48	阿联酋	1778.91
15	刚果	17.93	巴拿马	66.76	西班牙	520.85	越南	2283.20
16	荷兰	21.57	阿联酋	97.02	阿联酋	630.13	英国	2894.03
17	中国澳门	24.07	英国	111.36	英国	1069.69	印度	3055.36
18	新加坡	70.94	荷兰	268.76	荷兰	1676.25	荷兰	4374.61
19	约旦	86.23	美国	1193.63	美国	8033.18	美国	20186.97
20	中国香港	526.18	中国香港	2650.92	中国香港	8454.88	中国香港	25193.96

资料来源：CEIC，IMF。

（1）1978~1989年：参与国际分工，出口创汇。中国在这期间的贸易结构，从国别上看，是典型的发展中国家：与美欧以及日本等发达国家相比我们处于比较劣势地位，因此，贸易是逆差状态。另外，也和一些资源丰富的发展中国家处于逆差状态。而与其他发展中国家和地区相比，我们则处于比较优势地位，因此，贸易是顺差状态。当然，其中还包含一些贸易的中转国家和地区，比如中国香港、新加坡、荷兰等。

（2）1990~2000年：承接"亚洲四小龙"和日本的生产能力转移，融入东亚生产网络。这个时期，最大的变化表现在与中国台湾、韩国贸易的巨额逆差上。在上一个时期，这两个经济体尚未出现在我们的贸易之中。同时，我们仍然维持了与德国、日本等传统制造业强国的逆差，以及与资源丰富国家的逆差。但是，在贸易顺差清单上，却令人惊奇地出现了美国和英国、西班牙等欧美发达国家的身影。在上一个时期，我们与这些国家的贸易仍然处于贸易赤字状态。是什么原因使我国在很短的时间内就实现了这种逆转呢？这就是20世纪80年代中后期，我们对于"亚洲四小龙"以及日本产业转移的承接，以及与东亚生产网络的融合。

(3) 2001~2008年：大开放，大发展。这一时期，最突出的表现是与资源型发展中国家和地区的贸易逆差快速增长。一方面，与原来传统的资源进口国家的贸易逆差不断扩大；另一方面，一些新的资源出口国家也加入我们的最大逆差国家的名单中来，如沙特、菲律宾、安哥拉、伊朗等。其中不少国家，在以前时期，我们还处于出超状态，这个时期也逆转了过来。同时，欧洲传统的制造强国的地位被削弱。同时，在贸易顺差国家的清单上，越来越多的欧洲国家加入了进来，如法国、意大利等。另外，新的贸易中介，如阿联酋，以及新的加工制造基地，如墨西哥、土耳其和越南也都加入了进来。中国不仅直接为欧美国家供应商品，而且，为面向这些市场的新兴区域生产基地们提供中间品和原材料。显然，一方面将更多的资源出口型国家，另一方面将更多的新兴区域加工和制造基地纳入进来，中国制造和加工基地的影响力进一步扩大了。中国制造越来越超出了东亚的区域范围而表现出全球性的影响来。

(4) 2009~2017年：全球生产和制造基地。这一时期，中国与亚洲生产网络（中国台湾、韩国以及日本）、与欧洲生产网络（德国和瑞士）的融合更加深入，与这些国家和地区的逆差进一步扩大；同时，由于大宗资源价格的回归正常，与资源型出口国家的逆差地位有所减弱；但是，总体上，作为全球生产和制造基地的作用得到了进一步加强。另外，在贸易顺差的清单上，不仅原来的欧美出口市场的地位更加强化，而且，对于传统贸易中介（中国香港、新加坡、阿联酋、荷兰）的利用也在强化；尤其重要的是，对于新兴经济体，比如印度，尤其是新兴的生产基地（墨西哥、土耳其、越南以及波兰）的影响力也在扩大。这样，中国作为全球性生产和制造基地的作用更加突出了。

总之，中国40年的开放是在世界经济大踏步进入新一轮全球化的背景下进行的。中国的开放几乎和这种全球化同步进行，并在后期相互促进。

第三，40年的开放，也是在现有的国际经济秩序尤其是贸易和投资系统下进行的。这样的体系至少为我们的开放提供了以下机遇和保障：首先是全球性的产业转移、全球价值链革命的机遇。这种转移和革命对于发展中国家非常有利，主要是向发展中国家和地区转移。幸运的是，中国抓住了这样的机会。其次是开放的、以规则为基础的多边体系，尤其是多边贸易体制为我国的对外开放提供了有力的保障。这个体制对于发展中国家和地区实行区别和差别待遇。中国有幸享受了这样的待遇。从20世纪80年代开始,中国就享受《多种纤维协定》下的纺织品配额分配;在2001年,中国更是加入了世界贸易组织,享受到了该组织所维系的多边贸易体制。最后是现有的全球金融和货币体系,也使中国贸易以及引进外资、对外投资能够有效进行。尤其重要的是,使中国能够积累大量的外汇储备,并有效地利用这些外汇储备保障自身的金融稳定。

同时,中国的开放也为世界提供了巨大的商机。通过参与区域甚至全球性生产网络,中国的开放为世界提供了一条共享型发展的道路。1978~2017年,中国出口贸易增长中,有43%来自三资企业,33%来自加工贸易。其中,在1990~2000年,三资企业和加工贸易对于中国出口的增长贡献达到了84%以上。

在出口增长的同时,中国的进口也在大规模快速增长。过去几年中,中国的进口规模都处在世界第二位,仅次于美国。2001年,加入世界贸易组织以后,中国的经济增长对于世界经济增长的贡献达到了年均30%左右。

40年的开放,也给我们带来了不少启示。

第一,坚持独立自主、自力更生的发展模式,是我们对外开放取得巨大发展成就的根基。

(1)40年中,国际经济经历了剧烈的变革。不同国家也是"几多欢乐几多愁",而中国经济"一枝独秀",其中的原因是什么?

与其他社会主义国家相比,我们实行独立自主的外交路线,因此,能够在美苏冷战时期,尤其是20世纪六七十年代,形成"美苏中"独特的三角关系。幸运的是,我们在苏联解体之前,进一步实现了与美国以及西方国家的关系正常化,从而为随后的开放打下了广阔的基础。在其他社会主义国家仍然处于苏联体系之中,和西方国家针锋相对的时候,我们早已经独立出来,并且开拓了和西方核心国家之间的正常关系。

同样地,和其他社会主义国家相比,在西方禁运和苏联孤立的双重压力下,加上国内的"文化大革命",使我们的经济陷入困境,从而能更早一步进行独立自主的改革开放,并探索和开拓出一条新的商品化、市场化的道路。尤其重要的是,使我们能够抓住"亚洲四小龙"和日本产业大转移的机遇,从而实现对外开放的大跨越,非常快速地融入东亚的生产网络。

这样的基础使我们也能够在20世纪90年代通过比较激烈的自主开放,

进一步抓住新一轮信息革命的机遇,深入地融入区域甚至全球的生产网络。在中东欧国家开始进行"休克疗法",进行痛苦的经济转型之时,我国的经济则在快速发展着。

因此,和其他社会主义国家相比,我们至少领先了20年时间实现了经济上的稳定和快速发展。甚至到了今天,仍然还有一些原社会主义国家没有走出转型的过程,处于政治上迷茫、经济上举步维艰的泥潭之中。

与同期的其他发展中国家相比,在改革开放之前,独立自主、自力更生的发展路线,一方面使我们初步建成了比较完整的国民体系,吸收消化了引进的工厂、设备和技术,基本上满足了国内的需求;另一方面,也使我们偿还了所有的外债。在很长一段时期内,我们一直以"既无内债,也无外债"引以为豪。因此,在20世纪80年代其他发展中国家陷入债务危机,并被迫进行"华盛顿共识"式的自由化、私有化和市场化的改革时,我们则在改革着国内的国有和集体企业,创建着新的合资企业、私营企业和大批的个体户以及乡镇企业,经济蓬勃发展。

进行了华盛顿共识式改革的这些发展中国家,虽然暂时缓解了债务危机,但是,国内的产业和企业却遭受了剧烈冲击,所剩无几,整个经济结构也重新回到了依赖初级产品的轨道上,本土现代产业几乎丧失殆尽。只是在2003年、2004年开始的大宗产品大繁荣时期,这些国家才逐渐依赖资源型产品的出口收益获得了新的发展。因此,和这些国家相比,我们至少获得了20年的优先发展期。目前,在大宗产品的价格回归正常之后,不少国家又陷入了经济困境。在欧美发达国家紧缩货币政策的影响下,一些国家甚至又重新陷入了新的金融危机。

(2)40年的开放中,在全球化潮流的冲击下,很多国家和地区都遭受到金融危机或者经济危机的冲击,有的国家还不止一次,并且以后还会如此。在此期间,为什么中国却没有发生金融危机或者大的经济危机呢?最主要的原因在于我们的发展模式。正如《关于建国以来若干历史问题的决议》中所指出的那样,"在我们这样一个大国,尤其必须主要依靠自己的力量发展革命和建设事业。我们一定要有自己奋斗到底的决心,要信任和依靠本国亿万人民的智慧和力量,否则,无论革命和建设都不可能取得胜利,胜利了也不可能巩固。"在贫穷的时候,我们想着如何学习国外的先进技术和管理经验,满足自身的需求;即便是学习了国外的技术和经验,生产出了新的产品,我们仍然要和国外的比较,发现不足,不断改进。新中国成立初期,我国大规模从苏联引进的156个项目,虽然是通过初级产品的出口创汇逐渐偿还的，但是，随后通过消化吸收之后，我们都能够自己运营、自己维修和更新，并成为我国国民经济体系的根基。

在改革开放时期，即便是举借外债，利用外资，我国也是非常谨慎的。正如邓小平所言，"借外债不要怕，但主要要用于发展生产，如果用于解决财政赤字，那就不好"。①

因此，在这种模式下，我们一方面想方设法积极创汇；另一方面集中管理，将外汇用在需要的地方。1978年，在改革开放初期，出于改变现状的急切意愿，我们一度形成了78亿美元的引进规模，超过了新中国成立以来所有年份的总和，也超出了当时的外汇偿还能力。结果最后被迫在国际金融市场上举借商业信贷，成本很高。这次教训非常深刻，并很快得到了纠正。这样，在新中国尤其是过去40年的开放中，基本上都是根据外汇储备的多少来确定建设和引进的规模。

另外一个原因是我们外汇储备的大幅度快速增长。如前所述，通过对外开放，参与东亚区域甚至全球生产网络，并成为加工和制造基地使中国积累了大量的外汇储备，不仅突破了出口创汇的要求②，也形成了防范国际金融危机的有效"防火墙"。在国际金融市场动荡的时期，这样的外汇储备使我们维护了人民币汇率的稳定，保护国内经济的健康成长。当然，对于资本账户的管理等也是原因之一。

但是，为什么我们能够融入东亚甚至全球的生产网络？正是因为在上述模式下，我们培育了大量的高素质劳动力队伍，而且积累了充分的吸收、消化、学习和运营设备的能力；适时出台了明智的经济发展政策和战略。为什么我们能够维持资本账户控制的政策？因为我们能够独立地制定政策和战略。

第二，在与外部世界的积极互动中发展壮大，是我们快速发展的根本。

过去40年中，我国经济增长的速度平均达到9%以上，远远高于改革开放前的水平。这背后的原因就在于我们积极推进对外开放，成功融入区域甚至全球经济之中。

在开放中，我们不仅引进了大量的先进技术和设备，使中国制造的技术水平和质量大幅度提高，解决了困扰我国多年的"商品短缺"问题，迈入买方市场时代，而且，我们参与到了世界上最先进、效率最高的跨国公司生产

---

① 《邓小平文选》（第3卷），人民出版社1993年版，第193页。
② 早在20世纪90年代中期，中国就突破了传统的外汇约束（进口国外的先进技术和设备）。

网络，融入了世界经济的体系。我们的开放鼓励竞争，优胜劣汰；但是，同时也是一种依赖国内企业和产业竞争力而渐进推行的开放。开放是促进国内企业和产业进一步成长的手段，而不是目的。在开放过程中，既提高了竞争力，也维护了自身的安全。

第三章 对外开放 40 年的总体收益

一、引言

改革开放 40 年来，中国经济的腾飞让世界侧目。对内改革、对外开放，正是中国经济快速发展的"双法宝"。在实践中，以开放促改革、促发展更是中国特色经济发展模式的核心路径之一。对外开放对于中国经济社会发展的贡献到底是什么，总体收益到底有多大，对于这些问题的深入思考，对于中国推动形成全面开放新格局，完成经济增长模式转型，实现"两个一百年"的伟大奋斗目标，具有重要的理论和实践意义。

对外开放对于中国经济发展的意义，并非仅仅是外部市场需求扩大所拉动的 GDP 增长，而是对于生产要素质量的提升以及长期经济增长能力的全方位促进。在 40 年的时间跨度里，理解中国对外开放的意义，需要从长期经济增长理论出发，考察对外开放持续推动经济增长的作用机制。此外，对外贸易的总体收益到底有多大，来自哪些方面，还需要进行贸易福利的测度与分析，以正确评估中国对外开放的价值，并厘清贸易作用于经济增长的各种机制。最后，中国的对外开放对于国内的制度建设以及改革的方方面面，有或正向溢出或反向倒逼的促进作用，理解这些作用机制对于理解中国对外开放的整体意义也非常重要。基于上述目的，本章的论述主要从以下三个方面展开：

首先，探讨了对外开放与经济增长之间的关系。从短期的需求视角来看，中国的对外开放相当于扩大了外部市场需求，净出口的增长直接带来 GDP 的增长，"投资、消费、净出口，是拉动经济增长的'三驾马车'"是对于这一分析视角最形象的说法。但事实上改革开放 40 年来，相比于投资和消费，净出口对 GDP 增长的贡献相当有限，即使是在中国加入世界贸易组织（以下简称 WTO）之后外贸增长最快的年份中（2002~2008 年），净出口对 GDP 增长的平均贡献率仅为 9.88%，而同时期投资和消费对 GDP 增长的平均贡献率分别为47.55%和42.57%。短期需求分析框架无法解释对外开放对中国经济维持了40年高速发展的真实价值,在理解长期经济增长时,从供给侧出发的经济增长理论是更为合适的分析框架。从长期的供给视角来看,对外开放对于经济增长的贡献,归根结底是对技术进步、生产要素积累等长期经济增长能力的促进。技术进步是其中重要的一环,改革开放以来,中国积极引进外国技术,在出口中学,在进口中学,在外商直接投资中学,并结合自身的劳动力成本优势,充分发挥了"后发优势",实现了经济的快速增长,外贸结构也得到大幅提升。此外,对外开放对于中国的人力资本提升、物资资本积累都起到了促进作用。

其次,测度并分析了2000~2014年中国对外贸易的福利效应。为了说明对外开放的总体收益,本章考虑了贸易福利效应测度的一种极端情形,即贸易成本变为无穷大,现实的开放经济均衡状态回到封闭经济均衡状态时,以居民真实收入变动所代表的福利变动会下降多少。已有对中国贸易福利效应测度的文献通常只会考察贸易成本的有限变动,所造成的贸易福利效应变动比如关税或者非关税壁垒的变动,所得的贸易福利效应通常在1%~4%,所以大家印象中的贸易福利效应并不会很大。但事实上,如果完全关上中国开放的大门,所带来的福利损失将是巨大的,根据本章的测算,最大会达到约80%。在测算方法上,本章采用了基于引力模型的数量贸易模型,与传统的可计算一般均衡(Computational General Equilibrium, CGE)模型相比,该模型最大的好处是其简洁性、透明性以及与多个贸易理论模型的兼容性,这些特质使本章得以根据不同贸易模型下福利效应的相对关系,探讨贸易作用于经济增长的各种机制及其相对重要性。结果显示,在贸易模型中同时引入中间品进口和规模经济时,会使所测度的福利效应大幅提升。中间品进口所代表的是其包含的新技术和投入品成本的下降,而规模经济的引入则会放大这一效应,这在一定程度上说明中国经济仍然大幅受益于技术引进带来的经济增长效应。从时间上看,中国加入WTO后,随着外贸的快速增长,中国从贸易开放中所获得的福利效应也呈现上升趋势,从2001年的65.3%上升到2007年的85.9%。2008年国际金融危机之后,中国从贸易开放中所获得的福利效应有小幅下降,但直到2014年都仍然维持在80%以上。

最后,本章讨论了经济增长分析框架中较少考虑的一些因素,比如制度进步,这些因素对于经济发展同样有重要意义,而自1978年以来,对外开放在促进制度进步和倒逼改革方面一直发挥着不可替代的作用。改革开放以来,对于制度的建设和改革,中国一直采取了"摸着石头过河"的态度,正是在制度创新上的弹性和活力,使中国的制度建设能够不断适应经济基础的变动,并促进经济的不断发展。中国的对外开放在一系列制度安排下有条不紊地推进,同时也反过来极大地促进了中国的制度进步。最为显著的一个事例,就是中国于2001年底加入世界贸易组织前后对中国社会主义法制建设产生的巨大而积极的影响。进入新时期,以开放促改革、促发展,对新一轮全面深化改革仍然具有重要的启示意义。2018年以来,中美贸易冲突不断,全球化趋势不确定性增加,国际经贸规则体系面临重构。在改革开放40年之际,中国经济又重新站在了重大抉择的路口,政策制定者能否以继往开来的勇气和智慧,开启新一轮全面深化改革对外开放的新局面,助力中国经济不断健康发展。希望对外开放40年带给中国的经验和财富,成为他们的勇气之源、智慧之泉。

二、对外开放40年对经济增长的贡献

(一)净出口增长与GDP增长

改革开放40年来,中国对外贸易发展迅速,进出口总额从1978年的355亿元人民币增加到2017年的277923亿元人民币,年均增长率达到了18.6%。同时期,中国名义GDP年均增长率达到14.9%,实际GDP年均增长率达到9.5%,如此惊人的成就到底是如何取得的,外贸在其中起到了何种作用?我们先从最直观的角度来思考这个问题。

人们常说,"投资、消费、净出口,是拉动经济增长的'三驾马车'",对于非经济学专业的人来说,这句话也耳熟能详。大多数人对于贸易与经济增长关系的思考,就是从这句话开始的。"三驾马车"的表述是一个标准的短期需求宏观经济分析框架,当我们考虑下个月、下个季度、下一年的经济走势时,这一工具非常有力。下面先探讨短期中净出口增长与GDP增长的关系。

将"三驾马车"转化成为经济学术语,就是从支出法国民收入恒等式出发,来考察贸易对经济增长的贡献。可以用下面这个简单的经济学公式来表示:

$$Y \equiv C+I+(X-M) \qquad (3-1)$$

其中,Y、C、I、X、M分别代表国民收入、最终消费、投资、出口和进口。其中出口减去进口恒等于净出口$X-M \equiv NX$。从式(3-1)可以看到,净出口NX直接是国民收入的组成部分,净出口的增加自然会带来国民收入的增加。

第三章 对外开放40年的总体收益

进一步,我们想知道净出口增长率如何影响国民收入增长率。式(3-1)两边分别对时间求导,$\dot{Y}=dY/dt$,$\dot{C}=dC/dt$,$\dot{I}=dI/dt$,$\dot{NX}=dNX/dt$,再除以 Y,并经过变形后,可得:

$$\frac{\dot{Y}}{Y}=\frac{\dot{C}}{C}\frac{C}{Y}+\frac{\dot{I}}{I}\frac{I}{Y}+\frac{\dot{NX}}{NX}\frac{NX}{Y} \tag{3-2}$$

式(3-2)即为国民收入增长率 $\frac{\dot{Y}}{Y}$ 的分解公式。从该式可以得出两个重要的经济统计指标,一个是 GDP 增长的拉动率,另一个是 GDP 增长的贡献率,国家统计局每年都会公布这两个数字。净出口对 GDP 增长的拉动率等于净出口增长率与净出口占 GDP 份额的乘积 $\frac{\dot{NX}}{NX}\frac{NX}{Y}$。净出口对 GDP 增长的贡献率等于拉动率除以 GDP 增长率,即 $\frac{\dot{NX}}{NX}\frac{NX}{Y}/\frac{\dot{Y}}{Y}=\frac{\dot{NX}}{\dot{Y}}$。同理可以计算消费和投资对 GDP 增长的拉动率和贡献率。拉动率和贡献率这两个指标有助于理解 GDP 的三个组成部分——消费、投资、净出口的增长,对于 GDP 增长的相对重要性。

表3-1 净出口对支出法名义 GDP 增长的拉动和贡献

	1978~1992年 算数年平均(%)	1993~2001年 算数年平均(%)	2002~2008年 算数年平均(%)	2009~2017年 算数年平均(%)
名义 GDP 增长率	15.58	17.33	16.35	10.97
拉动率				
最终消费	9.47	10.52	6.93	6.02
资本形成	6.11	6.46	7.72	5.26
净出口	0.00	0.35	1.71	-0.31
贡献率				
最终消费	62.78	64.62	42.57	56.94
资本形成	34.39	34.10	47.55	46.23
净出口	2.83	1.28	9.88	-3.17

注:数据来源为中经网统计数据库。

根据式（3-2），我们对1978~2017年的支出法名义GDP增长率进行了分解，并根据改革开放以来的重大历史节点——邓小平"南方谈话"、加入世界贸易组织、2008年国际金融危机，划分了四个阶段，分别计算了每个阶段的算数年平均值，结果见表3-1。1978~1992年，名义GDP增长率平均为15.58%，而净出口的拉动作用几乎为零；1993~2001年，名义GDP增长率平均为17.33%，净出口的拉动作用为0.35%；即使是"入世"之后到2008年国际金融危机之前，中国对外贸易增长最快的这段时期，名义GDP增长率平均为16.35%，净出口的拉动作用也仅为1.71%；2009~2017年，GDP名义增长率平均为10.97%，净出口的拉动作用甚至为-0.31%，变成了经济增长的拖累。

从这一分解可以看出，相比于消费和投资，净出口对GDP增长的拉动和贡献其实相当有限，似乎贸易并不能对经济增长造成多大影响。对于这一结果，需要从两个方面继续抽丝剥茧。

首先，即使继续使用短期需求分析框架来探讨外贸对经济增长的作用，上述测算也会低估外贸对经济增长的贡献。正如林毅夫和李永军（2001）指出的，由于没有考虑出口与进口在经济运行中的不同作用及经济变量间相互影响关系，传统衡量方法低估了外贸对经济增长的贡献度，应该将外贸对经济增长的贡献率重新定义为"净出口对经济增长的直接贡献（传统测算方法）加上出口通过引致消费和投资的增长而对经济增长做出的贡献"。出口对经济增长的间接影响可以比较直观地理解为，一方面，出口增长通过增加出口部门就业人员的收入刺激消费增加；另一方面，出口增长提高出口企业盈利的预期，可能直接推动出口企业投资的增加，同时出口增长也会增加国内消费需求从而间接刺激国内企业投资的增加。

然而，即便进一步考虑了出口通过引致消费和投资对经济增长的间接影响，按照林毅夫和李永军（2003）的测算，20世纪90年代，出口每增长10%，可以促进国内生产总值增长将近1%，相应的外贸贡献率也只是稍有提升。从短期需求视角来看，外贸对经济增长的整体贡献远远不及消费和投资的作用，至多算得上拉动经济增长的"一驾小马车"，这与对外开放作为中国经济40年保持高速增长的双轮驱动器之一的地位并不相符。

其次，短期需求分析框架无法解释对外开放对中国经济高速发展的真实价值，在理解长期经济增长时，从供给侧出发的经济增长理论是更为合适的分析框架。短期需求分析框架对理解贸易对于宏观经济在月度、季度、一两年之间的短期波动相当有效，但无法触及贸易为何能带来长期经济增长这一问题的本质。按照短期需求分析框架，似乎只有出口和顺差才是可以增加 GDP 的好事情。事实上，进口（尤其是中间品的进口）恰恰是可以带来技术扩散的重要途径，从而促进经济的长期增长能力。无论新古典增长理论，还是内生经济增长理论，经济增长的动力总是来源于物质资本的积累、人力资本的积累、技术进步以及资源配置效率的提升。当我们思考贸易对于长期经济增长的影响时，恰恰应该从贸易对物质资本积累、人力资本积累、技术进步和资源配置效率的影响出发。

下面我们简要回顾贸易与经济增长的理论框架与世界各国的经验事实，然后深入探讨中国对外开放 40 年来贸易在经济增长中的重要作用。

（二）贸易开放对经济增长影响的理论与事实

1. 贸易开放对经济增长影响的理论框架

从长期供给角度分析贸易与经济增长的关系时，主流方法是在新古典经济增长和内生经济增长理论的基础上，引入贸易开放的作用。

从经济增长理论看，经济增长可以源于生产要素的增加，也可以源于给定一组生产要素后全要素生产率的提高。全要素生产率是无法归功于任何一种要素投入增加的那部分产出增长，一般认为主要来自技术进步的贡献和资源配置效率的提升。在新古典经济增长模型中，除非外生的技术进步维持了投资积极性，否则经济稳态下的人均产出增长终将停滞（Solow，1956；Cass，1965；Koopmans，1965）。在内生经济增长模型中，技术进步不再是外生给定的，而是由经济活动中的企业或个人决策决定的，因而是内生的。由于不断的技术进步，经济稳态下的人均产出增长将有可能无限维持下去（Romer，1986，1990；Lucas，1988；Grossman & Helpman，1991；Aghion & Howitt，1992）。但是整个经济要收敛于稳态，有时需要相当长的时间，所以资本、劳动、人力资本这些生产要素的积累仍然对经济增长有重要作用。若要在经济稳态下获得大于零的人均产出增长率，技术进步或者说全要素生产率的提升则是最重要的出路。改革开放伊始，邓小平曾做出"科学技术是第一生产力"的著名论断，这一论断与经济增长理论的精髓不谋而合。

在经济增长分析框架中引入贸易开放时，多将贸易开放看作影响技术进步、资源配置效率和要素质量提升的因素。在已有的贸易与增长文献中，技术进步通常是最为重要的传导途径。经典的国际贸易理论由于大多采用静态一般均衡模型，所以无法讨论动态的增长效应。比如在李嘉图模型中，比较优势源于不同国家外生给定的劳动生产率差异（技术差异），这一设定可以帮助解释我们所观察到的国际专业化分工模式,但是无法解释为什么国家会在一组特定产品上获得技术优势,而这恰恰是经济增长的关键。所以要弄清楚贸易开放是如何影响长期经济增长的,就需要深入探讨贸易开放与技术进步这个经济增长驱动器之间的关系。已有文献主要包含以下四种不同的情形(Grossman & Helpman, 1993):

第一,知识的扩散。贸易开放打开了国际交流的渠道,因此便利了技术信息的传递。在世界市场上做生意的国家无一例外地总会见识到各式各样的新产品和新技术,一国参与国际市场能够大大加速该国对外国知识的获取。在一体化的市场中竞争,经济力量将有助于减少研发活动的重复,节省研发活动所需的资源投入,从而提高世界知识存量的累积速度,进而带来更快的经济增长。所以贸易开放带来的知识扩散效应几乎总是有利于各国获得更快的经济增长。

后面三种情形考察了存在知识扩散下的贸易开放,包括了大部分国家间相互开放贸易的情况、相似国家间的贸易开放、两国创新不均等时的贸易开放以及不相似国家间的贸易开放。

第二,相似国家间的贸易开放。假设知识可以在两个相似的国家间完全扩散,并且在没有开放贸易时也不存在研发活动的重复,则贸易开放对两国的长期经济增长率都不会产生影响。事实上,贸易开放对于任何一个生产者来说,都存在两股力量的此消彼长:一方面,需求扩张了,将增加每个生产者的获利机会;另一方面,竞争越发激烈,倾向于降低每个生产者的获利机会。只不过在这个特殊的模型设定里,两个国家以同样的速率开发新产品,每个生产者在贸易开放中获得的额外需求恰好被因竞争产品种类的增加而导致的销售损失所抵消。在这种情形下,贸易开放虽然不具有动态的增长效应,但是每个国家的可消费产品种类都增加了,所以其静态效用水平永久性地增加了。

第三,两国创新不均等时的贸易开放。假设两个国家间缺乏完全的知识扩散,则两个国家的长期创新速率并不相等。技术进步速度快的国家,就能获得越来越多的创新产品市场份额,贸易开放后,该国的新产品研发将获得更大动力,而其贸易伙伴的创新动力却在减小,也就是说技术落后的国家在卷入国际贸易的过程中被迫转向专门生产传统产品。技术先进国家在自由贸易长期均衡中的增长率正好等于它在自给自足条件下的增长率,不过在转向稳定状态前的最后阶段,它的增长率将快于没有贸易时的增长率。而技术落后国家在自由贸易长期均衡中的创新速率将低于它在自给自足条件下的创新速率。

第四，不相似国家间的贸易开放。假设知识可以在两个国家间完全扩散，两个国家的要素禀赋不同，进行国际贸易后要素价格将实现均等化。假设存在两种生产要素——非熟练劳动力和人力资本以及两个部门——差异化高技术产品部门和同质化传统产品部门，两种生产要素被以不同的组合方式用于两个生产部门和研究与开发（R&D）部门，则人力资本相对丰富的国家将相对从事R&D和高技术产品的生产，而非熟练劳动力相对丰富的国家则相对从事传统产品的生产。贸易开放后，首先，人力资本相对贫乏国家的创新速率会上升，但是实际产出增长率会下降，因为根据要素禀赋比较优势，该国的资源会从高技术产品生产转向传统产品生产，但是该国的消费指数增长率不会下降，并且与世界产出以同一速率增长，且这个速率大于它在封闭状态下的速率。其次，人力资本相对丰富的国家将遭受相对于自给自足状态的创新速率的下降，但该国居民仍将从贸易中受益，并且根据要素禀赋比较优势实现专业化生产提供了另一种静态的贸易收益来源。

综上所述，从贸易与增长理论来说，贸易开放通常会通过促进技术知识的扩散，从而促进经济增长率的提高，但在某些条件下，确实会抑制一些国家的创新，从而不利于这些国家的长期经济增长。这些理论更重要的是为我们提供一种分析现实经济的框架，下面我们简要回顾一下世界各国的经验事实。

2. 贸易开放对经济增长影响的事实经验

从理论上看，贸易开放并非一定会有利于长期经济增长；在贸易开放对经济增长影响的实证研究方面，不同学者的研究结论也存在广泛争议。有些人认为，贸易开放与经济增长之间存在正相关关系，而有些人则对此表示怀疑。事实上，这类研究可以归纳为以下方程式：

$$Y_{it} = c + \beta OPENNESS_{it} + \phi Z_{it} + \alpha_i + \tau_t + \varepsilon_{it}$$

而所有的争议就来自如何处理以下三个方面的事情：

（1）如何衡量开放 $OPENNESS_{it}$ 这个变量；

（2）如何解决经济产出变量 Y_{it} 和 $OPENNESS_{it}$ 之间的内生性问题；

（3）如何选择控制变量 Z_{it}（Harrison & Rodríguez-Clare，2010）。

搞清楚这些问题，对于推动这一领域研究的进步固然有帮助，但对于本书的论述并无多大助益。我们换一个角度来看，相比于从世界各国的发展事实中归纳出统一规律，我们更关心发展中国家的情况。不如仔细思考这一问题，为什么有些国家的贸易开放带来了经济的迅速增长，而有些国家的贸易开放则是一场灾难？

"二战"以来，真正基于外向型经济，实现快速增长，缩小或赶上发达国家的发展中国家凤毛麟角，绝大多数的发展中国家，经济发展还是困难重重，大量实证研究并不支持赶超效应的存在（Durlauf 和 Quah, 1999）。比如非洲大多数国家，都落入了上述理论框架中的第三种情形，是典型的被锁定于低端传统产品的代表。非洲出口仍以初级产品为主，撒哈拉以南非洲地区是初级产品的净出口地区，石油是该地区大宗商品贸易中最重要的商品，其次是黄金和天然气。一旦大宗产品价格下跌，这些国家的贸易条件就会迅速恶化，从而拖累经济的增长。"二战"后，唯一基于外向型经济实现了经济赶超的地区是东亚，被称为"东亚奇迹"。先是日本，接着是"亚洲四小龙"，再加上中国，都维持了 30~40 年或更长时间的经济快速增长，缩小了与发达国家人均收入之间的差距。相比于非洲国家，这些东亚国家在对外开放中到底做对了什么？

在下一小节，我们带着这个问题来探讨中国的对外开放是如何促进技术进步、资源配置效率的提升、物质资本的积累以及人力资本的积累，进而带来了长达 40 年的经济快速增长。

（三）中国对外开放 40 年对经济增长的贡献

1. 中国对外开放与技术进步

下面从两方面考虑中国对外开放通过促进技术进步带来的经济增长效应：一是直接的知识扩散效应，二是在存在知识扩散的条件下，贸易增长带来的贸易结构和产业结构升级。

首先，贸易开放为中国带来的知识扩散效应是非常直观的。1978 年以前，中国的技术创新基本上靠自力更生，试图"十年超英，十五年赶美"，在尖端技术和产业方面与欧美竞争，但经济发展的绩效很差，人民生活水平提高缓慢，和发达国家的经济差距并没有缩小。相反，1978 年改革开放之后，中国通过引进国外技术和管理，实现了快速的技术变革，虽然并不谋求迅速在高精尖产业的国际竞争中取得突破，但经济发展的速度和质量都得到了大幅提升。

其次，在存在知识扩散的条件下，中国通过贸易需求的扩大实现了贸易结构和产业结构的不断升级，从而利用"后发优势"实现了经济的快速增长。所谓"后发优势"，是指发展中国家技术发展水平与发达国家有差距，可以利用这些差距，通过引进技术的方式来加速技术变革，从而使经济发展得更快，实现经济赶超。但根据上述贸易与增长理论框架，"后发"并非一定能够实现"优势"，技术落后国家在卷入国际贸易的过程中可能被迫转而专门生产传统产品,在自由贸易长期均衡中的创新率将会降低,从而拖累经济增长,变成"后发劣势"。一国能否实现"后发优势"的关键就在于是否可以借助已有技术和贸易需求的扩大,不断实现贸易结构和产业结构的升级。林毅夫(2003)指出,如果一国在发展的每一个阶段,都充分利用要素禀赋结构所决定比较优势来选择产业,那么"后发优势"就能够充分发挥,产业结构会稳步向发达国家靠近;反之,如果试图赶超,经济中就会有各种扭曲和寻租行为,结果是欲速不达,还将出现各种制度扭曲的"后发劣势"。

中国在对外开放以来恰恰遵循了这一规律,基本在每一个阶段都根据自身要素禀赋结构,在国际贸易中发挥了比较优势,才使"后发优势"得以释放,经济实现了迅速发展。1978~1991年是对外开放的启动阶段,外汇十分紧张,因此实现出口创汇具有十分重要的意义。"三来一补"因此成为开放初期实现劳动密集型产品出口的重要方式,并注重吸引出口型外商投资,大力发展加工贸易。1992~2001年是对外开放的深化阶段,在此阶段,实行了汇率并轨与经常项目可兑换,并深化外贸体制改革,对外贸易快速增长,贸易结构不断优化。2002年之后是规则化开放阶段,中国正式加入世界贸易组织,按照"入世"承诺和世界贸易组织规则修订了2300多项法律法规,清理了数十万份政府相关文件,积极稳妥地推进金融市场开放、人民币国际化,增强了我国对全球投资的吸引力,货物贸易和服务贸易均迅速发展,通过"引进来"和"走出去"相结合,越来越多的中国企业开始海外投资建厂。

随着中国出口贸易量的快速增长,中国出口贸易结构也发生了深刻变革,如图3-1所示。改革开放伊始,中国的出口产品仍然以初级产品和劳动密集型产品为主,这两项占全部出口额的70%以上,资本密集型制成品在全部出口中所占份额不高,技术密集型制成品所占份额更是接近于零。20世纪90年代中期以后,初级产品在出口总额中的份额已经下降到了10%以下,以纺织品、服装、鞋类为代表的劳动密集型制成品出口增速放缓,在出口总额中的份额不断下降;以电子和电气产品为代表的技术密集型制成品出现了加速增长的态势,2004年之后成为份额最大的出口产品;以机动车辆、工程设备为代表的资本密集型制成品的份额稳步提升。中国的贸易结构和产业结构不断升级,甚至有研究认为,中国的出口复杂度远远超出了当时的要素禀赋和经济发展水平,具有劳动力禀赋优势的中国,却在大量出口高技术和高资本密集型产品,并将这种现象称为"中国出口贸易结构之谜"(Rodrik,2006;Schott et al.,2008)。出口贸易结构的优化也意味着产业结构的不断升级,中国经济有效地利用"后发优势"实现了经济的快速增长。

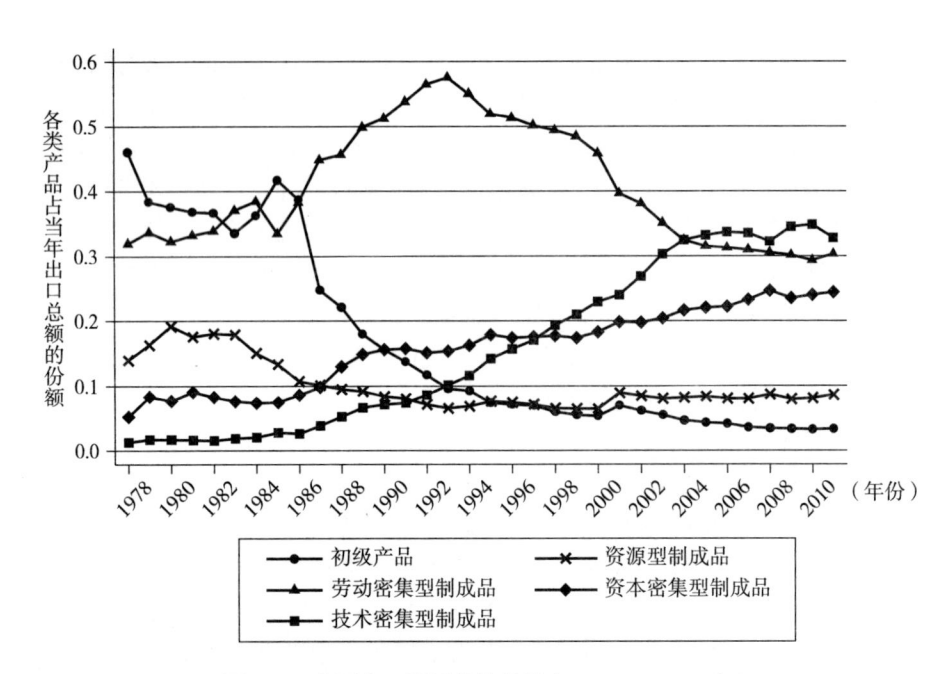

图 3-1 中国出口贸易结构的转变（1978~2011 年）

注：使用中国 1978~2011 年 SITC 分类 3 位编码的出口数据计算，根据 Lall（2000）的方法将 200 多种出口产品重新划分为初级产品、资源型制成品、劳动密集型制成品（低技术）、资本密集型制成品（中技术）、技术密集型制成品（高技术）。

资料来源：UNcomtrade 数据库。

2. 中国对外开放与物质资本积累

物质资本积累在各国间的差异很大，是传统经济增长理论最为关注的变量。有些国家的资本积累非常快，达到 GDP 的 30% 或更高；而有些国家，如一些非洲国家，不但没有资本积累，甚至因为折旧而呈负增长。据世界银行 1999 年数据，发达国家的平均资本积累率在 20% 左右，而中国改革开放之后则在 40% 的水平，这也是中国经济能实现超高增速的原因之一。

中国对外开放对物质资本积累的影响，大多是通过投资渠道，尤其是外商直接投资（FDI），而不是贸易渠道。改革开放以来，国际资本大量流入，缓解了经济发展进程中的资本短缺，促进了外向型经济的迅猛增长。而且，由于国际资本流入，尤其是外商直接投资通过"外溢效应"与"学习效应"，使中国经济的技术水平、组织效率不断提高，从而提高了国民经济的生产率水平。20 世纪 90 年代之后，随着国际资本流入规模的不断扩大，中国的外商直接投资企业不仅决定了将近一半的进出口贸易总额，而且直接决定储备资产的增减和国际收支的平衡，对国民经济快速稳定增长发挥着越来越重要的作用。

3. 中国对外开放与人力资本积累

人力资本对经济增长的影响可以从两方面来理解。第一，直接影响，以 Lucas（1988）、Barro（1991）和 Romer（1990）等为代表的许多学者开始把人力资本作为经济增长的决定因素来研究，并且认为人力资本对长期经济增长具有显著的影响；第二，间接影响，在国际技术从创新国家转移到模仿国家的过程中，模仿国家的人力资本对于技术吸收具有重要的作用。所以，人力资本已经成为现代经济发展的重要源泉。

在开放条件下，人力资本不仅可以通过国内教育、文化、医疗等投资来形成，还可以通过对外贸易实现加速积累（Findlay 和 Kierzkowski，1983）。贸易开放对人力资本积累的影响可以归纳为三种机制：①工资价格信号机制，贸易开放所引起的技能溢价将激励劳动者进行人力资本投资；②信贷约束机制，贸易开放所实现的收入增加会放松劳动力教育投资的信贷约束；③知识技术溢出机制，贸易开放所产生的国际知识技术溢出则可以直接增加一国的人力资本积累。

已有研究的成果包括：彭国华（2007）发现贸易开放对中国高等教育程度的人力资本积累有积极影响，但对基础教育程度的人力资本积累却产生了负向作用。余官胜（2009）认为，贸易开放对我国人力资本的积累存在 U 形关系。阚大学和罗良文（2010）的实证研究表明，中国对外贸易对人力资本积累的影响存在地区差异，且对外贸易对不同层次的人力资本积累也存在显著差异。陈开军和赵春明（2014）发现，无论从全国层面还是地区层面，人力资本的积累都存在自我强化的累积效应；贸易开放条件下的人力资本溢价起到了价格信号作用，激励了人力资本的投资，但这种作用在地区间由东向西逐步递减；受参与国际分工和贸易方式的影响，对外贸易弱化了全国及不同地区的人力资本积累，而外商直接投资则通过知识技术溢出效应促进了人力资本的积累；贸易开放所引致的人均国内生产总值的增长放松了人力资本投资的信贷约束，促进了人力资本积累；政府财政性生均教育经费支出起到了很好的人力资本投资作用。

三、对外开放40年福利效应的测算

（一）贸易福利效应的理论框架

前面我们在经济增长的理论框架下，考虑了贸易开放的贡献。但要抽丝剥茧，更为深入地理解贸易是通过什么样的机制促进经济增长的，则需要从国际贸易理论出发，考虑贸易所带来的福利效应。贸易的好处到底来源于什么地方，这是所有贸易理论都要回答的问题。梳理重要的国际贸易理论，我们将贸易的福利效应总结如下：

1. 分工深化

贸易开放后，由于分工深化所带来的每个国家生产可能性曲线的扩张，是最基本的贸易福利来源。无论是亚当·斯密和大卫·李嘉图基于劳动生产率差异（技术差异）所发生的国际贸易，还是赫克歇尔—俄林理论中基于要素禀赋差异所发生的国际贸易，抑或是杨小凯的新兴古典贸易理论，贸易的收益都来源于劳动分工在国际的深化。

2. 消费更多产品种类

Krugman（1979，1980）把垄断竞争模型（Spence，1976；Dixit & Stiglitz，1977）引入国际贸易领域，引起了贸易理论的变革，形成了新贸易理论。垄断竞争框架下的规模经济以及消费者多样化偏好（Love of Variety）共同构成差异化产品（同一产品不同种类）贸易的动因，即使贸易双方的要素禀赋相似，消费者可消费种类的扩大成为解释国际贸易福利的新渠道。

Feenstra（1994）和 Romer（1994）的研究认为，来自产品种类扩张的贸易福利效应非常大，但是 Arkolakis 等（2008）指出，Romer（1994）的结果对于模型假设条件非常敏感，实际上在存在企业异质性的条件下，来自产品种类的福利效应很小。这是由于贸易自由化之后，新进口的产品种类是"边际种类"，对这些产品种类的总消费非常小。并且进口产品种类增加所带来的福利效应，会被国内产品种类减少所抵消。Broda 和 Weinstein（2006）也是这个领域的重要代表，他们的研究表明进口种类的增加是经济增长的重要来源。

3. 收获规模经济

在新贸易理论中，收获规模经济是另外一个贸易福利的来源。由于两个国家的代表性生产者都拥有规模收益递增的生产函数，即随着生产总量的扩大，生产成本将会不断下降。所以当两国开始贸易时，每个国家的生产者所面临的市场都扩大了，从而生产成本下降，收获规模经济的好处。

4. 进口产品所包含的新技术

Coe 和 Helpman（1995）以及 Keller（1998）认为，贸易是国际 R&D 溢出的重要渠道。通过进口中间品和资本品，该进口国可以从出口国已经完成的 R&D 中受益。Eaton 和 Kortum（2001）的研发与贸易模型的主要特征也是基于此。还有一系列理论文章考察了进口中间品对于提高生产率增速的作用（Ethier，1982；Grossman 和 Helpman，1991；Markusen，1989；Romer，1986，1990）。而相应的实证文章也发现，中间品进口的增加和中间品关税的降低都会带来生产率提升收益（Amiti 和 Konings，2005；Goldberg et al.，2008；Kasahara 和 Rodrigue，2008）。

5. 竞争加剧降低价格加成

Harrison（1994）、Levinsohn（1993）和 Muendler（2004）的研究分别使用土耳其、科特迪瓦和巴西的微观数据，发现由于贸易壁垒降低导致的竞争加剧，会降低边际成本加成。加剧的竞争可能会鼓励企业进行创新，或者只是导致更低的价格，增加消费者福利。当测度贸易改革带来的生产率收益时，不考虑边际成本加成在贸易改革后由于竞争加剧带来的下降，就会使测度产生偏误。

6. 将市场份额配置给更具生产率的企业

异质性企业贸易理论认为，贸易会提高一国的生产率水平，是由于将资源配置给了更具效率的企业。在 Melitz（2003）的模型中，企业在事前被赋予不同的生产率水平，并且该生产率水平保持不变。当国家开放贸易之后，只有生产率较高的企业才会存活下来，而生产率较低的企业则会退出市场。Pavcnik（2002）使用智利的微观数据发现，智利生产率的改进，2/3 来自将市场份额配置给更具生产率的企业，剩下的 1/3 来自存活企业自身生产率的改进。而 Van Biesebroeck（2003）使用哥伦比亚的微观数据发现，哥伦比亚生产率的改进，2/3~3/4 都来自企业自身生产率的改进。一种可能的解释就是，在这段时期里，相对于智利的企业，哥伦比亚的企业面临较高的进入退出壁垒，较高的进入退出壁垒使市场份额配置给更具效率的企业难以实现。无论如何，有限的实证证据都表明，加总生产率的增长源于两点：①重新配置生产份额给更有效率的企业；②企业自身的生产率增长。

7. 出口干中学效应

贸易促进生产率水平提高的另外一个可能途径是出口干中学效应。然而，大多数针对发达国家或者针对中高收入国家的实证检验表明，出口干中学效应非常小，甚至没有。如 Clerides 等（1998）对哥伦比亚、Delgado 等（2002）对西班牙、Bernard 和 Wagner（1997）对德国、Bernard 和 Jensen（1999）对美国的检验。Pavcnik（2002）对于智利的检验所得出的结论也类似，出口竞争部门的企业是全部制造业企业中最有效率的，但是这些出口企业并没有显示出生产率的改进。另外一批实证研究检验了发展中国家的出口干中学效应，比如 Aw 等（2000）对韩国、Van Biesebroeck（2005）对 9 个非洲国家、Blalock 和 Gertler（2004）对印度尼西亚、Hallward 等（2002）对东亚国家、Park 等（2006）对中国、Aw 等（2007）和 De Loecker（2007）对斯洛文尼亚，这些研究则发现出口干中学效应是存在的。Blalock 和 Gertler（2004）基于印度尼西亚制造业企业的面板数据检验发现，企业在首次出口行为之后，会经历生产率水平 3%~5% 的向上跃升。尽管目前针对出口干中学效应重要性的结论并不完全一致，但是以下三点基本是较为公认的结论：①最具生产率的企业更容易出口；②存在出口自选择效应的同时，出口干中学效应也是存在的；③出口干中学效应更容易发生在技术落后的国家和生产率水平相对较低的企业。

（二）贸易福利效应的测算

1. 贸易福利效应测算方法说明

下面我们将测度贸易开放的福利效应到底有多大。为了说明对外开放的总体收益，本小节考虑了贸易福利效应测度的一种极端情形，即贸易成本变为无穷大，现实的开放经济均衡状态回到封闭经济均衡状态时，以居民真实收入变动所代表的福利效应会下降多少。在 10 年以前，这一工作通常会使用可计算一般均衡（Computational General Equilibrium，CGE）模型来完成。但随着贸易引力模型微观理论基础的逐步完善，更多学者倾向基于引力模型来完成这一测算工作。与 CGE 模型相比，基于引力模型的数量贸易模型最大的好处是其简洁性、透明性以及与多个贸易理论模型的兼容性。研究者可以较为容易地识别关键参数，并理解其大小是如何影响福利结果的；可以使用真实数据来估计关键参数，而不是像 CGE 模型中使用现成的弹性；并且数量贸易模型可以兼容广泛的贸易模型（Costinot 和 Rodríguez-Clare，2014）。

该领域的开创性工作来自 Arkolakis 等（2012），他们的主要贡献在于，证明了一系列重要贸易模型的福利测算，都可以通过推导出引力模型，从而仅需要基于宏观数据和两个关键变量计算：①一国在国内产品上的支出份额 λ_{jj}；②进口相对于国内支出对于可变贸易成本的弹性（后文称作贸易弹性 ε）。

本章借鉴了已有文献中的三个贸易模型，来测算当贸易成本变为无穷大时福利效应的变动，分别是：单部门阿明顿模型（Armington Model）、多部门模型、多部门—可贸易中间品模型。这三个贸易模型福利效应推导的过程都是类似的,简单来说可以分为两步:首先,通过这三个贸易模型推导出相应的引力方程;其次,假设贸易成本出现扰动,推导出相应的福利变动公式。考虑到本书的篇幅和易读性,具体公式推导过程可参考Arkolakis等(2012)以及Costinot和Rodríguez-Clare(2014),本章仅简要说明其原理。

(1)阿明顿模型(Armington Model)。

阿明顿模型由于其自身的易处理性,在引力模型的推导中具有重要意义。一般来说,阿明顿模型在微观上需要满足以下四个假设:①Dixit-Stiglitz偏好;②只有一种生产要素;③线性成本方程;④完全竞争或者垄断竞争。在宏观上则要满足下述三个假设:①贸易是平衡的;②总利润是总收入的固定比例;③进口需求系统是CES形式的。

一个最简单的阿明顿模型,在供给端,假设世界经济由 $i=1,\cdots,n$ 个国家组成,每个国家生产一种差异化产品 $i=1,\cdots,n$,其禀赋为 Q_i 单位,也即具有国家产品差异化(National Product Differentiation,NPD)特性。

在需求端,每个国家的代表性消费者拥有常替代弹性(Constant Elasticity of Substitution,CES)效用函数:

$$C_j = \left(\sum_{i=1}^{n}\psi_{ij}^{(1-\sigma)/\sigma}C_{ij}^{(\sigma-1)/\sigma}\right)^{\sigma/(\sigma-1)} \tag{3-3}$$

其中,C_{ij} 代表 j 国对产品 i 的消费量,$\psi_{ij}>0$ 是外生的偏好参数,$\sigma>1$ 是不同国家产品之间的替代弹性。

贸易成本假设为冰山贸易成本形式,即为了在 j 国销售 1 单位产品,i 国必须出口 $\tau_{ij} \geqslant 1$ 单位产品,运输成本 $\tau_{ij}-1$ 就像冰山一样融化掉了。假设国家间不存在套利空间,则产品 i 在 j 国的价格必须为 $P_{ij}=\tau_{ij}P_{ii}$。则在预算约束下,最大化消费者效用,再结合价格与生产的关系,我们可以得到下述引力方程:

$$X_{ij} = \frac{(Y_i\tau_{ij})^{-\varepsilon}\chi_{ij}}{\sum_{i=1}^{n}(Y_l\tau_{lj})^{-\varepsilon}\chi_{lj}}E_j \tag{3-4}$$

其中,X_{ij} 代表 j 国从 i 国进口产品的总价值,Y_i 代表 i 国的总收入,E_j 代表 j 国的总支出,$\chi_{ij}\equiv(Q_i/\psi_{ij})^{\sigma-1}$。$\varepsilon\equiv\partial\ln(X_{ij}/X_{jj})/\partial\ln\tau_{ij}$。即为上文所提到的贸易弹性,即进口相对于国内支出对于可变贸易成本的弹性。在阿明顿模型中,贸易弹性 ε 就等于 $\sigma-1$。

现在假设模型受到一个贸易成本冲击,贸易成本有一个微小的变动,由 τ 变为 $\tau+d\tau$。我们令 $\lambda_{ij}\equiv X_{ij}/E_j$,表示 j 国在来自 i 国产品上的支出在 j 国总支出中的份额。通过推导可得，由真实消费表示的贸易福利变动为：

$$\hat{C}_j = \hat{\lambda}_{jj}^{-1/\varepsilon} \tag{3-5}$$

加帽子的变量 $\hat{v} \equiv v'/v$ 表示当变量 v 从初始均衡变动到反事实均衡时变动的比例。由式（3-5）可知，计算福利变动确实如上文所述，仅需要两个统计量：①国内产品支出份额 λ_{jj}；②贸易弹性 ε。

下面假设对于任意两个国家贸易成本变为无穷大 $\tau'_{ij} = +\infty$，则双边贸易流量降为零，在反事实封闭经济状态下，对国内产品的支出份额必然等于1，$\lambda'_{jj}=1$，所以 $\hat{\lambda}_{jj}=1/\lambda_{jj}$。我们得到：

$$G_j = 1 - \lambda_{jj}^{1/\varepsilon} \tag{3-6}$$

式（3-6）即为阿明顿模型下贸易成本变为无穷大时相应的福利效应。这一简单阿明顿模型的假设过于严格，其福利估计与现实的差距也往往较大。幸运的是，我们可以在保留该模型易处理性的同时，放松一些不符合实际的假设，比如扩展为多产品部门、增加中间品贸易、引入不同市场结构、考虑企业异质性等，使其逐步靠近真实世界。

（2）多部门模型。

通过将效用函数扩展为两层，外层为柯布—道格拉斯形式，内层仍为CES形式，上述阿明顿模型可以扩展为多产品部门模型。假设有 $s=1,\cdots,S$ 个产品部门。j 国家代表性消费者的效用函数为：

$$C_j = \prod_{s=1}^{S} C_{j,s}^{\beta_{j,s}} \tag{3-7}$$

其中，$\beta_{j,s} \geq 0$ 为外生的偏好参数，并且满足 $\sum_{s=1}^{S} \beta_{j,s}=1$。$C_{j,s}$ 为 j 国对产品 s 的总消费：

$$C_{j,s} = \left(\int_{\omega \in \Omega} c_{j,s}(\omega)^{(\sigma_s-1)/\sigma_s} d\omega \right)^{\sigma_s/(\sigma_s-1)} \tag{3-8}$$

其中，$\sigma_s > 1$ 表示产品部门 s 中不同细分差异化产品之间的替代弹性，并且 σ_s 在不同的产品部门之间可以变动。

当贸易成本变为无穷大时，相应的福利效应为：

$$G_j = 1 - \prod_{s=1}^{S} \left(\lambda_{jj,s} \left(\frac{e_{j,s}}{r_{j,s}} \right)^{\delta_s} \right)^{\beta_{j,s}/\varepsilon_s} \tag{3-9}$$

其中，$e_{j,s} \equiv E_{j,s}/E_j$ 代表 j 国在产品部门 s 上的支出份额，$r_{i,s}=R_{i,s}/R_i$ 代表 i 国的总收入中来自产品部门 s 的份额。参数 δ_s 是表征产品部门 s 市场结构的虚拟变量，等于1时表示垄断竞争，等于0时表示完全竞争。由于上式

包含了 δ_s，所以在多部门引力模型下，垄断竞争情形下和完全竞争情形下的福利效应是不同的。引起差异的原因，就是规模效应的存在。

（3）多部门—可贸易中间品模型。

保持与多部门模型中同样的需求偏好假设，并在供给侧引入中间品假设，上述多部门模型可以扩展为多部门—可贸易中间品模型。假设每个产品部门 s 的中间产品 $I_{j,s}$ 是一系列最终消费品的组合：

$$I_{j,s} = \left(\int_{\omega \in \Omega} i_{j,s}(\omega)^{(\sigma_s-1)/\sigma_s} d\omega \right)^{\sigma_s/(\sigma_s-1)} \quad (3-10)$$

其中，$i_{j,s}(\omega)$ 代表在生产 j 国 s 部门的中间产品时所使用的第 ω 种差异化产品的数量。

当贸易成本变为无穷大时，相应的福利效应为：

$$G_j = 1 - \prod_{s,k=1}^{S} \left(\lambda_{jj,k} \left(\left(\frac{e_{j,k}}{b_{j,k}} \right)^{\eta_s} \frac{r_{j,k}}{b_{j,k}} \right)^{-\delta_k} \right)^{\beta_{j,s} \tilde{\alpha}_{j,sk/\varepsilon_k}} \quad (3-11)$$

其中，$b_{j,k} \equiv v_j \left(\sum_{s=1}^{S} \beta_{j,s} \alpha_{j,ks} \right)$ 反映了在垄断竞争市场结构下，中间产品如何影响模型中规模效应的大小。$v_j \equiv Y_j / R_j$ 为 j 国总收益（income）相对于总收入（revenues）的比率。$\alpha_{j,kl}$ 为外生技术参数。η_s 为表征 s 部门由选择效应引起的贸易扩展边际变动的参数，当 η_s 等于 0 时，表示部门 s 没有选择效应；当 $\eta_s > 0$ 时，表示存在选择效应。

2. 贸易福利效应测算的参数及数据说明

为了分别计算式（3-6）、式（3-9）、式（3-11）的贸易福利效应 G_j，我们对其所使用的参数和数据进行简要说明。从最简单的式（3-6）开始：

$$G_j = 1 - \lambda_{jj}^{1/\varepsilon}$$

在该式中只需要测度贸易弹性 ε，和国内产品支出份额 λ_{jj}。最为简单的估计贸易弹性 ε 的方法，就是使用横截面数据估计一个对数引力方程。我们先简单地将其设置为 $\varepsilon = 5$，这是已有文献中设置的典型数值，参见 Anderson 和 van Wincoop（2004）、Head 和 Mayer（2014）。国内产品支出份额 λ_{jj}，即 j 国在本国产品上的支出占 j 国总支出的份额可计算如下，$\lambda_{jj} \equiv X_{jj} / E_j = 1 - \sum_{i \neq j} X_{ij} / \sum_{i=1}^{n} X_{ij}$，其中，$\sum_{i \neq j} X_{ij}$ 为 j 国的总进口，$\sum_{i=1}^{n} X_{ij}$ 为 j 国的总支出，这两项都非常容易从宏观数据中获得。

对于式（3-9）：

$$G_j = 1 - \prod_{s=1}^{S}\left(\lambda_{jj,s}\left(\frac{e_{j,s}}{r_{j,s}}\right)^{\delta_s}\right)^{\beta_{j,s}/\varepsilon_s}$$

新增参数 δ_s 为表征 s 部门市场结构的虚拟变量，等于 1 时为垄断竞争，等于 0 时为完全竞争。此外，还需要衡量部门层面的 $\lambda_{jj,s}$、ε_s、$e_{j,s}$、$\beta_{j,s}$ 和 $r_{j,s}$，其中 $s=1, \cdots, S$，即共有 S 个部门。$\lambda_{jj,s}$ 为 s 部门的国内产品支出份额。ε_s 为 s 部门的贸易弹性，本章在测算中使用了 Caliendo 和 Parro（2015）估计的分部门贸易弹性。支出份额 $e_{j,s} \equiv E_{j,s}/E_j$ 表示 j 国对 s 部门的支出占 j 国总支出的份额；收入份额 $r_{j,s} \equiv R_{j,s}/R_j$ 表示 j 国来自 s 部门的收入占 j 国总收入的份额；偏好参数 $\beta_{j,s}$ 等于需求份额，即 j 国对 s 部门的需求占 j 国总需求的份额。

对于式（3-11）：

$$G_j = 1 - \prod_{s,k=1}^{S}\left(\lambda_{jj,k}\left(\left(\frac{e_{j,k}}{b_{j,k}}\right)^{\eta_s}\frac{r_{j,k}}{b_{j,k}}\right)^{-\delta_k}\right)^{\beta_{j,s}\tilde{\alpha}_{j,sk}/\varepsilon_k}$$

新增参数 η_s 为表征 s 部门由选择效应引起的贸易扩展边际变动的参数，当 η_s 等于 0 时，表示部门 s 没有选择效应，也就是垄断竞争市场结构下 $\delta_s=1$，Krugman（1980）模型的情形，不存在企业异质性和出口固定成本，所有的企业总是出口。当 $\eta_s>0$ 时，表示当 j 国的市场条件变动时，一部分 i 国的企业会开始或者停止出口，即存在选择效应，也就是垄断竞争市场结构下 $\delta_s=1$，Melitz（2003）模型的情形，存在企业异质性和出口固定成本。在本章的测算中，我们根据 Balistrejri 等（2011）研究结果，将 Melitz（2003）模型下的 η_s 设定为 0.65。也可以使用企业层面数据直接估计 η_s，具体方法参见 Costinot 和 Rodríguez-Clare（2014）。

$b_{j,k} \equiv v_j\left(\sum_{s=1}^{S}\beta_{j,s}\alpha_{j,ks}\right)$ 反映了在垄断竞争市场结构下，中间产品如何影响模型中规模效应的大小。$v_j \equiv Y_j/R_j$ 为 j 国总收益（income）相对于总收入（revenues）的比率。$\alpha_{j,kl}$ 为外生技术参数，$\alpha_{j,ks} = \sum_i X_{ij,ks}/R_{j,s}$。在实际计算中，我们根据 Balistrejri 等（2011），使用 $\alpha_{j,ks}^* = \left(\sum_k\sum_i X_{ij,ks}/R_{j,s}\right) \times (E_{j,k}/E_j)$ 来替代 $\alpha_{j,ks}$。$\tilde{\alpha}_{j,sk}$ 为 j 国 s 部门价格指数相对于 k 部门价格指数的弹性，等于调整过的技术参数 $\tilde{\alpha}_{j,sk} \equiv \alpha_{j,sk}(1+\delta_k(1+\eta_k)/\varepsilon_k)$。可以看出，在完全竞争市场结构下 $\delta_k=0$，则 $\tilde{\alpha}_{j,sk} = \alpha_{j,sk}$；而在垄断竞争市场结构下 $\delta_k=1$，$\tilde{\alpha}_{j,sk} = \alpha_{j,sk}(1+(1+\eta_k)/\varepsilon_k) = \alpha_{j,sk}(1+1/(\sigma_k-1))$。

本章使用的全部贸易和投入产出数据都来自世界投入产出数据库（World Input-Output Database，WIOD），参见 Timmer 等（2015）。2016年的世界投入产出表包含了 2000~2014 年 44 个地区（43 个国家和世界其他地区）之间的投入产出关系。

(三) 中国对外开放福利效应的分析

1. 中国贸易福利效应测算结果

表 3-2 汇报了根据上述式（3-6）、式（3-9）和式（3-11）测算的中国 2000~2014 年贸易开放的福利效应，该福利效应是指中国现实开放经济均衡状态与封闭经济均衡状态（反事实状态）相比，也即当贸易成本变成无穷大时，真实收入变动的百分比。诚然，封闭经济状态是一种极端的反事实状态，基本不太可能出现在现实世界中。所以已有对中国贸易福利效应测度的文献通常只会考察贸易成本的有限变动，比如关税或者非关税壁垒的变动，所造成的贸易福利效应变动，其结果通常在 1%~4%。但本章的目的在于说明对外开放的总体收益，所以该测算可以作为我们思考贸易与经济增长问题的一个极端参照点。

表 3-2　中国的贸易福利效应（2000~2014 年）　　　单位：%

	中国的贸易福利效应（相对于封闭经济状态，用真实收入变动的百分比表示）					
	单一部门（4）	多部门，没有中间品（7）		多部门，有中间品（9）		
		完全竞争	垄断竞争	完全竞争	垄断竞争（Krugman）	垄断竞争（Melitz）
年份	1	2	3	4	5	6
2000	2.7	3.2	3.7	6.9	45.0	65.4
2001	2.5	3.1	3.7	6.5	45.0	65.3
2002	2.8	3.5	3.7	8.0	48.4	68.8
2003	3.4	4.4	3.9	11.2	55.1	75.7
2004	4.0	4.8	4.0	14.4	59.0	79.2
2005	4.2	4.7	4.0	15.9	60.7	80.7
2006	4.3	4.9	4.0	19.6	66.9	85.3
2007	4.4	5.1	4.2	20.8	68.1	85.9
2008	4.0	4.6	3.8	18.7	66.0	84.6

续表

	中国的贸易福利效应（相对于封闭经济状态，用真实收入变动的百分比表示）					
	单一部门（4）	多部门，没有中间品（7）		多部门，有中间品（9）		
		完全竞争	垄断竞争	完全竞争	垄断竞争（Krugman）	垄断竞争（Melitz）
2009	3.0	4.0	3.6	15.3	64.1	83.7
2010	3.5	4.6	3.7	17.7	66.3	85.2
2011	3.5	4.4	3.7	17.1	65.1	84.3
2012	3.2	4.0	3.7	15.2	62.5	82.5
2013	3.1	3.9	3.7	14.3	60.9	81.1
2014	2.8	3.5	3.6	13.2	60.0	80.3

注：以上测算使用的世界投入产出表数据来自世界投入产出数据库 WIOD（Timmer et al.，2015）。小括号中的数字表示测算所依据的式（3-6）、式（3-9）和式（3-11）。完全竞争和垄断竞争由公式中的参数 δ_s 表征，$\delta_s = 0$ 表示完全竞争，$\delta_s = 1$ 表示垄断竞争。Krugman 模型和 Melitz 模型由参数 η_s 表征，$\eta_s = 0$ 表示 Krugman 模型，$\eta_s = 0.65$ 表示 Melitz 模型。

表 3-2 中的第 1 列是根据式（3-6）测算的贸易福利效应，也即在阿明顿模型下的福利效应。第 2、3 列是根据式（3-9）测算的贸易福利效应，也即在多部门模型下的福利效应。第 4、5、6 列是根据式（3-11）测算的贸易福利效应，也即在多部门并且有中间品模型下的福利效应。可以看到，在不同模型下测算的贸易福利效应差别非常大，该如何理解这些差距及其背后的含义，将在下一小节中详细探讨。

2. 中国贸易福利效应的分析

表 3-2 中的第 1 列是在阿明顿模型下测算的贸易福利效应，2000~2014 年，如果中国关上开放的大门，回到闭关锁国的状态，国民真实收入只会比现实中低 2.5%~4.4%，平均为 3.43%，很难说这是一个很大的变化。这是由于阿明顿模型作为分析的起点，为了保留模型的易处理性而采取了严格的假设，所以离现实经济较远。我们在后面的模型中一步步放松假设，使模型更为贴近现实经济。

第 2、第 3 列放松了阿明顿模型中的单一部门假设，而采用多部门模型，这使我们可以捕捉由贸易引起的生产要素在不同部门之间的重新配置所带来的福利效应。在完全竞争情形下，中国的贸易福利效应在 2000~2014 年，平均为 4.18%；而在垄断竞争情形下，平均为 3.8%。可以看到，考虑多部门模型之后，中国的贸易福利效应得到了稍许提升，但并不显著。

第 4、第 5、第 6 列，在多部门模型的基础上引入了可贸易中间品，这使我们可以捕捉由于进口中间品中包含的新技术以及投入品成本下降所带来的福利效应。2000~2014 年，在完全竞争情形下，中国的贸易福利效应平均为 14.32%；在垄断竞争 Krugman 模型下，中国的贸易福利效应平均为 59.54%；在垄断竞争 Melitz 模型下，中国的贸易福利效应平均为 79.2%。可以看到同时引入中间品进口和规模经济之后，来自贸易的福利效应大大增加了。中间品进口所代表的是其包含的新技术和投入品成本的下降，而规模经济的引入则会放大这一效应，这在一定程度上说明中国经济仍然大幅受益于技术引进带来的经济增长效应。在垄断竞争的 Melitz 模型下，由于引入了企业的异质性，所以进一步捕捉到了由于将市场份额配置给更具生产率的企业所带来的整体生产率提升，进而带来的福利增加。这些结论支持了第 2 节中贸易开放带来的技术进步对于经济增长具有重要意义这一观点。

我们看到在第 6 列中，中国的贸易福利效应在 2000~2014 年平均达到了 79.2%。也就是说，如果中国关上开放的大门，回到闭关锁国状态，国民真实收入会比现实中降低将近 4/5。由此可见，对外开放对于中国的意义确实非常巨大。

再来看一下贸易福利效应在时间上的变动。中国在 2001 年底加入了世界贸易组织，之后经历了一个外贸快速增长的时期，可以看出贸易福利效应在 2001 年之后一路上扬，在各列测算中都是如此，并在 2007 年达到了顶峰。在第 6 列中，中国从贸易开放中所获得的福利效应从 2001 年的 65.3% 上升到 2007 年的 85.9%。这说明中国确实享受到了"入世"的红利。随着 2008 年国际金融危机的爆发，外部环境疲软，贸易福利效应出现小幅下降，但依然维持在高位，在第 6 列中直到 2014 年都仍然维持在 80% 以上。

四、对外开放 40 年对经济社会发展的其他贡献

（一）中国对外开放 40 年与制度进步

在新千年伊始，林毅夫教授和杨小凯教授有一场关于后发优势还是后发劣势的辩论，可以帮助我们更好地理解对外开放与制度之间的关系。

杨小凯教授提出了后发劣势的观点，认为落后国家模仿发达国家的技术容易，但模仿发达国家的制度难。落后国家倾向于模仿发达国家的技术和管

理而不去模仿其制度,虽然可以导致落后国家的经济在短期内获得快速增长,但会强化国家机会主义,给长期增长留下许多隐患,甚至长期发展变为不可能。后发国家应由难而易,先完成较难的制度模仿,才能克服后发劣势(Sachs et al.,2003)。

林毅夫(2003)则认为,后发国家并非要先实现英美式的宪政体制改革才可以避免后发劣势。发展中国家是否能利用和发达国家的技术差距来加速经济发展的关键在于发展战略。如果政府的政策诱导企业在发展的每一个阶段,都充分利用要素禀赋结构所决定的比较优势来选择产业,那么后发优势就能够充分发挥。反之,如果试图赶超,经济中就会有各种扭曲和寻租行为,结果欲速不达,不仅不能实现后发优势,而且还将出现各种制度扭曲的"后发劣势"。林毅夫也同时强调,虽然后发国家不必等宪政体制改革成功了以后再来发展经济,然而并不是后发国家经济发展的过程中就不必进行经济、社会、政治体制的改革。就像马克思主义和新制度经济学派所主张的那样,经济基础变了,上层建筑必须随着经济基础的变动而不断进行制度创新,这样上层建筑才不会成为经济发展的制约因素。能推进经济的发展,才是好的制度。后发国家只有在制度创新上有足够的弹性和活力,不断适应经济基础的变动,才能利用技术上的后发优势在较短的时间里赶上发达国家,实现国家的现代化。

中国的对外开放在一系列制度安排下有条不紊地推进,同时也反过来极大地促进了中国的制度进步。最为显著的一个事例,就是中国于2001年底加入世界贸易组织前后对中国社会主义法制建设产生的巨大而积极的影响。从1999年开始,中国遵照世界贸易组织规则和所作的承诺,系统全面地清理了现存经济领域的法律、行政法规和部门规章。到2005年底,中央政府制定、修改了《对外贸易法》等3000多部法律、法规和部门规章,覆盖了货物贸易、服务贸易、与贸易有关的知识产权保护以及透明度、贸易政策的统一实施等各个方面。"入世"扩大了国际法在中国的影响,推动了知识产权法律制度的进步,加快了司法审查制度的建立,也促进了中国法制的统一实施。一个符合WTO原则和市场经济总体要求的统一、公正、透明的经济法律体系得以建立,为中国成为当今世界上的经济大国、贸易大国打下了坚实的法律基础。

(二) 中国对外开放40年与深化改革

中国改革开放的一大特点,就是改革与开放结伴同行、相互促进,其中对外开放在一定程度上对国内改革发挥了积极促进作用。改革开放初期，邓小平同志深刻阐述了我国开放与改革的关系，强调实行对外开放是改革和建设必不可少的，改革需要继续开放。20世纪90年代，江泽民同志强调要变参与经济全球化的压力为国内体制改革和结构调整的动力，鲜明提出以开放促改革、促发展的重要思想。进入21世纪，胡锦涛同志提出统筹国内发展和对外开放的要求，为更好地发挥对外开放的带动效应和倒逼机制、推动完善社会主义市场经济体制和转变经济发展方式指明了方向。中共十八大以来，以习近平为总书记的党中央强调以开放促改革、促发展是中国发展不断取得新成就的重要法宝，要求以开放的最大优势谋求更大发展空间。

下面回顾对外开放40年来的经验。中共十一届三中全会到中共十四大时期，以经济特区为先导，通过渐进式区域开放推动经济体制改革向纵深推进；中共十四大到中共十六大时期，以应对经济全球化、加入世界贸易组织为契机，通过发展全方位、多层次、宽领域的对外开放推动国内经济体制改革的突破攻坚；中共十六大到中共十八大时期，兑现"入世"承诺，积极应对国际金融危机冲击，推动国内科学发展和经济发展方式的转变；中共十八大以来，加快培育参与和引领国际经济合作竞争新优势，以更高水平的开放为全面深化改革提供动力。中国不仅利用国际市场发展国内经济，更重要的是通过开放的带动效应和倒逼机制，为国内改革构建了动力，明确了目标，开辟了道路，从而开创了全球范围内以开放促进体制转型的成功范例。

新时期，以开放促改革的理论发展与实践历程对新一轮全面深化改革仍然具有重要的启示意义。自2018年以来，中美贸易冲突不断，全球化趋势不确定性增加，国际经贸规则体系面临重构。外部环境不确定性的增加对于中国国内改革提出了新的要求，中国已经陆续出台了相关措施，加快了深化改革的步伐。2018年12月，市场准入负面清单机制的适用范围扩大到全国；国务院常务会议提出按照竞争中性原则，在招投标、用地等方面，对各类所有制企业和大中小企业一视同仁。对外开放40年带给中国的经验和财富，将指引中国开启新一轮全面深化改革对外开放的新局面，助力中国经济不断健康发展。

第四章 应对开放不利影响的经验

对外开放40年使中国从一个相对封闭的国家走向了一个全方位开放的国家，并从全球化的融入者成为全球化的推动者。中国通过对外开放促进了国内改革和经济发展，被认为是全球化的主要受益者之一。本章主要不是总结中国如何通过特有的开放方式获得了对外开放的利益，不是从开放利益的角度去考察过去40年的对外开放；而是考察对外开放的另一面，即通过考察开放带来的损害来总结过去40年的经验。这一章的核心观点是，中国对外开放取得的成就，在很大程度上，源于较好地应对和消除了对外开放的不利后果。

本章内容包括四个部分。首先从国际经验上总结对外开放的不利后果，并指出主要的不利后果是开放导致的不稳定和不平等。然后分别总结并分析中国应对不稳定和不平等的经验。最后是本章总结。

一、对外开放的不利影响

对外开放在很大程度上是将市场交易的范围扩展到国外。一国经济越开放，意味着与国外进行市场交易的壁垒越小，便利化程度越高，该国越能从开放中获得资源配置效率的提高，也越能在开放中实现最大限度的分工和更快的技术进步，消费者也能获得更多可供选择的商品。但是，正如市场经济不能自动实现经济稳定和收入平等一样，对外开放也可能产生经济不稳定和收入不平等这两个不利后果。[①] 在一定条件下，经济不稳定和收入不平等可能严重影响一国的经济发展和社会稳定，甚至影响到政治稳定。这种情况可能引起该国对开放持怀疑态度，致使其以保护的名义增加开放壁垒，从而导

---

① 在一定条件下，对外开放是有助于经济稳定和收入平等的。比如一个开放型小国将自己的货币与一个大国货币挂钩，如果该大国经济稳定程度较高的话，则该小国经济也可能更加稳定。再如，一个低收入国家在开放过程中，如果能使其劳动密集型产业获得充分发展，则就业增加和低收入劳动者的工资增长可能显著改善该国的收入不平等状况。

致开放停滞或倒退回更加封闭的状态。

（一）开放与不稳定

对外开放导致的经济不稳定主要来自三个方面：资本流动和货币不稳定，外部经济环境不稳定对本国经济的冲击，以及本国宏观经济稳定政策受到开放环境的制约。

大部分开放引起的经济不稳定与资本流动和货币贬值有关。比如1992年的英镑危机、1994~1995年的墨西哥比索危机、1997~1998年的东南亚金融危机以及2018年土耳其里拉和阿根廷比索大幅度贬值带来的危机。这些危机均由资本突然大规模外流和货币短期内大幅度贬值引起，并最终引发国内高通胀和经济衰退。

外部经济环境不稳定带来的严重冲击也频繁出现。1997~1998年东南亚金融危机期间，泰国和马来西亚货币危机及其引发的国内经济危机，迅速向印度尼西亚、日本和韩国等国家蔓延，中国经济也受到了一定程度的负面冲击。2008年美国雷曼兄弟倒闭引发的金融危机迅速向全球扩散，造成了一场全球的金融海啸。

本国宏观经济稳定政策受到开放环境制约也可能造成危机，其典型事例是日本泡沫经济及其崩溃，以及希腊的主权债务危机。"广场协议"和日美贸易谈判之后，为了防止出口减少带来的总需求萎缩，日本银行实行了扩张性货币政策，结果造成了持续多年的泡沫累积，最后泡沫破裂，并出现持续二十多年的经济低迷。希腊加入欧元区之后，以较低成本在欧洲债券市场为其政府债务进行融资，积累了大量的未偿政府债务余额。美国金融危机后，全球货币市场出现风险规避程度上升和流动性不足，希腊政府债务的融资成本迅速上升，融资可得性大幅度下降。在这种情况下，如果有一家中央银行为希腊货币市场提供流动性并降低国债利率，则希腊有可能渡过这次危机。但是，希腊加入欧元区之后，并没有独立的货币政策。其政府债务在无法得到进一步融资支持时，只能按照国际债权人要求的财政紧缩条件进行债务重组和接受救助，结果出现了2008~2016年持续九年的经济衰退。衰退最严重的是2011年，GDP增长为-9.1%。

在开放引起的国内经济不稳定过程中，国际收支失衡常常扮演重要角色。一国持续大幅度的经常账户逆差，意味着需要持续大量的资本流入来维持国际收支平衡。一旦国际国内环境发生变化，资本流入突然停止，甚至出现逆转，经常账户逆差无法得到外部资本流入来支持，该国货币就可能会出现大幅度贬值。

对于发展程度相对较低的国家来说，经常账户逆差对宏观经济稳定的不利影响可能更加严重一些。这些国家的经常账户逆差往往意味着"双缺口"，即国内储蓄不足以支持国内投资需求，同时，外汇储备及创汇能力不足以支持进口需求，尤其是急需的设备进口需求。在这种情况下，主动吸引外资流入是同时解决"双缺口"问题最直接的办法。因为外资流入可以同时弥补国内储蓄不足和进口设备时的外汇不足。然而，流入的外资总是要带着利润（或利息）离开的。外资流入如果不能改变一个国家经常账户逆差的局面，则虽能在短期内缓解"双缺口"困境，但是长期内可能会引起更加严重的国际收支失衡。

如果一个"双缺口"国家通过债务形式吸引外资，还本付息的压力将很快使这个国家陷入债务危机。20世纪80年代拉美的主权债务危机就是这种情况。

如果一个"双缺口"国家通过股权形式吸引外资，即主要吸引外商直接投资，虽然没有还本压力[1]，但是直接投资的利润率一般较高，持续的外商直接投资会累积起较大规模的外国资本存量，从而很快就会出现大额利润流出，恶化国际收支状况。17世纪重商主义的主要代表托马斯·孟认为[2]，资本的流入不会产生真正的国际收支顺差，也不会带来真正的财富增长，因为一个人专为图利而带进来的货币，就将是另一个人所必须送出去的。正是认识到流入的资本必将获利而流出，外资在很长一段时期内被认为是不利于一国国际收支平衡的。波兰经济学家卡莱斯基在1966年用几何级数证明了[3]，在一定年限以后，外商直接投资导致的净国际收支将为零，并且利润汇出终将超过新流入的外商直接投资。

假定一个国家每年吸引外商直接投资100亿美元，外商直接投资的利润率是20%。如果外商直接投资持续流入5年，每年都是100亿美元，则到第5年，外商直接投资的存量就会达到500亿美元，当年的外资利润会达到

---

[1] 外商直接投资也是会撤资的。但是外商直接投资往往购置了厂房设备等固定资产，外资需要等这些固定资产转让以后才能实现完全撤离，撤资难度相对较大。同时，外商直接投资可以不预设投资期限，只要能够带来持续的回报，该投资就可能不会回撤。

[2] 托马斯·孟:《英国得自对外贸易的财富》（中译本），袁南宇译，商务印书馆1997年版。

[3] Kalecki, Michal & Sachs, I., 1966: "Forms of Foreign Aid: An Economic Analysis", Reprinted in *Collected Works of Michal Kalecki. Vol. V. Developing Economies*. Ed. by Jerzy Osiatynski. Transl. by Chester Adam Kisiel. Oxford: Clarendon Press, 1993.

100亿美元。也就是说，第5年当年外商直接投资流入100亿美元，利润流出也是100亿美元，流入的外商直接投资完全起不到弥补"双缺口"的作用。到第6年，外商直接投资仍然流入100亿美元，当年外资存量达到600亿美元，利润流出会达到120亿美元，比当年流入的外资还多20亿美元。外商直接投资开始制造新的储蓄"缺口"和外汇"缺口"。而且，这一新"缺口"会随着外商直接投资存量规模的增加而不断扩大。可见，外商直接投资在长期内也可能恶化一个国家的国际收支。

经常账户逆差往往是引起一个国家宏观经济不稳定的因素，经常账户顺差也可能引起不稳定。一个国家持续大规模的经常账户顺差，意味着其他国家有持续大规模的经常账户逆差。逆差国家可能要求顺差国家进行汇率调整或者贸易政策调整。大幅度货币升值和贸易顺差减少，会导致总需求下降，以及需求结构和产业结构的变动，如果需求管理不当，或者结构调整出现大的震荡，则宏观经济不稳定的情况就会比较严重。20世纪80年代日本在美国等西方国家的要求下，大幅度升值日元并实施了限制出口和增加进口的措施。其结构调整虽然相对顺利，但需求管理出现了失误，导致了严重的泡沫经济。

持续大规模的经常账户逆差会引起宏观经济不稳定，其渠道并非只有通过货币危机或债务危机。在2007年爆发次贷危机以前，美国持续大规模的经常账户逆差，产生了不少美国可能会发生危机的预警。一般认为美国可能的危机是资本流入美国的意愿突然降低从而导致美元短期内大幅度贬值的货币危机，或者是外债违约集中爆发的危机。事实上，美国的危机不是货币危机和外债危机，而是现在被大家所熟知的次贷危机及随后的大面积金融危机。次贷危机的主要根源是对住房贷款的监管和对金融衍生品的监管不到位。但是，持续大规模的经常账户逆差，对美国次贷危机是不是也起了什么作用呢？这是一个有争议的问题。一个有代表性的观点认为，美国大规模经常账户逆差意味着外资大量流入，而外资大量流入压低了美国的长期利率。这一方面使住房贷款这种长期贷款更加便宜，增加了住房贷款需求；另一方面使像养老金这样的长期资金收益太低，难以维持运转，增加了这些资金追求高风险投资的意愿。投资银行则用住房贷款创造了各种风险等级的金融衍生品以满足各类金融机构的投资需求。在监管缺位的情况下，住房贷款及以住房贷款为基础的证券产品迅速膨胀，最终泡沫破裂酿成危机。在这一作用机制下，经常账户逆差并非次贷危机的决定性因素，但是，经常账户逆差及其相伴随的资本流入对次贷危机确实起了一定的作用。美国次贷危机带来了深刻教训：持续大规模的经常账户逆差虽然不一定导致国际收支不可持续的危机，但是，可能带来其他事先没有预料到的扭曲，正是这种未被预料到的扭曲，可能造成灾难性的危机。

在开放引发的宏观经济不稳定中，开放顺序不当是一个经常被提及的因素。最典型的不当，是没有处理好"不可能三角"的关系。"不可能三角"是指一个国家的货币政策独立、汇率稳定和资本自由流入流出不可能同时实现。发达经济体一般实行自由浮动汇率制度，以牺牲汇率稳定来实现货币政策独立和资本自由流动。也有一些经济体以牺牲货币政策独立性来实现汇率稳定和资本自由流动，如中国香港。发展中国家则往往牺牲资本自由流入流出来实现货币政策独立和汇率稳定。如果一个想保持独立货币政策的国家实行了钉住美元的汇率制度，试图维持相对稳定的汇率以促进国际贸易的发展，此时，若放开资本项目管制，允许资本自由流入流出，则很有可能引发不稳定。东南亚金融危机中的马来西亚和泰国就是资本账户开放快于汇率浮动带来危机的典型案例。当时，马来西亚和泰国均实行事实上钉住美元的汇率制度，国际资本观察到两国出现经常账户逆差，外汇储备维持汇率稳定的能力较弱，于是在其本国市场大量借入本币兑换成美元流出，短期内迅速消耗两国的外汇储备，致使其无法维持钉住美元的汇率制度，从而导致两国货币大幅度贬值并引发危机。

由金融危机引发的不稳定与宏观经济受到短期冲击造成的不稳定很不一样，危机引发的不稳定会导致一个经济体出现较大的损失和较长时间的恢复期。计量研究指出[1]，货币危机和银行危机均将造成持续十年的产出损失。其中货币危机造成的年产出损失为 4%，银行危机造成的年产出损失为 7.5%。莱因哈特和罗格夫对 1857～2013 年世界上 100 次金融危机造成的影响进行了估算。[2] 其结果显示，平均每次金融危机造成持续三年左右的人均 GDP 萎缩，累计萎缩幅度达 11.5%。然后，还需要 5 年，也就是总计需要 8 年左右的时间才能使人均 GDP 恢复到危机前的峰值。

（二）开放与不平等

开放造成的不平等问题主要体现在两个层面：国际上不同国家之间的收

---

[1] Cerra, Valerie & Sweta Chaman Saxena, "Growth Dynamics: The Myth of Economic Recovery", The *American Economic Review*, Vol. 98, No. 1 (Mar.), 2008.

[2] Carmen M. Reinhart & Kenneth S. Rogoff, "Recovery from Financial Crises: Evidence from 100 Episodes", *American Economic Review*, Vol. 104 (5), 2014.

益不平等和国内不同人群之间的收入不平等。

国际交易虽然对双方都是有利的，但是可能出现一方收益较大而另一方收益较小的现象。尤其是可能出现开放收益被一方垄断性获取，另一方收益极小，甚至其长期收益增长能力受到损害的情况。比如发展中国家的幼稚产业丧失了得到充分发展的机会，或者被锁定在价值链低端，难以拥有核心技术，进而创新能力受到长期损害的现象。这一类的不平等是发展中国家反对过快开放的主要原因。

不同国家之间确实存在非常大的收入差距。按照世界银行的统计，2017年世界上最富裕的国家是瑞士，其人均国民收入达到8.1万美元，最贫穷的国家是布隆迪，人均国民收入仅为280美元。最富裕国家的人均国民收入是最贫穷国家的290倍。按照日均收入低于1.25美元来衡量绝对贫困的话，布隆迪80%以上的人口生活在绝对贫困线以下，而瑞士则没有一个绝对贫困人口。瑞士的富裕与开放有很大关系；布隆迪的贫穷则与开放没有太多关系，而主要是因为其国内种族冲突产生长期政治经济不稳定。事实上，最近30多年以来，由于中国、印度、越南、泰国和马来西亚等大量新兴经济体的快速发展，国家之间的不平等程度在下降。① 这些新兴经济体的快速发展有很大一部分原因是利用了对外开放的好处。可见，设计良好的对外开放甚至是可以降低国与国之间的不平等程度的。

对一个实行开放政策的国家来说，虽然开放的总体收益可能要大于总体损失，但是开放总是造成该国一部分人受益，另一部分人受损。如果对受损人群的补偿机制不顺畅，受益人群和受损人群之间就会出现收入分配不平等的现象，这种现象的恶化会带来一系列的社会、经济和政治问题。而且，一个国家部分人群在开放中受到损害，经常会被解读为整个国家在开放中都受到了损害，从而可能使该国总体上反对对外开放。开放对一国国内居民收入不平等的影响，在发达国家和发展中国家都是存在的。近期这一问题在发达国家表现得比较严重。在美国，受损群体的利益诉求导致了特朗普贸易政策的大调整。在英国，受损群体的利益诉求导致了"脱欧"。

最近30多年以来，各国内部的不平等程度都在上升。② 比如，1978~2015年，美国人均实际收入增加59%，收入最高的10%人群的人均实际收

---

① Alvaredo, Facundo et al., "Global Inequality Dynamics: New Findings from Wid. World", NBER Working Paper 23119, 2017.

② Alvaredo, Facundo et al., "Global Inequality Dynamics: New Findings from Wid. World", NBER Working Paper 23119, 2017.

入增加 1.15 倍，收入最高的 1%人群的人均实际收入增加 2.0 倍，而收入最低的 50%人群的人均实际收入下降 1%。也就是说，美国少数高收入群体收入快速增长的同时，大量低收入人群的收入却在下降。美国总体的居民收入差距在拉大。

不过，各国内部不平等程度的上升，并不一定是由开放造成的。

法国经济学家托马斯·皮凯蒂认为①，不平等程度扩大是资本主义的本质特征。在资本主义经济中，存在一个利率大于经济增长率的现象，这一现象会导致财富积累比经济增长更快，资本收入在收入分配中的作用也会越来越大，而且由于财富越来越集中在少部分人手中，收入也越来越集中在少部分人手中。由此导致了收入和财富不平等程度的扩大。最近的经验研究确实发现了这种趋势，发达经济体私人财富与 GDP 之比从 1978 年的 300%左右上升到了 2015 年的 500%左右；美国最富 1%人群拥有全国私人财富总额的比例在 1978~2015 年上升了约 20 个百分点。② 瑞士瑞信银行发布的《全球财富报告 2018》更是指出，世界上最富裕的 1%的人拥有世界上 50%的财富。这就是说，世界上最富裕的 1%的人所拥有的财富，与另外 99%的人相当。

皮凯蒂还认为③，导致发达经济体收入不平等扩大的因素除了资本之外，劳动工资差距拉大也起了重要作用，而导致工资差距拉大的主要因素是人力资本不平等程度增加。一般认为，教育不公平产生了人力资本的不平等。但是墨菲等的研究发现④，工资差距拉大并不完全是教育不公平所致，而可能是因为人力资本投资赶不上技术变化对高技能劳动的需求，从而出现高技能劳动稀缺及其工资上升较快，而低技能劳动相对过剩及其工资增长缓慢甚至下降。

在关于劳动收入不平等的讨论中，全球化和技术进步也经常被认为是罪魁祸首。全球化和技术进步确实会在一些方面提高不平等程度。比如，技术进步使机器替代非熟练劳动，并作为熟练劳动的补充，因而增加了技能的溢

---

① [法] 托马斯·皮凯蒂：《21 世纪资本论》，巴曙松等译，中信出版社 2014 年版。
② Alvaredo, Facundo et al., "Global Inequality Dynamics: New Findings from Wid. World", NBER Working Paper 23119, 2017.
③ [法] 托马斯·皮凯蒂：《不平等经济学》（第七版），赵永升译，中国人民大学出版社 2016 年版。
④ Murphy, Kevin M. and Robert H. Topel, "Human Capital Investment, Inequality and Economic Growth", NBER Working Paper 21841, 2016.

价,以及高技能劳动与低技能劳动的工资差。国际贸易还会使发达经济体专业化于高技能部门,从而加强这种效应。再如,技术进步使资本品更加便宜,增加了资本在生产中的作用和在收入分配中的份额,高工资的人能够获得更多的投资收入,因而会增加不平等程度。还有技术进步会导致垄断,在数字经济中容易形成"赢者通吃"的局面,全球化还会扩展"赢者通吃"的市场规模,使巨大的薪水和利润只由少数雇员和利益相关方获得。[1] 在这里可以看到,技术进步对不平等的扩大效果可能要远高于全球化。也就是说,一个国家由技术进步引起的收入差距拉大,远比对外开放要严重。不管如何,技术进步也好,对外开放也好,确实有可能导致一部分人收入上升,而另一部分人收入降低。如果补偿机制完善的话,收入下降人群得到收入补偿,或者通过补偿性的培训等,流动到收入高的部分,则未必一定会出现收入差距拉大。可见,对外开放引起的不平等程度上升,在一定程度上反映了国内补偿机制的不顺畅。

二、中国应对不稳定的经验

在防止开放造成宏观经济不稳定方面,中国的经验主要在于有效地管理好了国际收支,实行了谨慎的资本账户开放和汇率制度改革,并在资本账户开放和汇率制度改革过程中保持了人民币汇率的基本稳定。

改革开放初期,中国处于发展中国家典型的"双缺口"状态。1978年底的官方外汇储备只有区区1.67亿美元。当年出口总额为97.5亿美元,进口总额为108.9亿美元,贸易逆差为11.4亿美元。

为了应对"双缺口",中国在开放初期实施了"出口创汇和技术引进"的贸易战略和严格的外汇管理措施。[2] 这一贸易战略的基本逻辑是:通过出口获取外汇,用外汇进口技术(包括设备、关键材料和部件、数据、工艺和管理等),通过技术引进促进国内技术水平和生产能力的提高。出口创汇成为当时中国对外贸易战略的重中之重。很自然,对出口的扶持和鼓励措施就被认为是一种合理的选择。这种战略一直持续到中国的"八五"计划(1990~1995年)期间。出口和出口创汇本身不是目的,出口的目的是获取

---

[1] Chandy, Laurence and Kemal Dervis, "Are Technology and Globalization Destined to Drive up Inequality?" Brookings: 11 Global Debates, 2016.

[2] 参见姚枝仲:《中国的进口战略》,《国际经济评论》2008年第2期。

引进技术所必需的外汇。因而，鼓励出口仅仅是中国对外贸易战略和政策的一部分。进口和对进口的管理是中国对外贸易战略的另一个重要组成部分。而且，从一开始中国就有非常明确的进口方针，即只进口国外先进技术和"以进养出"的进口。"国内有条件生产的产品，均要求积极搞好国内生产，不允许盲目进口，以保护和促进民族工业的发展。对于进口零部件进行的组装生产，要求减少零部件进口，逐步实现国产化。"① 而且对于进口消费品的行为，有明确的限制。② 另外，为了将有限的外汇用于技术引进，中国实行了强制结售汇制度，即出口所获外汇均需卖给指定银行，进口所需外汇也只能从指定银行购买，个人和企业均不能持有外汇头寸，或者只能持有一定额度的外汇头寸。

然而，上述做法效果并不理想。从1978年到1989年这12年间，只有2年实现了小量的贸易顺差，其余10年均是贸易逆差，"双缺口"问题始终存在。

真正解决了"双缺口"问题的措施之一，是中国采取了吸引外商直接投资的政策。这在避免了债务危机的同时，弥补了外汇不足、设备投入不足和投资不足的状况。但是，如前所述，外商直接投资是一种非常昂贵的融资方式，在长期内也可能恶化一个国家的国际收支。

中国是怎样避免外商直接投资利润回流对国际收支造成不利影响的？是限制外商直接投资利润流出吗？迄今为止，仍有发展中国家在限制外商直接投资的利润流出。但是，限制利润流出会阻止外商直接投资流入。中国在1996年就实现了经常账户完全可兑换，即实现了外资利润无障碍汇回。

中国避免外商直接投资利润回流造成国际收支危机的办法，是发展外向型外商直接投资，用外商投资企业的贸易顺差来弥补其利润回流造成的国际收支逆差。

1992年邓小平"南方谈话"以后，中国开始大规模引进外资。中国吸引的外商直接投资企业初期常常需要进口机器设备进行投资。其设备进口金额往往比进口原材料再加工出口所产生的贸易顺差要大，因而在大规模引进外资的前几年，外商投资企业总体上产生了贸易逆差。随着外向型外商投资企业数量的增加和外商直接投资存量的积累，进口原材料再加工出口所产生的贸易顺差逐步增加，外商投资企业在1998年实现了总体上的贸易顺差。

---

① 摘自1985年9月23日《中共中央关于制定国民经济和社会发展第七个五年计划的建议》。
② 摘自1982年中共中央文件《关于对外经济关系问题》。

第四章 应对开放不利影响的经验

2001年中国加入世界贸易组织之后,外商投资企业的贸易顺差经过几年平稳增加,于2004年开始迅猛增长,很快成为中国经常账户顺差的主要贡献者。2008年,中国经常账户顺差达到了创纪录的4206亿美元,占GDP的9.1%。外商投资企业的贸易顺差也达到了1711亿美元,对经常账户顺差的贡献达到40.7%。2009年,受全球金融危机影响,国际贸易大幅度萎缩,中国对外贸易和贸易顺差大幅度下降,经常账户顺差下降到2433亿美元,相比上一年下降42%,外商投资企业的贸易顺差也下降到了1267亿美元,相比上一年下降25.9%。外商投资企业贸易顺差下降幅度比经常账户顺差下降幅度低,导致2009年外商投资企业顺差对经常账户顺差的贡献上升到了52.1%。2009年之后,中国经常账户顺差出现了继续回落的趋势,而外商投资企业的贸易顺差则保持了持续上升的势头。2015年,外商投资企业贸易顺差达到了1757亿美元的峰值,对经常账户顺差的贡献为57.8%。此后,外商投资企业的贸易顺差开始回落,中国的经常账户顺差也表现出明显的回落态势,如图4-1所示。

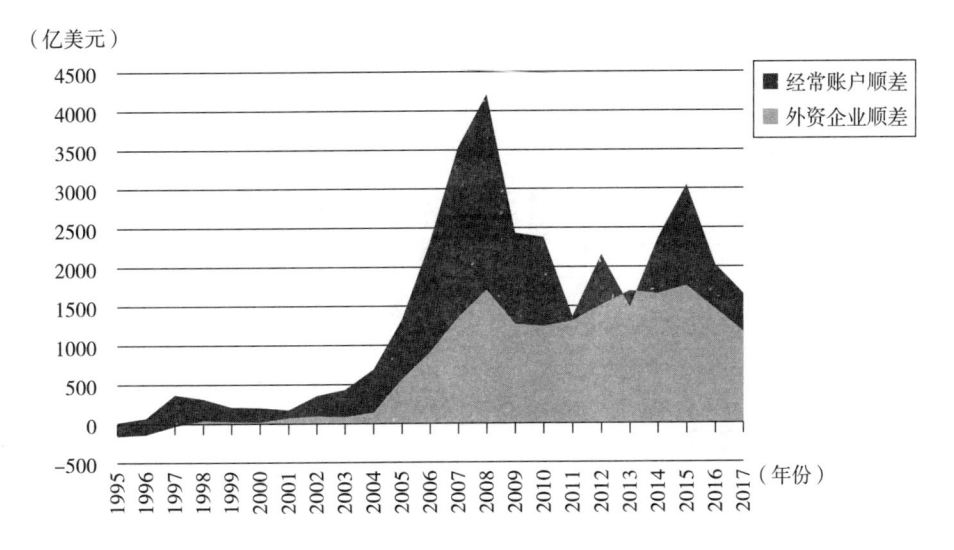

图 4-1 中国的经常账户余额与外商投资企业贸易余额

注:外资企业顺差为外商投资企业货物贸易顺差。经常账户顺差额为图中相应曲线的纵坐标值。
资料来源:外资企业数据来自Wind;经常账户顺差数据来自国家外汇管理局的国际收支平衡表。

外商投资企业的贸易顺差在很大程度上缓解了外商直接投资企业利润回流造成的国际收支不平衡。

>> | 中国对外开放 40 年

事实上，到 2005 年，外商投资企业的利润回流就与当年实际使用的外商直接投资额基本接近。当年实际使用外商直接投资额为 603 亿美元，而外资的投资收益流出也达到了 536 亿美元。此后外资的投资收益不断增长，实际使用外商直接投资额也保持了较快增长，致使 2005~2008 年，外商投资企业的利润回流一直处于基本接近且略低于当年实际使用外商直接投资额的状态。2009 年，中国吸引的外商直接投资实际使用额不再上升，但是外资的投资收益仍然快速增长。当年实际使用的外商直接投资额为 900 亿美元，而投资收益流出高达 1147 亿美元，比流入的外商直接投资额高出了 247 亿美元。2009 年之后，实际使用外商直接投资额每年只有小幅增加，而外资的投资收益继续保持快速增长势头。到 2013 年，外资的投资收益已达 2607 亿美元，相当于当年中国 GDP 的 2.7%。当年中国实际使用的外商直接投资额为 1176 亿美元，与投资收益流出相抵后实际上产生了 1431 亿美元的国际收支逆差。到 2017 年，这一逆差额扩大到了 1538 亿美元，如图 4-2 所示。

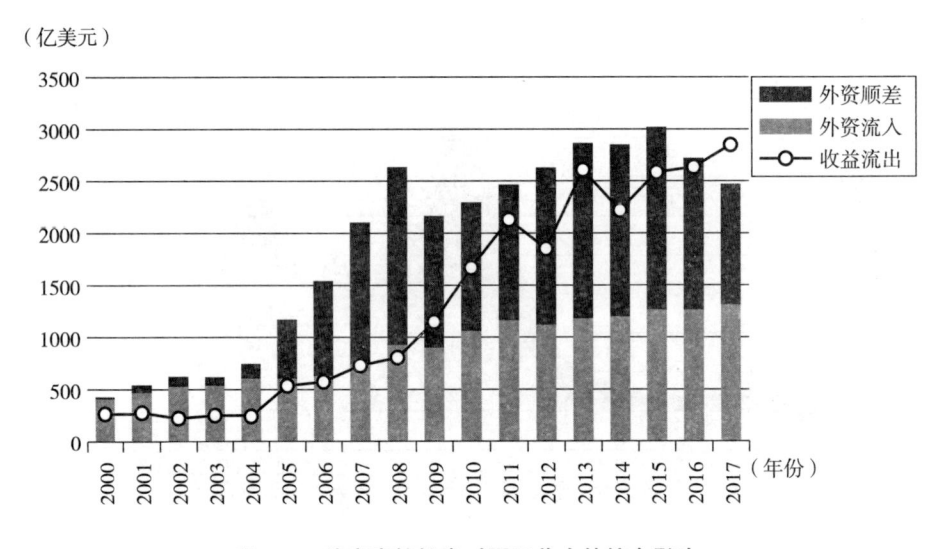

图 4-2 外商直接投资对国际收支的综合影响

注：外资顺差为外商投资企业货物贸易顺差。外资流入数据为商务部口径的外商直接投资实际使用金额。收益流出为国际收支平衡表中的投资收益流出项，包括直接投资的投资收益和间接投资的投资收益，间接投资收益的比例相对较小。

资料来源：外资顺差和外资流入数据来自 Wind；收益流出数据来自国家外汇管理局的国际收支平衡表。

外商投资企业的贸易顺差在较长时期内弥补了上述国际收支逆差。如前所述，2009年外资的投资收益流出额比当年吸引的外商直接投资流入额高出了247亿美元，即外资利润流出与外资流入额相抵后仍有247亿美元的逆差。但是，当年外商投资企业还产生了1267亿美元的贸易顺差，与前者的逆差相抵后仍有1020亿美元的国际收支顺差。也就是说，外商投资企业的贸易顺差防止了外资收益大规模流出时对国际收支造成的不利影响，保证了外商直接投资对国际收支产生的综合效益为顺差。这种状况一直持续到2016年。贸易顺差将外商直接投资带来综合国际收支逆差的时间往后延缓了8年。从2016年开始，外商投资企业贸易顺差缩小。到2017年，外资投资收益继续上升到2848亿美元，而流入的外商直接投资额与外商投资企业贸易顺差之和降至2470亿美元，外商直接投资对国际收支的综合效应为逆差378亿美元（见图4-2）。未来，中国吸引的外商投资企业可能越来越倾向于在中国市场销售产品，外商投资企业的贸易顺差呈下降或者缓慢增长趋势，而投资收益流出仍将随着外商直接投资存量的上升稳步增长，外商直接投资带来的国际收支综合逆差的规模会越来越大。这对改革开放40年之后的中国来说，是一个新的挑战。

真正解决了"双缺口"问题的另一措施，是中国在1993年之后成功地实行了外汇和外贸管理体制的改革。其中外汇体制改革以汇率并轨及实行有管理的浮动汇率制度为核心。所谓汇率并轨，是指将官方汇率和市场汇率合二为一，消除人为制造的汇率差。汇率并轨和有管理的浮动汇率制度给对外贸易提供了比较符合市场供需状况的汇率水平和稳定的汇率预期，极大地消除了汇率对进出口行为的扭曲。外贸管理体制改革的核心是放开外贸经营权，逐步允许企业自主从事对外贸易，不再单一考核企业的出口创汇指标，减少对进口和出口的限制措施。同时，实行出口退税制度，使中国产品在国际上竞争时不用承受中国的税收负担。后来又按照世界贸易组织的要求，全面调整外贸管理体制，大幅度降低关税税率和非关税壁垒，实行了更加开放的贸易政策。外汇和外贸体制改革，彻底改变了"双缺口"局面。中国从1994年开始，对外贸易和经常项目均实现了顺差，且一直延续至今。以经常账户逆差为标志的"双缺口"不再是中国经济的特征。

实际上，中国吸引外资的政策和外汇外贸政策将"双缺口"格局改变成了经常账户顺差和资本账户顺差同时存在的"双顺差"格局，并在"双顺差"中累计了大量外汇储备。"双顺差"的好处是显而易见的。一方面，"双顺差"使中国在发展过程中不再受困于储蓄不足和外汇不足的问题，资本和设备不再是经济发展的制约因素。另一方面，经常账户顺差意味着人民币汇率不会有太大的贬值压力，不容易发生货币危机，"双顺差"累积起来的巨量外汇储备还能够较好地阻止国际资本对人民币汇率的攻击，并且为在汇率制度改革过程中实现汇率稳定提供了条件。

"双顺差"也带来了新的问题。首先，持续的高额经常账户顺差开始引起其他国家质疑。主要逆差国美国从2004年左右开始要求中国调整经常账户顺差。2008年美国金融危机之后，美国财长盖特纳曾试图在G20中建立一个关于经常账户余额的国际标准，即各国经常账户余额与GDP之比不应超过4%。2008年中国经常账户余额与GDP之比约为9.1%，美国约为-4.7%。不过，盖特纳的这一尝试并没有成功。其次，中国高额的外汇储备及快速累积的态势开始在国际社会引起一些担忧，担忧中国外汇储备投资行为的变化对国际金融市场造成震荡。最后，"双顺差"意味着中国的资源配置存在较大的效率损失。因为中国已经出现了储蓄过剩和净资本流出，却还在通过优惠政策吸引外资，且外资在中国以直接投资等高收益资产为主，中国的海外资产以国债等低收益资产为主。这导致中国的对外账户虽然是净资产，但投资收益项一直是净流出。即虽然中国海外资产头寸高于外国在中国的资产头寸，但中国海外资产所获取的投资收益却低于外国资产在中国获取的投资收益。

针对这些新的问题，中国采取了一系列措施。首先，通过汇率调整、汇率形成机制改革和贸易政策调整，以及发展消费信贷、建立和完善社会保障体制、发展免费义务教育等增加消费降低储蓄的政策，降低经常账户顺差。中国的经常账户顺差与GDP之比在2007年达到了9.9%的高点，此后不断回落，至2017年，已回落至1.4%。其次，实施"走出去"战略，逐步加大对外直接投资力度。中国从2000年开始实行"走出去"战略，对外直接投资从2003年开始快速增长，到2017年，对外直接投资与吸引的外商直接投资已经处于基本平衡的状态。再次，中国不再对外商投资企业实行优惠政策。从2008年开始，中国实行国内企业和外资企业统一的所得税法，逐步取消了对外商投资企业的税收和土地等优惠政策。此后，吸引外资的政策逐步从优惠政策转向优化营商环境的政策，各个地方的招商引资也不再仅仅针对外资，而将内资也包含在内。外商投资企业逐渐和国内企业一样享受国民待遇，只在其准入环节实行"负面清单管理"。最后，中国将一部分外汇储备分出组成主权财富基金。主权财富基金按照国际上通行的主权财富基金准则进行投资，而外汇储备中主权财富基金以外的部分用以维持汇率稳定，其

第四章 应对开放不利影响的经验

投资在兼顾收益性的同时，更加注重安全性和流动性。

通过一系列的政策调整，中国的"双顺差"格局基本消失，经常账户顺差回落至较低的水平，对外投资和吸引外资大体平衡，外汇储备也从接近4万亿美元下降到了约高于3万亿美元。国际收支大体处于相对平衡的状态。不过未来仍然可能面临新的挑战。比如，前面谈到的外资投资收益流出已经高于当年的外资流入与外商投资企业贸易顺差之和了，加上中国总体贸易逆差的下降，中国很可能出现经常账户逆差的局面。这对于还没有完成汇率市场化改革的中国来说，将是一个挑战。也就是说，在改革开放过去的40年中，中国的国际收支管理大体上是很成功的，但是未来可能面临新的挑战。

中国在应对开放可能造成的国内宏观不稳定时，还有一条重要经验，就是实行了比较谨慎的资本账户开放和汇率制度改革。1997~1998年东南亚金融危机时，中国当时实行了比较严格的资本账户管制，国际资本难以在外汇市场上做空人民币。这是中国在东南亚金融危机中能够独善其身的一个重要原因，也是中国在当时坚持人民币不贬值成为可信承诺的一个重要原因。事实上，到今天为止，中国仍然没有实现资本项目完全可兑换和人民币汇率的完全自由浮动。

在货币政策独立、资本自由流动和汇率稳定这个"不可能三角"中，中国的目标是选择货币政策独立、资本自由流动和汇率自由浮动。这与美国、英国、欧元区和日本等发达经济体的选择是一样的。中国虽然将资本项目完全可兑换和人民币汇率形成机制的完全市场化当作改革目标，但是，中国并没有简单地采用"先放开汇率、后实行资本项目可兑换"这一在理论上看起来是正确的做法，更没有采取"先实行资本项目可兑换、后放开汇率"这一被理论和实践都证明是错误的做法。而是实行部分放开汇率和部分实现资本项目可兑换，并且逐步加大汇率形成机制的市场化程度和资本项目可兑换程度，最终实现两者协调渐进推进的做法。

汇率稳定对于一国经济来说是非常重要的。汇率稳定有助于国际贸易的发展，也有助于国际投资和国际借贷的发展，特别是有助于长期经济交易的发展。汇率不稳定经常成为经济不稳定的一个诱发因素。但是，汇率稳定其实很难实现。世界上几种主要货币，如美元、欧元、英镑和日元等，均是实行自由浮动汇率，追求对一种国际货币的汇率稳定，必然导致对另外几种国际货币的汇率不稳定。如果追求对"一篮子"货币的加权汇率稳定，那么事实上对所有国际货币都不是完全稳定的。另外，追求汇率稳定，可能会带来其他不稳定问题。一方面，在汇率稳定时，国外经济的不稳定，尤其是价格

83

的不稳定，可能会很容易传导至国内，从而引起国内经济不稳定；另一方面，在汇率稳定时，一个经济体往往不能随着国际收支失衡而及时调整汇率，因而其失衡可能持续放大，从而引起更大的不稳定。发达经济体之所以实行完全自由浮动汇率，在很大程度上，是希望用汇率波动来隔离外部冲击，尽量降低外部环境不稳定对国内经济的传导；同时也希望汇率波动能自动调整外部失衡，防止持续大规模的失衡带来危机。[①]

但是，放开汇率会有较大的风险。汇率波动可能通过对国际贸易和国际资本流动的影响成为国内经济不稳定的一个诱发因素。为了防止这种情况出现，一方面需要尽量降低国际资本流动或其他外部冲击对汇率波动的影响，另一方面需要尽量降低汇率波动对居民和企业活动的影响，即一方面要降低汇率波动程度，另一方面要降低汇率波动的影响程度。要降低汇率波动程度，需要外汇市场有足够大的交易量，防止小量国际资本流动就造成大幅度的汇率波动。2018年伦敦外汇交易市场每天的交易量高达2万亿美元以上，纽约外汇交易市场每天交易量也高达1万亿美元左右，因而小规模的国际资本流动冲击很难造成英镑、欧元和美元的剧烈波动。经过多年的发展，在上海的中国外汇交易市场，每天交易量从2015年的不到100亿美元增长到了2018年的1000多亿美元。相对于伦敦和纽约来说，中国外汇市场交易量还较小，人民币汇率如果完全放开，会更容易受到国际资本冲击。要降低汇率波动的影响程度，需要外汇市场有足够多的、低成本的套期保值方法，可以供居民和企业规避汇率风险以安排较长时期的经济交易。这些套期保值方法包括外汇远期、掉期与期权等外汇市场的衍生工具。一般来说，一个成熟的外汇市场，外汇衍生品的交易规模均要高于即期交易的规模。比如，2018年伦敦外汇市场衍生品交易量占70%，纽约占55%。也就是说，外汇市场的产品足够丰富、交易规模足够大，才能有效地降低汇率波动程度和汇率波动的影响程度。

汇率放开和外汇市场的发展之间存在一个死结。如果汇率是稳定的，居民和企业没有规避汇率风险的必要，因而外汇市场很难发展起来。如果在外汇市场规模还很小的时候放开汇率，则会引起较大的汇率波动，并对国内经济造成较大的震荡。也就是说，放开汇率要以较大规模和较丰富产品的外汇市场为前提，然而，外汇市场发展又要以放开汇率为前提。要解开这个死

[①] 国际经济实践表明，汇率自由浮动其实难以完全隔离外部冲击对国内经济的影响，更难以自动调整国际收支失衡。

结，只有在逐步放开汇率的过程中逐步发展外汇市场。即先让汇率波动起来，但有意识地逐步控制汇率的波动范围，在汇率相对稳定又有小幅波动的情况下发展外汇市场。当然，在汇率只有小幅波动的情况下，外汇市场上套期保值的需求较低，外汇投资和投机的收益也较低，外汇市场的发展是有限的。因而，需要逐步放宽汇率波动幅度，不断完善外汇市场交易制度和交易条件，从而促进外汇市场交易规模的扩大。

另外，在汇率放开以前，资本账户先行开放是危险的。但是，如果资本账户不开放，外汇市场的交易也难以活跃起来。因为外汇市场交易中，除了需要有开展跨国业务的企业进行套期保值以外，还需要大量的没有实物交易为支撑的外汇投资者和投机者。因此，为了发展外汇市场，需要在汇率放开的过程中，一定程度地放开资本项目管制，但为了应对"不可能三角"带来的挑战，在汇率完全放开之前，又必须维持足够的资本项目管制。因而，资本项目也应该是随着汇率的逐步放开而放开的。

中国的汇率制度改革和资本项目开放正是以协调渐进的方式在推进，符合上述开放的逻辑，因而在汇率市场化和资本项目开放过程中并没有遭遇严重的不稳定冲击。中国的这种做法是一种从实践中摸索出来的方法，是以一种务实的精神，在开放过程中谨慎地规避风险而探索出来的方法。这种方法在逻辑上站得住脚，在实践中也取得了较好的效果，为其他发展中国家的汇率制度改革和资本项目开放提供了有益的经验。当然，中国汇率制度改革和资本项目开放的任务还没有完成。目前人民币还是实行有管理的、参考"一篮子"货币并附加逆周期因子的汇率形成机制，资本项目中的证券投资和其他投资的流入流出均还存在一定的管制，外汇市场交易规模也有待于进一步扩大。未来中国在推动人民币汇率完全市场化和资本账户完全可兑换方面，还会面临在开放中实现经济和金融稳定的挑战。

三、中国应对不平等的经验

对中国来说，开放引起国际收益不平等可能会体现在两个方面：一是中国与发达国家的收入差距因开放而变得更大；二是中国的产业被长期锁定在价值链低端，科学技术发展受到制约，发展潜力被削弱。在现实中，这两方面的问题均没有出现。改革开放40年，中国的人均GDP与美国人均GDP之比从1978年的1.5%提高了2018年的15.6%；中国的年度GDP总额与美国年度GDP总额之比从1978年的6.4%提高了2018年的66.4%。中国经济发展水平和主要发达经济体显著拉近了，中国经济规模也得到了大幅度的扩张。在开放过程中，虽然也出现了个别产业被外资企业垄断的现象，比如日化行业，一些技术领域仍然面临被"卡脖子"的现象，但是总体上各个产业都获得了较为充分的发展，并在逐步实现技术升级和价值链升级的过程中。信息与通信技术等部分行业已经处于国际技术前沿水平，人工智能等新兴技术领域已经蓬勃发展。在国际上，中国通常被认为是全球化的主要受益者。

在国际比较中，中国成为对外开放的受益者，主要源于三方面的做法：一是中国在对外开放过程中，逐步降低了政府对经济活动的直接控制和干预，促进了要素积累和要素效率的提高，从而提高了经济增长率；二是中国采取了一个较好的促进产业发展的策略，保护了部分重点产业的安全；三是建立起了鼓励创新的体系，为持续技术进步奠定了基础。

过去40年的对外开放，大体有三个主要阶段：一是20世纪80年代的沿海开放，这一阶段以增加沿海城市的自主权为主要特征；二是20世纪90年代的外贸体制改革，这一阶段以赋予企业对外贸易经营权和降低进出口壁垒为主要特征；三是2001年加入世界贸易组织以后，这一阶段以全方位对接国际经济规则和进一步降低进出口壁垒、提高贸易便利化为主要特征。第一阶段主要是沿海开放城市减少政府对涉外经济活动的干预，第二阶段是在全国范围内减少政府对涉外经济活动的干预，第三阶段是进一步降低本国政府对涉外经济活动的干预，同时也降低世界贸易组织其他成员政府对与中国相关的经济活动的干预。在这个过程中，涉外经济活动所受到的政府干预越来越少，中国国内的生产要素越发自由地按照比较优势进行配置，极大地促进了全要素生产率的提高。同时，按照比较优势进行要素配置，一方面提高了资本的回报，加速了资本积累，另一方面提高了中国产品在国际上的竞争力，国际市场的拓展扩大了中国的生产规模和剩余劳动力的使用，因而开放也带动了中国生产要素更快速的积累。生产要素的快速积累和要素效率的快速上升，使中国在过去40年中成为世界上经济增长最快的国家。这是中国成为开放受益者的最重要原因之一。

开放初期一些不具有比较优势的重点产业在开放过程中得到了很好的发展。中国主要采取了三个方面的做法：一是对于金融、通信服务等与经济安全及国家安全密切相关的产业，对外资实行了严格的准入制度，即使在今天，这些产业仍然在准入的负面清单之中。这些产业主要通过国内改革和提高国内竞争程度的办法来促进发展。二是对于钢铁等基础性行业，在开放时实行了一定的保护期，待其产业成长获得了规模经济优势时再全面开放。通过这一方法,中国的钢铁产能成为全球第一。三是对于汽车等技术要求较高且对国民经济具有支柱作用的行业,一方面采取了高关税保护,另一方面通过引进外资进行合资生产,提高本土生产能力和技术水平,以此获得快速的发展。中国的汽车产能也成为全球第一。但是,对于汽车行业的核心技术,尤其是发动机技术,中国仍然没有获得突破性的发展。

应该说,中国绝大部分产业不是在保护中发展起来的,而是在开放中发展起来的。中国加入世界贸易组织之前,国内充满了很多产业要受到负面冲击的担忧,甚至有些"狼来了"的感觉。但事实上,中国的很多产业在开放的环境中获得了更大的发展。其原因就在于,对外开放造成外国产品和厂商的进入,实际上在国内形成了一个国际竞争环境,使国内企业必须努力提高效率和技术能力才能在与国外产品及国外厂商的竞争中获得生存与发展空间,而一旦这些国内企业适应了国内的竞争环境,就能很快参与国际竞争,走向国际市场,从而获得更大的发展。

技术进步能力是发展中国家在对外开放过程中比较容易受到制约的一个方面。这是因为发展中国家在发展过程中有较大的技术模仿空间,无须投入大量资源从事技术创新活动。而一旦发展到一定程度,技术模仿空间逐步消失,需要进行自主创新的时候,关键技术和关键的知识产权往往掌握在竞争对手的手中,即使投入巨大资源进行自主创新也很难获得足够的收益,因而创新的压力虽然存在,但是动力往往不足,因而有可能遇到技术"天花板",而长期处于价值链低端。

中国在开放过程中较早地认识到了创新的重要性,逐步建立了一套有利于创新的体制。这套体制包括以下四个方面:一是政府直接投入。这主要是政府设立科学研究基金或者通过科学研究计划投入资金进行科学与技术方面的研究。二是通过税收政策鼓励高技术产业的生产活动、创业活动以及企业从事研发活动。其税收政策主要体现在所得税中,包括对高技术企业的所得税优惠,对初创小微企业的税收减免和对研发支出的税前抵扣。目前,企业发生的研发支出,可在所得税前进行 1.75 倍的抵扣。三是对创业创新活动采取较为宽松的市场监管政策。一些新产业和新业态的发展,比如电商、互联网金融以及网约车等的发展,虽然对传统的零售业、金融业以及出租车行业等造成了较大的冲击,但是中国总体上采取了支持新产业和新业态发展的市场管理方案,从而形成一种非常好的创业创新的社会氛围。四是建立了有利于创新的投融资体制。创新是一种高风险的投资活动,因而需要风险资本的投入,以及需要使成功的创新活动能够获得高额回报的机制。中国发展了大量的风险投资基金,并且开放了高技术企业通过上市获得快速发展和高额回报的渠道。

应该说,中国的创新活动获得了长足的发展,中国的研发资金投入规模已经位居世界第二,仅次于美国,中国的研发人员投入已经位居世界第一。中国的创新文化也已经非常浓厚。但是,中国在很多领域核心技术受制于人的现象还没有得到根本解决。这一问题在目前中美贸易冲突中体现得较为明显。中国的创新体制还有很大的改善空间。到2018年,中国的研发支出占GDP的比值为2.18%,虽然相比改革开放初期有很大提高,但相对于发达国家还有很大差距。美国的研发支出与GDP之比约为2.7%,德国约为2.9%,日本则达到3.1%。中国在未来的对外开放中,将面临越来越激烈的国际技术竞争,科技进步的发展状况将在很大程度上决定未来中国在对外开放过程中的受益程度。

对外开放对中国国内不平等的影响体现在三个方面:一是东南沿海地区因为对外开放而率先发展起来,引起东部地区与中西部地区的不平等;二是工业化和城市化快速发展起来,引起城乡之间收入不平等;三是不同人群因职业或财富不同而出现的收入不平等。

图4-3的数据显示,改革开放以来,东部地区与中部地区的人均GDP之比、东部地区与西部地区的人均GDP之比、城乡居民人均收入之比,以及反映居民之间收入不平等程度基尼系数,均呈现了先上升后下降的过程。即东部地区与中西部地区之间的不平等程度、城乡之间的不平等程度,以及不同人群之间的收入不平等程度,均在开放以后经历了一个显著的上升过程,然后开始逐步回落。

虽然对外开放对于上述三类不平等程度的扩大起了一定的作用,但开放并不是不平等问题的唯一来源,其他发展与改革措施也与这些不平等密不可分。按照邓小平的设想,中国的改革开放,本来就是要让一部分人先富起来,然后先富带动后富,最后才实现共同富裕。在改革开放过程中不平等程度加大是一个意料之中的过程。中国应对不平等程度加大的主要经验,就是先富带动后富,并针对上述三类不平等采取了诸多措施。

在应对地区之间的不平等问题上,中国实施了许多区域发展战略。如2000年提出的西部大开发战略、2003年提出的东北振兴战略和2004年提出的中部崛起计划。其中西部大开发战略和中部崛起计划取得了一定的成效,东北振兴战略的效果不太明显。西部大开发战略和中部崛起计划在具体实施过程中,有两个重点:一是在中西部地区进行大规模基础设施建设;二是引

第四章 应对开放不利影响的经验

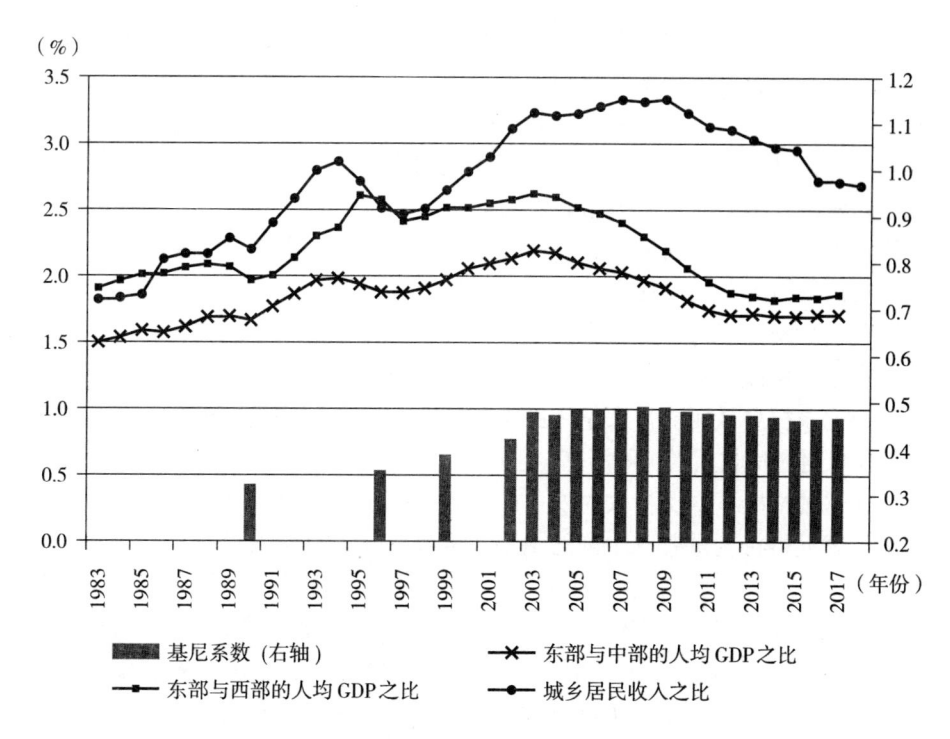

图 4-3 中国地区、城乡与居民收入差距的变化

注：2016 年之前的城乡居民收入之比为城镇居民人均可支配收入与农村居民人均纯收入之比，2016~2018 年的城乡居民收入之比为城镇居民人均可支配收入与农村居民人均可支配收入之比。

资料来源：2003 年之前的基尼系数来自 WDI，由世界银行估计。2016~2018 年的城乡居民可支配收入数据来自国家统计局历年统计公报。其余数据均来自 Wind 或者根据 Wind 数据计算。

导东部产业向中西部地区转移。这两大重点措施对中西部地区的发展均有明显促进作用。不过，大规模基础设施建设远远超出中西部地方政府的财政能力，因而需要中央财政的大力支持，或者需要开拓中西部地方政府的融资渠道，如增加地方政府债券的发行规模。而引导东部地区产业向中西部地区转移也是不容易的，只有在东部地区土地成本和劳动力成本上升以后，产业转移才能成为企业的自觉行为。中国在 2003 年以后开始出现土地成本和劳动成本双双快速上升的势头，故东部与中西部地区人均收入的差距从 2003 年以后才开始逐渐缩小。

在应对城乡之间的不平等问题上，中国一方面继续鼓励农村劳动力向城市流动，另一方面加大农村建设力度。农村劳动力向城市流动，在促进城市发展和城市居民收入水平提高的同时，实际上也在提高农村居民的收入。这

89

是因为农村剩余劳动力在农村的边际产出是较低的，即使这部分农村劳动力流向城市，对农村总产出的影响不大，反而使农村人口变少，分母变小，从而使农村人均产出提高。其次，外出的农村劳动力总要将一部分收入寄回或带回家乡，进一步提高农村的总收入和人均收入。所以总体来说，农村劳动力流向城市，是同时提高城市和农村居民人均收入的，只是城市居民收入可能增长更快一些，从而导致城乡居民收入差距拉大。在农村剩余劳动力已经大量流向城市时，新一代青壮年农村劳动力流向城市，可能对农村的产出会造成负面影响。同时，这些青壮年农村劳动力在城市结婚生子，收入也更少寄回农村。所以，新一代青壮年农村劳动力流向城市，虽然由于其生产效率在城市比农村高从而能带来整体经济的增长，但是，最后可能造成农村的衰落以及农村人均收入增长停滞甚至下降，造成城乡收入差距的进一步扩大。

在这种情况下，支持农村发展的政策在缩小城乡差距和防止农村衰落的问题上就显得特别重要。中国的主要政策包括：2003年开始进行新型农村合作医疗制度试点，此后逐步发展并在2016年和城镇居民医保制度整合成为城乡居民一体的基本医疗保险制度。2009年以后还通过试点完善等方式逐步于2015年建立了城乡一体的医疗救助制度。2006年，中国开始取消农业税和特产税，并对种粮农民实行直接补贴，以及对农民实行良种和农机具购置补贴等。2007年开始全国免除农村义务教育阶段学杂费并免费提供教科书，以及在农村建立最低生活保障制度。2009年开始，大力加强农村水、电、路、气等基础设施建设以及住房建设。2009年还开始进行农村居民养老保险试点，并于2014年与城镇居民养老保险制度整合成为城乡一体的居民基本养老保险制度。这些措施的实行，促进了农村居民收入在2009年以后实现了比城镇居民收入更快的增长，缩小了城乡居民收入差距。中共十九大又提出了乡村振兴战略，预计城乡居民收入差距还会进一步缩小。

在应对居民之间收入不平等的问题上，中国采取的主要措施包括：累进制个人所得税，限制高额薪水，对低收入及困难人群的保障和帮助等。累进制个人所得税是一个被世界各国广泛使用的调节居民初次收入分配不平等的措施，但是累进制个人所得税能缩小收入不平等程度，却遏制不了各国居民收入分配不平等程度拉大的趋势，中国也不例外。限薪可能是中国比较独特的措施。限薪是指针对国有企业的高级管理人员采取设置薪水上限的办法。比如，目前各个央企包括金融企业董事长的年薪均不超过税前60万元。限薪不仅遏制了国有企业高收入群体的收入不断攀升，也遏制住了非国有企业与国有企业之间为了吸引人才而采取的不断提高薪水的做法。对低收入及困难人群的保障和帮助,则更多的是通过社会保障制度和扶贫政策。包括最低生活保障制度、失业保险制度、最低工资标准制度、基本养老和基本医疗保险制度、医疗救助制度以及精准扶贫政策。这些措施取得了较好的效果。2009年以来,基尼系数开始缓慢下降,居民收入差距在逐步缩小。令人警惕的是,2016年和2017年,基尼系数又有所回升,这一现象,是中国未来发展的又一大挑战。

一般来说,开放总是会使一部分人或者地区受损,对受损人群或者地区进行补偿,会有助于降低不平等程度和不平等的不良影响。中国也确实采取了不少措施来促进中西部地区、农村地区以及直接针对低收入人群进行补偿或者救助。但是,在中国的补偿机制中,有两个最重要的机制值得总结。其一,开放是以试验的方式渐进式推进。这使受损部门的人群和资本有时间进行调整,降低其冲击的突然性。其二,允许劳动力和资本跨部门和跨区域流动,并且尽量消除劳动力和资本流动的障碍,使受损人群和资本可以比较方便地流动到受益部门,提高所有要素的生产效率和回报,享受开放带来的利益。这是最主要的补偿机制,也是一种市场化的补偿机制。

四、小结

防止开放造成国内经济不稳定,降低开放产生的收入不平等程度,在国际上并没有成熟的经验,至今仍然是世界各国(无论是发达国家还是发展中国家)都需要面对的一个难题。这也是保护主义经常盛行的一个重要原因。中国过去40年中,坚定不移地提高对外开放程度,务实地采取了一些措施以防止开放带来的不稳定,也尽可能缩小不平等程度,取得了不错的效果。过去这40年并没有因开放而产生严重的经济危机,也没有因不平等问题而酿成严重的社会危机。

中国应对开放不利影响的实践中,有两条重要的启示:第一,谨慎的渐进式开放是应对开放不利影响的一个有效方式。开放确实可能带来不利后果,且可能严重到引发经济危机和社会危机,因此以谨慎的态度对待开放是十分必要的。而渐进式开放在短期内只会产生较小的不利影响,有利于在小的震荡中消化不利影响,同时,渐进式开放可以给受到不利影响的个人和产业以充足的调整时间。另外,渐进式开放伴随着国内经济的发展与体制的成熟,以及应对开放不利影响能力的提高,这将为最终实现全面开放建立良好的国内经济条件。第二,应对开放的不利影响,应坚持在开放中解决问题,而不是退回到保护和封闭的状态。开放给一个国家带来的益处是显而易见的，退回到保护和封闭状态，开放的益处也就消失了。开放的不利影响是可以在开放中消除或者减轻的，但是需要其他国内政策和国内制度的配合。

中国应对开放不利影响的具体探索，为世界其他国家提供了有益的经验，也为中国下一步全面对外开放提供了非常好的制度条件和奠定了经验基础。

第三篇

对外开放新战略

第五章 "一带一路"倡议与新型全球化

共建"一带一路"倡议提出已经五年多了。五年多来，中国已经同140多个国家和国际组织签署共建"一带一路"合作协议①，同"一带一路"相关国家的货物贸易额累计超过5万亿美元，对外直接投资超过600亿美元，为当地创造20多万个就业岗位，② 中国企业在沿线国家建设境外经贸合作区共82个，入区企业近4000家，上缴东道国税费累计20.1亿美元。③ "一带一路"倡议给中国和许多参与国带来了实实在在的获得感。与此同时，"冷战"结束以来高歌猛进的经济全球化进程却遭遇波折，"进入阶段性调整期，质疑者有之，徘徊者有之"④，出现了放缓甚至倒退的迹象。在此背景下，共建"一带一路"不仅是经济合作，而且是完善全球发展模式和全球治理、推进经济全球化健康发展的重要途径。如何在新形势下把"一带一路"打造成为顺应经济全球化潮流的最广泛国际合作平台，是亟待解决的重要课题。

一、新时代呼唤新型全球化

舆论方面，无论赞同还是反对，"逆全球化"声势上涨迅猛。News Bank世界报纸全文数据库检索结果显示，包含 deglobalization（"逆全球化"或"去全球化"）一词的文章，2014年和2015年分别只有3篇和5篇，2016年陡然上升至38篇，2017年更是上升至94篇。同一数据库对美国报纸的检

---

① 习近平：《同舟共济创造美好未来》，在亚太经合组织工商领导人峰会上的主旨演讲，《人民日报》2018年11月18日第2版。
② 《习近平在推进"一带一路"建设工作5周年座谈会上强调，"坚持对话协商共建共享合作共赢交流互鉴 推动共建'一带一路'走深走实造福人民"》，《人民日报》2018年8月28日第1版。
③ 商务部：《"一带一路"经贸合作取得五大成效》，人民网，2018年8月28日，http://finance.people.com.cn/n1/2018/0828/c1004-30254601.html。
④ 习近平：《面向未来开拓进取 促进亚太发展繁荣》，在亚太经合组织第二十四次领导人非正式会议第一阶段会议上的发言，《人民日报》2016年11月22日第2版。

索结果显示，包含 deglobalization 的文章，2014 年和 2015 年一共只有 4 篇，2016 年变为 25 篇，2017 年进一步上升至 53 篇。在中国，对"逆全球化"的讨论也迅速升温。在中国知网收录的期刊和报纸数据库中，以"逆全球化"为主题词进行检索，结果显示 2014 年只有 1 篇文章，2015 年为 0 篇，2016 年上升至 26 篇，到 2017 年迅速攀升至 265 篇，截至 2018 年 11 月底为 207 篇。

（1）经贸投资方面，尽管全球贸易仍在增长，对外直接投资下降的趋势已经出现。2017 年全球商贸易出口总额 17.7 万亿美元，同比增长了 10.4%，远高于上年同期的 -3.0%。进入 2018 年后，主要经济体贸易规模仍维持比较快速的增长。美国、欧盟、中国和日本四大经济体前三个季度贸易出口金额合计同比增长了 11.5%，高于上年同期的 7.3%。有观点认为，这是国际贸易商基于未来贸易摩擦加剧、成本将进一步攀升的预期而抢先进出口的结果。从对外直接投资来看，形势更加悲观。联合国《世界投资报告 2018》显示，2017 年全球外商直接投资（FDI）下降 23%，为 1.43 万亿美元。其中，流入发达国家的 FDI 下降 37%，为 7120 亿美元。美国 FDI 流入量下降了 40%，降至 2750 亿美元，但仍居全球首位。流入发展中经济体的 FDI 保持平稳，为 6710 亿美元。具体来看，流入非洲的 FDI 持续下滑，降至 420 亿美元，同比下降 21%，主要集中在大宗商品出口国。流入亚洲的 FDI 保持稳定，达到 4760 亿美元。该地区重新成为全球吸引外资最多的地区。拉丁美洲和加勒比地区的 FDI 增长了 8%，达到 1510 亿美元。这主要受该地区经济复苏的推动。这是六年来的首次上涨，但流入量仍大大低于 2011 年大宗商品繁荣时期的峰值。流向转型经济体的 FDI 下降了 27%，降至 470 亿美元，为 2005 年以来的第二低水平。这主要反映了地缘政治的不确定性以及对自然资源的投资不足。中国仍是发展中国家最大的吸收外资国和对外投资国。2017 年中国吸收的外资在全球排名中位居第二位，仅次于美国。与此同时，2017 年中国对外投资全球排名第三，位居美国和日本之后。不过，2017 年中国对外投资的额度也减少了 36%，降至 1250 亿美元。这是近年来中国对外投资的第一次下降。[①]

（2）规则与政府管制层面，贸易保护举措高企不下。全球贸易预警组织（Global Trade Alert）数据显示，2018 年全球已经出台了 934 项贸易保护措

[①] 联合国贸易和发展会议：《世界投资报告 2018：投资与新工业政策》，2008 年，https://unctad.org/en/PublicationsLibrary/wir2018_overview_ch.pdf。

施，比2017年上升了46%。美国成了贸易保护主义举措的策源地。美国政府2018年发起的贸易保护措施达到197项，占全球新出台贸易保护举措总数的1/5多。中国是贸易保护措施的重灾区，自2008年11月以来，受到2344项保护措施的影响。美国2018年已经对中国发起129项贸易保护措施，创历史新高。针对中国发起贸易保护举措占其全部举措也在2018年达到75%的新高点。

在此背景下，一些伴随全球化而来的全球问题被统统归咎于全球化身上，部分国家保护主义、内顾倾向抬头，多边贸易体制受到冲击，全球化引擎面临熄火停转的可能，世界似乎走到了前进还是倒退、坚持开放还是重回封闭的关键当口。

应当看到，迄今为止的全球化进程并非完美无缺，但更绝非一无是处。不可否认，过去的全球化进程之中，伴随着经济发展失衡、贫富分化悬殊、环境保护不够、全球治理不足等问题，而经济全球化与贫富分化等问题也不能说毫无关联。国际货币基金组织（IMF）近期一份基于1970~2014年147个国家样本对全球化效应的研究显示，在参与经济全球化的早期和中期，国家的收入增加最明显。随着一国全球化程度上升，边际收益存在下降的趋势。不仅如此，在国家内部，全球化的收益主要集中分配于高收入阶层，以致使不平等加剧。这两个方面的结论意味着经济全球化的推进可能会给自己带来越来越大的阻碍。一方面，总收益增加得越来越慢；另一方面，内部不平等及其导致的社会分裂的风险越来越大。但由此认为可以理直气壮地反对经济全球化则大谬至极。首先，一个国家经济全球化程度的提升过程或许存在边际收入递减的现象，但只要边际收入不为负，总收入还是增加的。其次，如果考虑到所有或多数国家全球化程度都在上升。换言之，经济全球化整体的规模在扩大，那么单个国家参与全球化时可能因为规模效益的存在而获得边际不变甚至增加的收入。最后，经济全球化主要解决的是把"蛋糕"做大的问题，至于国内对全球化收益的更公平分配，则不必全由全球化来完成。正如IMF这篇研究的另一项结论所示，国内政策可以补救全球化的负面分配效应。[①]

更何况，全球性问题并非是全球化之必然，且可以在促成贸易大繁荣、投资大便利、人员大流动、技术大发展的全球化进程进一步发展中被解决。

[①] Valentin F. Lang, Marina Mendes Tavares. The Distribution of Gains from Globalization. Working Paper No. 18/54. March 13, 2018.

正如习近平主席在世界经济论坛所言，"遇到了困难，不要埋怨自己，不要指责他人，不要放弃信心，不要逃避责任，而是要一起来战胜困难"。[①] 李克强总理也在澳大利亚的演讲中现身说法，讲述了中国开启国门时的疑虑和决定拥抱全球化之后取得的成绩。"中国实行对外开放特别是加入世界贸易组织后，一些产业承受了很大的外部挑战和压力。但我们没有指责别人，也没有丧失信心，而是积极主动调整和适应。实践证明，这是正确的战略抉择"。[②] 这些坦率诚挚的讲述，让中国领导人赢得了信任，增强了世界对经济全球化的信心。

作为完善全球发展模式和全球治理、推进经济全球化健康发展重要平台的"一带一路"合作，先天地蕴含着对既有全球化模式兴利除弊、革故鼎新的使命。在这个平台上，各国秉持共商共建共享原则，群策群力，共同适应和引导经济全球化，消解既有经济全球化的负面影响，让它更好惠及每个国家、每个民族。

二、新型全球化的内在要求

面对全球化进程中的困难和挑战，正确的态度不是回避，更不是退缩，而是秉持"好而知其恶、恶而知其美"的客观立场，携手改善并共同推进更加符合公正合理、包容正义等要求的经济全球化，推动经济全球化朝着更加开放、包容、普惠、平衡、共赢的方向发展，让经济全球化进程更有活力、更加包容、更可持续，让不同国家、不同阶层、不同人群共享经济全球化的好处。如果说开放是经济全球化的入场券，包容就是新型全球化的"试金石"。唯有开放才能进步，唯有包容才能让进步持久。当前的经济全球化进程遭遇逆风，一个重要原因是发展的包容性不足。除此之外，新型全球化要行稳致远，还需满足以下内在要求。

首先，新型全球化要实现公平贸易与自由贸易的辩证统一。中国领导人在多个场合反复强调，自由贸易和公平贸易是相辅相成的，没有自由贸易，公平贸易就无从谈起；没有公平贸易，自由贸易也不可持续。特别是，不能借着公平贸易的名，行保护主义之实。顺差和逆差反映的是发展阶段、比较

[①] 习近平：《共担时代责任 共促全球发展》，在世界经济论坛2017年年会开幕式上的主旨演讲，《人民日报》2017年1月18日第3版。
[②] 李克强：《共同谱写自贸繁荣新篇章》，在中澳经贸合作论坛上的演讲，新华社，2017年3月24日，http://www.xinhuanet.com/politics/2017-03/26/c_1120696657.htm。

优势和贸易结构等客观特征。打着"公平"的旗号横加干预，归根结底不是福利在国家之间的再分割，而是公共部门对私人部门的侵夺，势必影响资源在市场机制下的有效配置。真的公平应体现在本国公共部门为私人部门的竞争力提供良好服务的竞争上，而不是体现到限制其他国家公共部门提供这种生产性服务的强制上。

其次，新型全球化要与和平、发展、合作等价值取向兼容。全球化不是目的，而是人类迈向命运共同体的工具、途径或手段之一，因此在推进新型全球化的过程中，要注意引导这一过程向和平、发展、合作等价值取向"看齐"。当前，地缘政治风险增加，地区热点升温，恐怖主义、难民危机等非传统安全问题持续蔓延，侵蚀着和平与发展的基础，亚太的和平稳定对包括中国在内的本区域国家的发展和经济一体化都至关重要。新型全球化应当并且也能够夯实而非侵蚀和平、发展、合作的基础。撑起新型全球化进程的正式或非正式的制度安排，应当包含或体现维护地区稳定、秉持善意协商原则解决问题等相关内容。

再次，新型全球化要注重国家间协调，特别是重大战略的对接。新型全球化不是签署贸易投资自由化、便利化协议之后就大功告成、放任不管，而是要注重及时回应各方民间社会、企业的需求与呼吁，充分考虑各方国家发展战略新部署的可协同性，与时俱进地调适、升级所达成的合作安排，不让官僚主义和繁文缛节扼杀民间社会经贸投资的活力。

最后，新型全球化要超越狭隘的唯经济观，加强人文交流，厚植民意基础。"国之交在民相亲"。只有在交流中相互学习、相互借鉴、取长补短，才能赢得真正的彼此尊重和相互欣赏，趋向"各美其美、美人之美、美美与共、天下大同"的境界。而全球化进程中一时的挑战与困难，也不至于在各国之间引起隔阂与排斥，而是激发各国应对挑战、克服困难的合力。

经济全球化在形式和内容上面临新的调整，理念上应该更加注重开放包容，方向上应该更加注重普惠平衡，效应上应该更加注重公正共赢，这样才能让新型全球化更有吸引力和生命力。

三、"一带一路"倡议为新型全球化注入动力

"疾风知劲草"。越是在这样一个"世界经济增长乏力，金融危机阴云

不散，发展鸿沟日益突出，兵戎相见时有发生"①的特殊节点，"一带一路"越要发挥为全球化举旗定向、增力赋能的引领作用，为人类社会的相互信任、广泛合作应许一个光明的未来。

"一带一路"倡议回答了"去向何方"的问题，为新型全球化注入了目标牵引力。"反全球化的呼声，反映了经济全球化进程的不足"，这些不足包括南北差距、贫富差距的扩大，公平和正义的失陷，安全与秩序的缺位等。中国提出共建"一带一路"倡议，为全球化勾勒了人类命运共同体的崭新愿景。通过政策、基础设施、货物与服务、资金以及民心的互联互通，公正安宁繁荣包容的美丽新世界有望在"一带一路"共建过程中逐渐生长出来。从这个意义上说，共建"一带一路"倡议就是一个引导国际社会推动新型全球化、共同塑造更加公正合理国际新秩序的中国方案，是"是新型全球化模式的代表"。②"任何奋斗目标都不会轻轻松松实现，前进道路从来不是一帆风顺的"。③可以预见，面向人类命运共同体的"一带一路"建设也不会全是铺满鲜花的坦途。然而，事业之所以伟大，不仅是因为这一事业是正义和宏大的，同样也因为这一事业无比艰巨。艰难困苦，玉汝于成。越是不能"敲锣打鼓、顺顺当当"实现的目标，越是催人奋进、励人前行。

"一带一路"倡议回答了"如何抵达"的问题，为新型全球化注入了路线执行力。"知行合一，贵在行动"。确立的目标再高远，最终还需要切实可行的路线和一往无前的执行才能企及。"一带一路"倡议所提倡的全球化方案，尽广大而致精微，为不同层面、不同领域的大合作、大协调、大统筹提供了平台。一是推动陆海统筹。这涉及的不仅是中国东部沿海地区与中西部面向中亚的内陆地区的协调发展，更重要的是，海洋文明的开放进取和大陆文明的厚重稳固有望在"一带一路"上交会融合，焕发新的优势，带动沿线古老文明的群体性复兴。二是推动内外统筹。从实现形式来看，这意味着作为对外开放与合作总纲领的"一带一路"建设，与京津冀协同发展、长江经济带发展两大发展战略的全面对接。从精神实质看，国家治理体系与治理能力现代化的"内功"与新型全球治理的"招数"有望随"一带一路"建设的展开相互促进，从治理的角度为全球化的良性升级提供更加合理的规制和

---

① 习近平：《共同构建人类命运共同体》，在联合国日内瓦总部的演讲，《人民日报》2017年1月20日第2版。
② 王毅：《"一带一路"建设在新起点上扬帆远航》，《求是》2017年第11期。
③ 《习近平在庆祝中华人民共和国成立65周年招待会上的讲话》，《人民日报》2014年10月1日第2版。

边界。三是做好政企统筹。"政府搭台、企业唱戏"是中国增长奇迹的重要经验之一。"一带一路"倡议将这笔宝贵经验推向世界。政府的作用不容忽视。特别是在共建"一带一路"的较早阶段,参与共建的一些国家和地区一方面必须着力提升政府保护产权、创建良好营商环境的意愿与能力,另一方面还必须尊重市场主体地位,充分发挥市场配置资源的决定性作用和企业家的创新职能。政府与企业相互配合,"一带一路"的连台好戏才能越演越精彩。

"一带一路"倡议回答了"怎样抵达"的问题,为新型全球化注入了道义感召力。畅行于"一带一路"的全球化,与西方推行殖民主义时代中国曾经遭遇的"带剑行商"、以坚船利炮打开国门的掠夺型全球化完全不同,也有别于国际金融资本大肆扩张时代,寡头"大鳄"们翻云覆雨、强取豪夺的寄生型全球化。"一带一路"所推崇和践行的,是信息技术浪潮推动下,以开放、包容、普惠、平衡、共赢为方向的新型全球化。倡议来自中国,但成效惠及世界。全球化的微观主体及其行为逻辑的革命性变化,要求全球治理上层建筑做出适应性的调整。旧全球化下各国政府因为本国企业或商业机构与其他国家同业机构的激烈竞争而形成的紧张关系将逐渐淡化,各国政府不再是各自相互处于激烈竞争地位的机构企业背后潜伏的"撑腰者"或"打手"。取而代之的是,各国政府成为携手为各国机构企业和人民共同提供广泛、便利、高效、优质、一体化的公共服务的合作者,协调一致地为沿线的所有企业、居民提供高质量的公共服务,为它们相互之间共享、互惠地创造价值提供便利与条件。"和平合作、开放包容、互学互鉴、互利共赢"的丝路精神,为指导新型全球化浪潮有序展开提供了科学指引,为更公正合理的国际政治经济安全新秩序从"一带一路"建设进程中自然成长起来,添加了有益的养分。这种追求开放、包容、普惠、平衡、共赢的新型全球化,具备强大的道义感召力。

四、新型全球化催生国际新秩序

全球治理及其带来的国际秩序的发展越来越滞后于全球化的发展,是既有全球化的重大缺陷。"一带一路"所推动的新型全球化应当在管制与放松管制、破坏旧制度与创造新秩序之间把握好平衡、节奏和尺度。关于新型全球化进程中所需的更加公正合理的国际新秩序,中国已经提出了清晰而具体的主张。

首先，国际新秩序要求把建立伙伴关系而非民族国家兴起以来通常存在的种种针对第三方的结盟关系，确定为国家间交往的指导原则，并在伙伴关系的基础上构建总体稳定、均衡发展的大国关系框架，作为确保全球战略稳定、构建以合作共赢为核心的新型国际关系的基石。鉴于此，中国一方面强调共建"一带一路"是一个开放国际合作平台，无论域内还是域外，发达国家还是发展中国家，都欢迎各国参与进来、共襄盛举；另一方面还以身作则强调大国作用，多次表示乐于让大家"搭便车""搭快车"。

其次，国际新秩序要及时充分反映世界格局的变化，增加新兴市场国家和发展中国家的代表性和发言权，将包容性全面体现到全球治理的过程和结果之中。世界格局正处在一个加快演变的历史性进程之中，新兴市场国家和发展中国家崛起已经成为不可阻挡的历史潮流。顺应这一潮流，才能更好地调动广大新兴市场国家和发展中国家的积极性，携手为世界共同繁荣和普遍安全提供充足、高效和可持续的国际公共产品。为此，中国积极推动之下创建了侧重服务"一带一路"建设的亚投行，大大增强了新兴市场和发展中国家在国际经济治理体系中的地位和话语权。

再次，饱满完整的国际新秩序不仅追求人与人、国家与国家之间的合作与共同发展，而且追求人与自然、人类社会与生态环境之间的和谐，追求天人合一。习近平主席指出，"人与自然共生共存，伤害自然最终将伤及人类"，"我们应该遵循天人合一、道法自然的理念，寻求永续发展之路"，"建设一个清洁美丽的世界"。[①] 中国的五大新发展理念以及亚投行的核心理念之中都包括了"绿色"的要求。

最后，构建更加公正合理国际新秩序的终极目标是打造人类命运共同体。习近平主席以宽广的世界视野和深邃的历史眼光洞见人类命运共同体的前景，为国际社会勾勒出一个持久和平、普遍安全、共同繁荣、开放包容、美丽清洁的新世界。但应看到，当前距离国际新秩序的建立、距离人类命运共同体的理想境界还有巨大的差距。弥合这一差距，需要所有国家的共同努力，尤其需要大国采取可置信的行动，发挥率先垂范的作用。"共同"既是权利，也是责任。"世界的命运必须由各国人民共同掌握，世界上的事情只能由各国政府和人民共同商量来办"[②]，"作为大国，意味着对地区和世界和

---

　　① 习近平：《共同构建人类命运共同体》，在联合国日内瓦总部的演讲，《人民日报》2017年1月20日第2版。
　　② 习近平：《顺应时代前进潮流　促进世界和平发展》，在莫斯科国际关系学院的演讲，《人民日报》2013年3月24日第2版。

平与发展的更大责任，而不是对地区和国际事务的更大垄断"。①

五、塑造新型全球化的中国担当

世界人民苦于贫富分殊、金融动荡、地缘博弈、族群冲突、疾病流行、环境恶化、跨国犯罪等危害良好国际政治经济社会秩序的问题已经很久了，发出对更加公正合理国际新秩序的呼吁也为时不短了，但长期以来形势未能有根本的改观，根源在于作为国际秩序物质基础的世界格局过去相当长时间之中没有本质变化。进入21世纪后的十年，新兴经济体的群体性崛起反映了世界格局的悄然演变。但是，受长期存在于国际社会之中的观念、制度或既存秩序本身的束缚，变化中的世界格局对国际旧秩序的撼动仍处于量能积累阶段，并未发生质的飞跃。美国次贷危机引发国际金融危机，特别是带来欧洲债务危机长期化之后，发达国家经济萧条的寒风也侵袭到新兴经济体，后者被迫"抱团取暖"。在这个过程中，新兴经济体开始逐渐意识到"用一个声音说话"不仅可用于抵御危机和风险，而且有助于改革全球治理，推动国际秩序的改善。

尤其是中共十八大以来，在以习近平同志为核心的党中央坚强领导之下，作为世界上最大的发展中国家，中国由改革开放的持续积累阶段开始转向中华民族伟大复兴的关键阶段，这一划时代的变化为新兴经济体群体性复兴注入了强大正能量。习近平主席在国际场合公开表示，"欢迎大家搭乘中国发展的列车，'搭快车'也好，'搭便车'也好，我们都欢迎"②，"不是要营造自己的后花园，而是要建设各国共享的百花园"③，这种担当精神展示了中国共产党人破除"零和博弈""强权政治""赢者通吃"等旧观念桎梏的勇气，也坚定了国际社会特别是新兴发展中经济体与中国携手推进新型全球化、塑造国际新秩序的决心。

中国的担当首先体现为勇于塑造的胆量。旧秩序的调整和变迁，背后是对既得利益的挑战和重构。无论对国内还是国际，习近平主席从来不讳于也不惮于这种塑造。"义之所在，虽千万人吾往矣"。"塑造"两个字带有鲜明

---

① 习近平：《迈向命运共同体　开创亚洲新未来》，在博鳌亚洲论坛2015年年会上的主旨演讲，《人民日报》2015年3月29日第2版。

② 习近平：《守望相助，共创中蒙关系发展新时代》，在蒙古国家大呼拉尔的演讲，《人民日报》2014年8月23日第2版。

③ 习近平：《在庆祝中国共产党成立95周年大会上的讲话》，人民出版社2016年版。

的主动性和施动色彩,这种重视行动的风格一直为习近平主席所推崇。在多个场合他都一再强调行胜于言、一个行动胜过一打纲领。大数据显示,他担任总书记以来的公开讲话中也多次直接使用"塑造"一词,例如塑造中国心、民族魂,塑造中国国际形象,塑造产业优势等。在二十国集团圣彼得堡峰会上,他大力倡导努力塑造各国发展创新、增长联动、利益融合的世界经济。

关于外部世界的立场,习近平主席除延续以往"塑造和平稳定发展环境","塑造有利外部发展环境"等表述之外,还在 2017 年召开的国家安全工作座谈会上鲜明提出"要引导国际社会共同塑造更加公正合理的国际新秩序"。[①] 与传统表述相比,"塑造国际新秩序"秉持了主动施行的一贯风格,在高度上更进一层,超越了"由中国看世界"的视角,进入了"以天下观天下"的新境界。特别是在世界上唯一的超级大国的领导人大力宣扬本国优先,开放世界经济体系面临"逆全球化"威胁的大背景映衬之下,中国共产党人"兼世以达、独善则穷"的天下情怀,给了世界巨大的慰藉和让新型全球化更加有序地重新起航的信心。

中国的担当同时体现为善于引导的智慧。推进新型全球化不能靠"单打独斗",而是要善于发动包括发达国家在内的世界各国和国际组织的积极力量共同参与,引导各方心往一处想、劲往一处使。在新的历史条件下,全人类的命运从来没有像今天这样紧密相连。正如习近平主席所言,当今世界,"没有哪个国家可以独善其身,也没有哪个国家可以包打天下"。[②] 他不仅提出了共建人类命运共同体的中国方案,为缔造更加公正合理国际新秩序指明了方向,而且还发起倡议、提出了共建"一带一路"这一迈向人类命运共同体的新型全球化路径。

"一带一路"是带有鲜明中国印记、蕴含博大中国智慧的一条路。以往的国际合作往往遭遇"公地悲剧"的困境。原因在于,旧式的公共产品提供模式,一方面强调大国或霸权国家对国际事务的垄断地位,另一方面又放任其他国家对公共利益的单方面、无节制占用。"生之者寡而食之者众",国际合作也会因为公共产品或资源的耗竭而崩溃。在中国传统观念之中,公地含义更加丰富完整。数千年前的井田制中已有"公田"一说。这里的"公"

---

① 《习近平主持召开国家安全工作座谈会强调"牢固树立认真贯彻总体国家安全观 开创新形势下国家安全工作新局面"》,新华网,2017 年 2 月 17 日,http://www.xinhuanet.com//politics/2017-02/17/c_1120486809.htm。

② 习近平:《中国发展新起点 全球增长新蓝图》,在二十国集团工商峰会开幕式上的主旨演讲,《人民日报》2016 年 9 月 4 日第 3 版。

第五章 "一带一路"倡议与新型全球化

包含着"公共责任"的意思,即其他人有义务或责任耕作公田。以此为前提,当其他人遭遇天灾人祸时,公家进行赈济的义务才有力量施行。这里,责任与权利,或者说公共产品的生产与消费是统一的。不仅如此,"公"还有"公族"的含义,即公共产品的生产、消费都是在较有能力的群体组织之下有序开展的。习近平主席关于大国应当大在负担责任而非垄断权力等主张,正是对中国传统智慧的继承与发展。中国也是秉持这些观点,以共商共建共享原则推进"一带一路"。

中国的担当还体现为悯于贫弱的仁义。公正合理的国际新秩序应更充分体现包容性。"苟富贵,勿相忘"。中国自己曾经积贫积弱,特别理解发展中国家渴望削减贫困实现发展的诉求,并愿意为之努力。习近平主席特别强调"正确义利观",强调"中国发展是世界的机遇"。不仅体现在中国的发展为其他国家特别是发展中国家提供了更多商品、服务、投资和就业机会,体现在中国多次宣布无条件免除重债穷国和最不发达国家对华到期政府无息贷款债务并提供其他援助,也体现在中国通过倡建亚投行等新开发机构的机制创新上。通过联合发达及新兴经济体为发展中国家"授渔""造血",中国"己欲立而立人、己欲达而达人"的仁义,为引导推动开放、包容、普惠、平衡、共赢的新型全球化做出了自己的贡献。

一代人有一代人的使命,一代人有一代人的担当。习近平主席指出,"让和平的薪火代代相传,让发展的动力源源不断,让文明的光芒熠熠生辉,是各国人民的期待,也是我们这一代政治家应有的担当"。[①] 20世纪以来,人类经历了"热战"与"冷战"的轮番"洗礼",变得更加理性和成熟。今天的人类比一百多年来任何时候都更有条件共同朝着和平与发展的目标迈进,今天的中国也比一百多年来任何时候都更有条件积极作为,大力推动共建"一带一路"倡议,引领国际社会推动新型全球化发展,迈向普遍安全共同繁荣的新世界。

[①] 习近平:《共同构建人类命运共同体》,在联合国日内瓦总部的演讲,《人民日报》2017年1月20日第2版。

第六章 从贸易大国走向贸易强国

一、中国外贸波澜壮阔 40 年[①]

1978 年，中共十一届三中全会做出改革开放的伟大决策。1980 年开始，深圳、珠海、汕头、厦门和海南经济特区相继成立，拉开了对外开放的序幕。2001 年，中国加入世界贸易组织，以前所未有的速度嵌入全球价值链，对外开放步入历史新阶段，贸易规模和外汇储备呈现井喷式增长。中共十八大以来，我国加快构建开放型经济新体制，出台了一系列推动外贸发展的政策措施，包括提出共建"一带一路"倡议、成立自由贸易试验区、大幅放宽市场准入、创造更有吸引力的投资环境、加强知识产权保护、主动扩大进口等。

40 年来，中国坚持对外开放基本国策，推动外贸体制改革，根据内外部环境和条件变化，提出和实施了以质取胜战略、市场多元化战略、大经贸战略、科技兴贸战略、"走出去"战略、"优进优出"等一系列战略举措。从沿海到沿江、沿边，从东部地区到中西部地区，从贸易到投资，从货物贸易到服务贸易，从"引进来"到"走出去"，实现了从封闭半封闭状态到全方位、多层次、宽领域开放的伟大转折。贸易规模迅猛发展，国际市场份额逐步提升，贸易结构持续优化，国际市场结构日趋多元，国内区域布局更加均衡，外贸体制机制不断完善。对外贸易成为国民经济的重要组成部分和推动力量，对经济增长、产业升级、创造就业、增加税收等发挥了重要作用。

（一）贸易规模突飞猛进，市场份额大幅提升

表 6-1 列举了 1978 年改革开放以来中国的货物、服务、总体进出口总额以及占世界的比重。其中，货物进口额从 1978 年的 111 亿美元上升至 2017 年的 17403 亿美元，增长约 155 倍，年均增速 13.5%；货物出口额从

[①] 本部分内容参考《中国对外贸易形势》系列报告。

1978 年的 9955 亿美元上升至 2017 年的 22165 亿美元,增长约 222 倍,年均增速 14.5%;货物进、出口额占世界份额分别由改革开放之初的不足 1%上升至 10.26%、12.76%。2009 年起,我国连续 9 年保持货物贸易第一大出口国和第二大进口国地位。2013 年起,我国超越美国成为全球货物贸易第一大国,并连续三年保持这一地位。

服务进口额从 1982 年的 20 亿美元上升至 2017 年的 4676 亿美元,增长约 234 倍,年均增速 14.6%;服务出口额从 1982 年的 25 亿美元上升至 2017 年的 2281 亿美元,增长约 91 倍,年均增速 11.9%;服务进、出口额占世界比重分别由 0.45%和 0.63%上升至 9.02%和 4.26%。2017 年,服务出口增速达 8.9%,高于进口 5.5 个百分点,是中共十八大以来出口最高增速,也是第一次高于进口增速。

表 6-1　1978~2017 年中国进出口总体情况

年份	1978	1982	2005	2008	2011	2014	2017
进口（亿美元）	—	—	6487	11465	18269	22416	22079
其中：货物（亿美元）	111	—	5647	9901	15791	18087	17403
服务（亿美元）	—	20	840	1564	2478	4329	4676
货物占比（%）	—	—	87.06	86.36	86.43	80.69	78.82
进口占世界比重:							
货物（%）	0.82	—	6.12	6.88	9.47	10.30	10.26
服务（%）	—	0.45	3.22	3.99	5.78	8.43	9.02
出口（亿美元）	—	—	7675	14799	20089	24629	24445
其中：货物（亿美元）	9955	—	6890	13346	18078	22438	22165
服务（亿美元）	—	25	785	1453	2010	2191	2281
货物占比（%）	—	—	89.78	90.18	89.99	91.10	90.67
出口占世界比重:							
货物（%）	0.76	—	7.25	8.86	10.35	12.35	12.76
服务（%）	—	0.63	2.95	3.61	4.56	4.22	4.26

(二) 贸易结构不断优化

1. 商品结构持续优化

对于货物:改革开放之初,我国出口商品以初级产品为主,在 20 世纪

80年代实现了向工业制成品为主的转变，20世纪90年代实现了由轻纺产品为主向机电产品为主的转变，进入21世纪以来，以电子和信息技术为代表的高新技术产品出口占比不断提高，出口商品结构不断优化升级。1978年，初级产品出口占53.5%，工业制成品出口占46.5%；到1986年，工业制成品出口比重开始超过初级产品，达到63.6%；自2001年起，工业制成品所占比重已超过90%，占据了我国出口商品的绝对主导地位；自2017年，工业制成品和初级产品占出口比重分别为94.8%和5.2%。1985～2017年，我国机电产品出口从16.8亿美元增加到1.3万亿美元，增长了773倍，年均增速达到23.2%，占全球市场的份额升至17%以上，我国已经连续9年保持机电产品全球第一大出口国地位。同期，高新技术产品占我国出口比重从2%左右提高到28.8%。

对于服务：改革开放初期，我国服务进出口以旅行、运输和建筑等传统服务为主。1982年，三大传统服务占比超过70%，其中出口占比78.3%，进口占比64.9%。随着我国服务业的较快发展和对外开放的不断深入，以技术、品牌、质量和服务为核心的新兴服务优势不断显现，保险服务、金融服务、电信计算机和信息服务、知识产权使用费、个人文化和娱乐服务等发展迅速。1982～2017年，我国新兴服务进出口总额增长213倍，年均增长16.6%，高于服务进出口总额年均增速1.2个百分点，其中出口年均增长15.9%，进口年均增长16.3%。2017年，新兴服务进出口2161亿美元，同比增长9.3%，高于整体增速4.2个百分点，占比达31.1%，其中出口占比47.6%。新兴服务中电信计算机和信息服务、知识产权使用费和个人文化娱乐服务同比分别增长20.1%、32.6%和21.8%。

2. 国际市场更加多元

中国贸易伙伴已经由1978年的40多个发展到目前的231个。欧盟、美国、东盟、日本、金砖国家等是中国的主要贸易伙伴。自2004年起，欧盟和美国已连续14年位列我国第一和第二大贸易伙伴，2017年中欧、中美贸易额占进出口总额的比重分别为15%和14.2%。我国与新兴市场和发展中国家的贸易持续较快增长，自2011年起，东盟超越日本成为我国第三大贸易伙伴，在我国出口市场中的占比从2000年的7%提高到2017年的12.5%，而非洲地区在我国出口市场中的占比也从2000年的2.0%提高到2017年的4.1%。

2018年是习近平总书记提出"一带一路"倡议五周年。五年来，"一带一路"建设从理念转化为行动，从愿景转化为现实，取得了丰硕成果，越来越多的国家和地区从中受益。2013~2017年，我国与"一带一路"沿线国家货物进出口总值33.2万亿元，年均增长4%，高于同期我国货物进出口年均增速1.4个百分点，成为货物贸易发展的一个亮点。

3. 贸易方式更趋合理

改革开放初期，我国在大力开展一般贸易的基础上，采用了来料加工、进料加工等贸易方式，极大地促进了对外贸易的发展，加工贸易占进出口总值的比重由1981年的6%逐步增长到1998年的53.4%。此后，随着我国货物贸易结构的调整和转型升级的推进，加工贸易占比开始缓慢下降。一般贸易占比从2010年起重新超过50%。中共十八大以来，我国着眼于调结构、转方式，不断培育外贸竞争新优势，加工贸易占比由2012年的34.8%下降至2017年的29%，一般贸易占比由2012年的52%上升至2017年的56.3%。

（三）利用外资质量显著提升[①]

积极有效利用外资是我国对外开放基本国策的重要内容。改革开放40年来，我国不断提高开放水平，促进投资便利化，改善投资环境，利用外资质量效益不断提升，成为全球跨国投资主要目的地之一。

1. 利用外资规模不断扩大

改革开放初期，我国利用外资规模小，方式以对外借款为主。1983年，我国实际利用外资22.6亿美元，其中，对外借款10.7亿美元，外商直接投资9.2亿美元。20世纪90年代以来，随着利用外资方式的优化，外商直接投资成为利用外资的主体。改革开放以来，我国累计使用外商直接投资超过2万亿美元。2013~2017年，我国实际使用外商直接投资6580亿美元。2017年，我国实际利用外资1363亿美元，规模是1983年的60倍，年均增长12.8%。截至2017年底，实有注册的外商投资企业近54万家。2017年中国是全球第二大外资流入国，自1993年起利用外资规模稳居发展中国家首位。

外商投资企业在扩大进出口、增加财政收入等方面发挥了重要作用。2017年，外商投资企业进出口额12.4万亿元，占我国货物进出口总额的44.8%，缴纳税收2.9万亿元，占全国税收收入的18.7%。

[①] 中国国家统计局：《改革开放40周年社会经济发展成就系列报告》，2018年。

2. 利用外资结构日趋改善

产业结构持续优化。改革开放以来，我国利用外资经历了第二产业规模增加、比重上升，到第二产业和第三产业规模增加、第三产业比重上升的过程。这与我国经济结构由以第二产业为主，转向以第三产业为主的过程相一致。中共十八大以来，利用外资质量进一步提高，外资更多地流向高技术产业。2013~2017年，服务业累计使用外商直接投资4174亿美元，年均增长9.6%。2017年，高技术产业利用外资占总额的比重为27.4%，较2012年提高13.6个百分点，年均增长18.4%。

区域布局更加合理。我国利用外资经历了由特区逐步扩大到沿海、沿江、沿边地区，再向内陆推进的过程。改革开放初期，我国利用外资集中在沿海地区特别是广东省，许多中西部省份甚至没有外商直接投资。随着开放的深入，外商投资企业逐步覆盖全国所有省区市。2017年，中部地区实际使用外资83亿美元，同比增长17.1%，增速领跑全国；西部地区新设立外商投资企业同比增长43.2%，市场主体活力进一步激发。表6-2为1979~2017年中国FDI和OFDI情况。

表6-2　1979~2017年中国FDI和OFDI情况

年份	1979	1982	1983	2001	2005	2008	2011	2014	2017
FDI（亿美元）	0.0008	—	9.2	469	724	1083	1240	1285	1363
占世界比重（%）	0.02	—	1.81	6.07	7.63	7.29	7.90	9.60	9.53
人均FDI（百万美元）	0.00	—	0.88	36.31	54.79	80.56	90.67	92.44	96.71
OFDI（亿美元）	—	0.44	0.93	69	123	559	747	1231	1246
占世界比重（%）	—	0.16	0.25	1.01	1.47	3.28	4.77	9.76	9.02
人均OFDI（百万美元）	—	0.04	0.09	5.33	9.28	41.58	54.59	88.57	88.42

3. 外商投资环境持续改善

外商投资管理体制逐步优化。2014年以前，我国对外商投资项目全部实行核准制。2014年《外商投资项目核准和备案管理办法》出台，外商投资项目管理由全面核准向普遍备案和有限核准转变，目前96%以上的外商投资实行属地备案。作为指导管理外商投资项目依据的《外商投资产业指导目录》，自1995年首次颁布以来，已先后修订7次，外商投资准入大幅放宽，限制性措施削减至63条，服务业、制造业、采矿业等领域开放水平大幅提高。2018年，我国进一步修订外商投资负面清单，全面落实准入前国民待遇加负面清单管理制度。中国外商投资管理理念、管理模式和管理体制都实现了重大变革，是全球最具吸引力投资目的地之一。

（四）对外投资蓬勃发展，跻身资本输出大国行列

对外投资和经济合作是中国与世界各国经济深度融合，实现互利共赢的桥梁。改革开放以来，我国对外投资和经济合作经历了由小到大、由弱到强、由区域到全球的发展过程。

1. 规模不断攀升，能力日益提高

对外直接投资从无到有，跻身资本输出大国行列。改革开放初期，我国只有少数国有企业走出国门，开办代表处或设立企业，对外直接投资开始尝试性发展。据联合国贸发会议统计，1982~2000年，我国累计实现对外直接投资278亿美元，年均投资额仅14.6亿美元。2000年，我国提出"走出去"战略，对外直接投资进入快速发展时期。2002~2017年，我国累计实现对外直接投资1.11万亿美元。2017年，我国对外直接投资额1246亿美元，是2002年的46倍，年均增长29.1%，成为全球第三大对外投资国。2017年末，我国对外直接投资存量1.48万亿美元，境外企业资产总额超过5万亿美元。对外投资形式逐步优化，由单一的绿地投资向兼并、收购、参股等多种方式扩展，企业跨国并购日趋活跃。

对外经济合作蓬勃发展。我国的对外经济合作始于20世纪70年代末，加入世界贸易组织后，我国在外承揽业务的规模快速扩大。2002~2017年，对外承包工程累计签订合同额1.98万亿美元，完成营业额1.34万亿美元，年均增速均超过20%。对外承包工程企业的国际竞争力大幅提升。"中巴经济走廊"中能源、交通、电力等领域重大项目推进落地，埃塞俄比亚首个国家工业园正式运营，吉布提多哈雷多功能港口项目顺利完工，在"一带一路"倡议下，我国为沿线国家带来了越来越多的重大项目，有力地促进了当地经济社会的发展，增加了就业，改善了民生。

国际产能合作积极推进。国际产能合作顺应开放型经济发展的客观规律，是我国与各国共建"一带一路"的重要抓手。中国企业在传统基建、传统劳动密集型产业、优势产能富余产业以及高端装备制造产业等领域开展了广泛的国际产能合作。2015~2017年，我国流向装备制造业的对外投资351亿美元，占制造业对外投资的51.6%。中国装备制造在"走出去"的过程中涌现出了中国高铁、中国核电等亮丽的国家名片。

2. 投资结构不断优化

对外投资产业结构不断优化。我国对外直接投资行业分布从初期主要集中在采矿业、制造业，到目前已覆盖全部国民经济行业门类，投资结构由资源获取型向技术引领和构建全球价值链转变。2016年末，我国对外直接投资存量超过七成分布在第三产业，主要包括租赁和商务服务，金融、信息传输、软件和信息技术服务，交通运输、仓储等生产性服务业。企业通过对外投资正在加快形成面向全球的贸易、金融、生产、服务和创新网络。

3. 区域布局日益广泛

对外投资伙伴多元，区域广泛。2016年末，我国对外直接投资分布在全球190个国家（地区），占全球国家（地区）总数的比重由2003年末的60%提升到81%。区域分布上，对亚洲投资9094亿美元，占67%；拉丁美洲2072亿美元，占15.3%；欧洲872亿美元，占6.4%；北美洲755亿美元，占5.6%；非洲399亿美元，占2.9%；大洋洲382亿美元，占2.8%。

"一带一路"沿线国家投资合作取得丰硕成果。2015~2017年，我国对"一带一路"沿线国家投资累计超过486亿美元，占同期对外投资累计额的比重超过10%。在"一带一路"沿线国家对外承包工程新签合同额3630亿美元，占同期新签合同额的50.5%；完成营业额2308亿美元，占同期完成营业额的47.9%。

（五）营商环境持续改善、政府治理水平不断提升

营商环境是重要的发展基础，与企业的投资、运营等决策、绩效表现密切相关。改善投资和市场环境，营造稳定公平透明、可预期的营商环境，降低交易成本，就是解放生产力、提高竞争力。

改革开放使中国成功实现了从高度集中的计划经济体制到充满活力的社会主义市场经济体制的历史转变。中共十八大以来，我国通过深化"放管服"改革，设立自由贸易试验区等方式，理顺政府和市场关系，推进政府职能转变，不断优化营商环境，保障企业建立、运营和发展壮大的制度环境和法制环境持续改善，政府治理水平显著提升。根据世界银行发布的《全球营商环境报告》，对营商的便利性、效率、成本和公平的市场环境的多维度评估，2017年中国营商环境排名第78位，较2005年上升30位。此外，根据世界银行发布的全球治理指标，1996年以来，中国的政府效率、规制质量、法治水平和腐败状况明显改善，在政府效率和腐败方面的治理表现甚至好于日本。

改革开放40年来,中国外贸成就是全方位的、开放性的,变革是根本性的,经过各方共同协作、长期努力,中国重新回到世界贸易大国地位,并开启建设贸易强国进程,创造了世界贸易发展史上的奇迹。

但是,必须清醒认识到,以全球价值链为特征的国际分工模式夸大了中国的贸易规模和出口技术含量。20世纪80年代之后,经济全球化进程加快,国际生产、全球销售以及产品价值由多国要素共享成为新型国际生产和贸易体系的显著特征。中国成为贸易大国与经济全球化密切相关。中国凭借廉价的劳动力成本优势、广阔的国内市场等资源禀赋以及竞争性的汇率制度、对外商投资企业的税收优惠等"超国民待遇"政策手段,吸引外商投资,逐步融入跨国公司主导的全球生产网络,成为发达国家资本、先进技术等高级生产要素的重要输出地和集聚地,扮演着"世界商品和要素加工厂"的角色。中国的出口产品多是外国企业资本、技术等和中国劳动力、土地、自由资源和环境等要素结合的产物。40年来,中国凭借"加工贸易"为主的贸易发展方式深度融入全球价值链,极大地促进了经济和贸易的发展,但中国从全球价值链分工中获得的要素收益十分有限。利用传统贸易统计方法测算的贸易规模、出口技术复杂度、出口产品质量等并不能真实反映中国的国际竞争力和生产技术水平,这些问题都必须加以解决。

二、贸易强国的提出、概念和特征

(一) 贸易强国建设的提出

从1978年实施改革开放到20世纪末,中国外贸高速发展,年均增长率在15%以上,在世界贸易排名中从第32位上升至第7位,成为世界贸易大国。自此,国内学界和政界开始探讨贸易强国建设问题,包括贸易强国的内涵、评判标准、指标体系以及贸易大国向贸易强国转变的路径与战略。

2001年发布的《科技兴贸"十五"计划纲要》写道,"中国已经成为贸易大国",并提出实施科技兴贸战略,以尽快实现由贸易大国向贸易强国的历史性跨越。2005~2011年,各部委联合相继发布的《关于扶持出口名牌发展的指导意见》《科技兴贸"十一五"规划》《关于"十二五"期间实施积极的机电产品进口促进战略的若干意见》等文件中,提出通过优化出口商品结构,培育自主品牌和自主知识产权,加强技术引进消化吸收再创新,增强企业自主创新能力和国际营销能力,促进软件信息业等新兴服务业发展,实施积极进口促进战略，来提高出口竞争力和综合国力，转变外贸发展方式，实现外贸可持续发展，加快"贸易大国"向"贸易强国"的转变。

2012年，商务部等十部委联合发布的《关于加快转变外贸发展方式的指导意见》认定，中国已经是贸易大国，但依然大而不强。与世界贸易强国相比，我国外贸商品的质量、档次、附加值还不高，自由品牌和知识产权产品出口比重不高，企业研发、设计、营销、服务等核心竞争力还不强，行业协调能力和政府参与国际贸易规则制定与价格谈判的能力还不够。要巩固贸易大国地位、推动贸易强国进程，我国外贸发展方式必须进行战略性转变。

2016年12月，《对外贸易发展"十三五"规划》重申要巩固贸易大国地位，推进贸易强国进程，以推进供给侧结构性改革为主线，以推进"一带一路"建设统领对外开放，大力实施优进优出战略，加快转变外贸发展方式，调结构转动力，巩固和提升外贸传统竞争优势，培育以技术、标准、品牌、质量、服务为核心的外贸竞争新优势，推动外贸向优质优价、优进优出转变。

2017年10月，"拓展对外贸易，培育贸易新业态新模式，推进贸易强国建设"被正式写入中共十九大报告，旨在明确中国外贸发展目标，指明具体实现路径，加快建设贸易强国，推进中国从"贸易大国迈向贸易强国"。

金融危机之后，世界经济深度调整、增长乏力，中国面临的外部有效需求疲弱，发达国家制造业回流，贸易保护主义持续升温，劳动力等传统比较优势弱化等问题逐渐涌现和恶化。随着英国脱欧、特朗普上台，多边主义全球化实践受阻，地缘政治、区域贸易协定兴起等带来新的摩擦和冲突，世界经济格局迎来深刻变革以及复苏的不确定性。当前，中国外贸发展正处于发展动力转换、经济结构调整、全球价值链重构、外部需求不稳定、外贸政策转向的"五期叠加"阶段。国际产业竞争更加激烈，全球产业布局面临复杂调整，中国以开放促改革、促发展的任务更加重要。进入2018年以来，美国政府持续推进"美国优先"理念，频繁出台针对中国的贸易限制措施，中美贸易摩擦不断升级。中国外贸发展过程中存在的矛盾和制约因素开始集中显现。必须改变低成本、低利润、低价格的发展方式，高度重视产业竞争力，培育新的比较优势，实现由大进大出向优质优出的转变，贸易强国建设的重要性和紧迫性进一步凸显。

在这样的内外环境变化和外贸发展背景下，从理论和实践结合上系统回答新时代贸易强国的内涵和特征、怎样走向贸易强国是一个重大的时代课题。

（二） 新时代贸易强国的概念和特征

探求贸易大国向贸易强国的转变之路，首先必须明确贸易强国的内涵和特征。由于不同历史时期的经济发展水平不同，贸易形成的条件、基础和模式具有差异性，贸易强国在不同时代具有不同的内涵、特征和评判指标，是一个历史的、动态的概念。①

根据传统的国际分工理论，国家之间生产技术和要素禀赋不同引致的生产成本差异是生产分工和国际贸易的基础，也是贸易利益产生的源泉。当一国因生产率水平或要素禀赋在某一产品生产上具有比较优势时，就会出口该产品。此时，出口规模的扩张是一国生产能力和国际竞争力的外在反映，也是一国获取贸易利益的关键。重农主义时期，人们以农产品出口量的多寡评判一国的贸易竞争力，而重商主义时期，人们则认为从贸易中获取的金银等贵金属数量代表着一国经济以及贸易的强弱。亚当·斯密的绝对优势理论认为，劳动生产率的绝对差异是国际贸易产生的原因，因而高劳动生产率国家是贸易强国；李嘉图的比较优势理论以及赫克歇尔和俄林的要素禀赋理论则将一国的比较优势或者要素禀赋参与国际贸易的能力作为评判标准；以克鲁格曼为代表的新贸易理论则认为，规模经济以及生产差异化产品的能力是国际竞争力的来源和贸易强国的特征。

而新时代贸易强国的内涵，则应当置于产品内国际分工的时代背景以及全球价值链理论基础中。随着经济全球化和工序碎片化的产生，贸易规模不再是一国竞争力和国际地位的表现，而只是跨国公司在全球生产布局的结果。此时，贸易强国的内涵和特征发生变化，与贸易大国概念的差异逐渐显现，以贸易规模衡量的贸易大国并不一定是贸易强国。第一，在全球价值链分工模式下，贸易出口额与贸易中内涵的本国生产要素创造的增加值的背离度越来越大，不能准确反映一国贸易利得。第二，出口产品技术复杂度与一国技术水平的相关性减弱，不能反映一国生产技术水平。这种建立在最终产品统计上的贸易测算方法没有区分出口中的国内增加值和国外增加值，在全球生产网络盛行的当今，可能导致对贸易强国的判断产生偏误，低估发达国家的贸易实力，而高估发展中国家的贸易实力。

总结现有文献，基于全球价值链时代背景，我们认为，新时代贸易强国

---

① 裴长洪、刘洪愧：《中国怎样迈向贸易强国：一个新的分析思路》，《经济研究》2017年第52期。

是在国际贸易领域高质量发展、高要素收益的一种体现,不仅要贸易规模大(贸易大国关注国家和行业层面,贸易小国关注企业和产品层面),在全球贸易中影响力强,还需要具备对全球价值链的控制能力、关键零部件和生产性服务的生产能力,凭借管理水平、研发设计、技术、品牌、质量(标准)、知识产权、国际营销渠道等比较优势创造贸易增加值的能力,本国货币的流通和支付能力,以及全球经济治理能力,包括在国际经贸、标准等规则制定中的话语权和主导权。

贸易强国主要具备以下特征:

第一,贸易强国应是具备一定贸易规模和参与度的经济强国。经济全球化时代,投资超越贸易成为时代主题。国际直接投资的本质是以资本为载体的各种生产要素的跨境流动。经济弱国可以利用自身廉价的劳动力、自然资源、土地等要素禀赋以及体制机制优势吸引外商直接投资,引进其技术、品牌、管理和销售网络等高端要素,嵌入发达国家主导的全球生产网络,增强生产出口能力,创造贸易,因而经济弱国可以成为贸易大国。但贸易强国的核心要素是贸易竞争力,本质为要素收益,因此贸易强国必须首先是经济强国。此外,从经济学角度看,一国对世界市场的影响力源于其对国际贸易参与度,所以贸易强国应当具备一定的贸易规模和参与度。

第二,对全球价值链的控制能力,关键零部件和生产性服务的生产能力,凭借技术、品牌、产品质量(标准)创造贸易增加值的能力。贸易竞争力是判断贸易强国的基础。在全球价值链分工模式占主导地位的今天,一国的出口是多国生产要素的产品,出口产品技术含量、质量和要素密集度并非该国分工地位的体现。基于出口结构和数量的贸易竞争力统计方法失去了现实意义。例如,当前中国出口结构和技术水平与发达国家相似,高技术、高附加值、高质量产品出口占比较高,但这仅仅是中国参与全球价值链中加工装配等低端生产环节的结果,出口中含有大量国外增加值,自身要素收益并不高。在全球价值链背景下,贸易竞争力的度量应当基于贸易增加值测算方法,具体表现在基于增加值测算的贸易结构、规模、分工地位以及凭借技术、品牌、产品质量(标准)创造贸易增加值的能力上。

第三,全球经济资源配置能力。就一国或地区而言,全球经济资源配置是指在经济全球化背景下在全球配置各种经济资源的能力。这种能力的强弱反映了对世界经济走势以及发展的影响,利用全球资源优化本国资源配置、降低生产成本,保障经济可持续发展的能力。对外直接投资是构建全球生产网络的重要途径,以及实现在全球范围内资源配置的主要形式。因此,对外直接投资以及跨国公司的数量和质量是全球资源配置能力的重要衡量尺度。此外，资源配置能力也取决于运输、金融、营销等生产性服务业的发展。

第四，货币国际化程度。贸易强国应当也是金融强国和货币强国。一国货币在国际市场的流通能力和国际化程度决定了其在国际金融体系中的话语权。拥有国际货币发行权，可以增强本国企业在进出口贸易中的定价权和主导权，减少汇率波动风险，降低国际资本流动交易成本，改善贸易条件，为进口需求和对外投资提供融资便利，获得更大的经济利益和政治利益。一国货币是否具有较强流通能力，取决于其货币结算功能、投资工具功能和储蓄货币功能。

第五，具有法制化、国际化、便利化的营商环境，健全的有利于合作共赢并与国际贸易投资规则相适应的体制机制，一套行之有效、公平公正透明的具体法律、法规和监管程序。良好的营商环境是一个国家或地区经济软实力的重要体现，是一个国家或地区提高综合竞争力的重要方面。概括地说，包括透明度、政府效率、公共服务、国内规制（包括环境、劳工、反垄断等）、信用制度、创新、知识产权保护、法治、反腐败、争端解决、消费者保护、打击犯罪等经济、政治与法律要素。营商环境的优劣直接影响着招商引资的多寡，以及区域内企业的经营绩效，最终对经济发展状况、财税收入、社会就业情况等产生重要影响。

第六，具有国际经贸规则的制度性话语权。国际话语权是国家软实力的重要组成部分，是一国在国际权利结构中地位和影响力的体现。掌握国际经贸规制话语权是维护国际贸易利益的核心所在。国际经贸规则对于重塑世界经济格局具有决定作用，规则主导者往往是主要受益者，掌握国际贸易的主动权，用于促进本国经济增长、出口和就业。贸易强国应当具备制定贸易规则、标准、纪律，管理贸易组织，协调谈判的能力。

从国际经贸关系看，过去，在关税与贸易总协定及世界贸易组织的推动下，全球贸易与投资不断自由化与便利化。危机后，世界贸易投资自由化进程放缓。国际投资贸易规则体系加快重构，多边贸易体制受到区域性高标准自由贸易体制挑战，世界贸易组织多哈回合谈判进展缓慢，发达国家通过超大型区域自贸协定加快推行高标准国际贸易规则，涵盖环境、劳工、国企、竞争、反腐败、监管一致性等领域，围绕国际经贸规则主导权的争夺日益加剧。

三、中国贸易强国建设的现状

（一）贸易强国的指标体系

在明确贸易强国内涵的基础上，我们提出相应的分析指标，构建衡量贸易强国的指标体系。具体评判指标体系如表 6-3 所示。

表 6-3　贸易强国的判断指标

外贸基本面	人均 GDP	
	营商环境	企业营商环境指数
		全球政府治理指数
		经济自由度指数
	国际经贸规则话语权	向联合国专属机构缴纳会费及占 GDP 比重
		向其他国际组织提供的经费及其比重
		制定的行业标准和产品技术标准数
	货币竞争力	在全球贸易结算中的比重
		在外汇交易市场中的比重
		在外汇交易市场中的世界排名
		在世界各国外汇储备中的比重
贸易规模与参与度	总值进出口贸易额	进口额、出口额、进出口总额
	国际市场份额	货物、服务以及两者占世界比重
	全球价值链参与度	垂直专业化水平 VSS
GVC 背景下的要素获益能力	贸易条件	净价格贸易条件指数
	贸易质量	净出口技术复杂度
	品牌	入选世界品牌 500 强数目
	知识产权	世界知识产权指数
	贸易结构	国际市场布局
		出口商品结构
		外贸经营主体
		贸易方式

第六章 从贸易大国走向贸易强国

续表

全球资源配置能力	对外直接投资	OFDI 存量
	跨国公司数量	OFDI 存量占世界的比重
		入选世界 500 强企业数
	生产性服务国际竞争力	运输服务 RCA 指数
		金融服务 RCA 指数
		分销服务 RCA 指数

（二）中国从贸易大国走向贸易强国的指标分析

在中国改革开放的伟大历史进程中，对外贸易始终扮演着重要角色，不仅是国民经济的重要组成部分和推动力量，也对经济增长、产业升级、创造就业、增加税收等发挥着重要作用。40 年来，中国始终坚持对外开放的基本政策，积极融入经济全球化的发展进程，紧紧抓住全球化快速发展的历史机遇，推进外贸体制改革，根据形势变化调整完善外贸发展战略，激发了企业的积极性和创造性。在经济全球化日益面临重大阻力的背景下，中国始终积极推动双边及多边贸易、投资发展。中国外贸持续快速发展，结构不断优化，跃居世界货物贸易第一大国，创造了中国和世界经济发展史的奇迹。然而，中国与贸易强国相比，仍然存在一定的差距。

本节基于指标体系，通过纵向对比分析，研究中国贸易强国发展的现状、薄弱环节与潜力。数据主要来源于联合国贸发会议（UNCTAD）、国际清算银行（BIS）、国际货币基金组织（IMF）以及世界贸易组织（WTO）等国际机构发布的官方数据。

1. 服务产值占比、出口占比及国际竞争力

中共十一届三中全会以来，中国积极采取各项措施，加快服务业和服务贸易发展，不降低服务业市场转入门槛、推荐金融、电信、交通等服务领域改革，服务业迸发出前所未有的活力。1978~2017 年，我国服务业增加值从 905 亿元增长到 427032 亿元，年均实际增长 10.5%，比 GDP 年均实际增速高 1.0 个百分点；服务业占 GDP 的比重从 24.6% 上升至 51.6%；对国民经济增长的贡献率从 28.4% 上升至 58.8%，成为国民经济第一大产业和经济增长的主动力。

与此同时，中国服务贸易快速增长，服务贸易竞争力不断提高。1982~2017 年，我国服务进出口总额从 47 亿美元增长到 6957 亿美元，年

均增长 15.4%，高于同期货物进出口总额年均增速 1.3 个百分点。图 6-1 显示，中国服务贸易增加值显示性比较优势 RCA_VA 指数整体呈持续上升趋势。

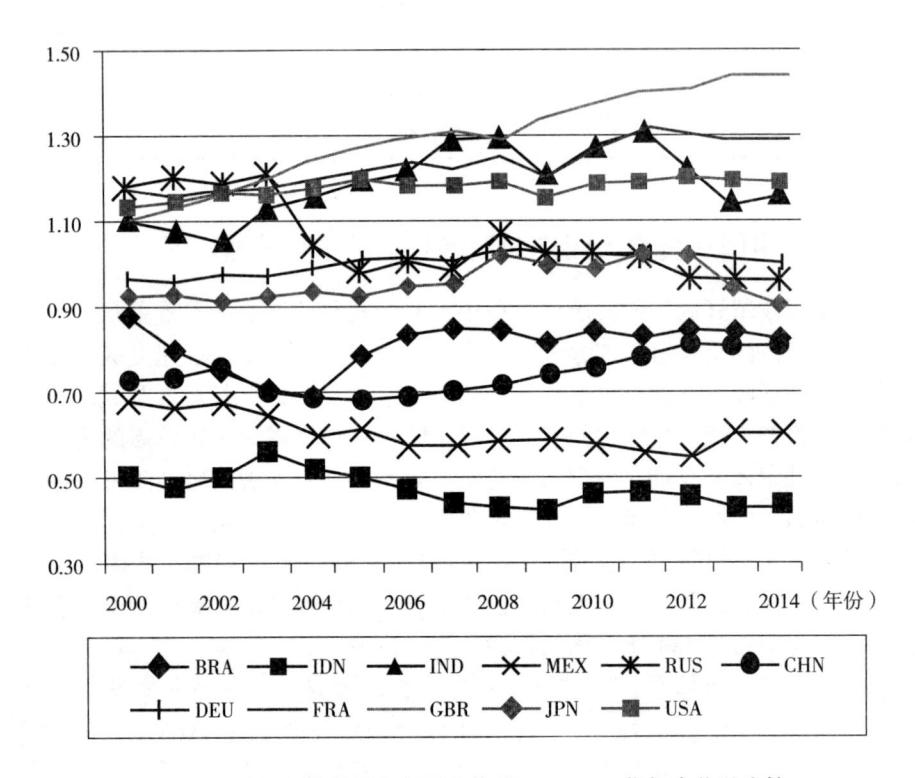

图 6-1 主要经济体服务贸易总体的 RCA_VA 指标变化及比较

但是也应当看到，与美国、英国、法国等发达国家相比，中国服务业以及服务贸易发展仍然存在一定差距。一方面，中国服务贸易占出口比重偏低，2017 年仅为 9.3%，远低于美国的 33.5% 以及英国的 44.3%（见表 6-4）；服务贸易国际地位低于货物贸易国际地位，2017 年，中国货物出口占世界比重将近为服务的三倍，而英国、法国、英国和荷兰货物国际市场占有率低于服务市场占有率。另一方面，中国 RCA_VA 指数始终小于 1，国际竞争力依然不强。分行业来看，中国仅在金融业、批发业、水上运输业以及文化艺术体育娱乐业具有比较优势。

表6-4 世界主要国家2017年出口情况　　单位：千万美元、%

国家	总出口额	货物出口额	服务出口额	货物出口占比	货物占世界比重	服务占世界比重
中国	24445	22165	2281	90.7	12.76	4.26
美国	23316	15507	7809	66.5	8.72	14.59
德国	17354	14313	3041	82.5	8.17	5.68
日本	8737	6889	1848	78.9	3.94	3.45
法国	7980	5485	2495	68.7	3.02	4.66
英国	7911	4404	3507	55.7	2.51	6.55
荷兰	7729	5546	2183	71.8	3.68	4.08
韩国	6649	5774	875	86.8	3.24	1.64

2. 人均GDP、出口额和对外直接投资额

由于人口、土地、国内市场规模等天然限制，有些国家不可能形成大规模贸易，剔除国家经济总量的人均指标更能体现贸易强国的特征。中国人均出口额、人均OFDI存量较低，与发达国家存在较大差距。考虑到人均出口额随人口递减的规律，目前中国主要短板在人均OFDI存量。表6-5显示，2017年我国人均OFDI存量仅为1051美元，美国和日本分别是中国的22.6倍和11.3倍。

表6-5 世界主要国家2017年人均GDP、出口额及
对外直接投资　　单位：美元

国家	人均GDP	人均出口额	人均OFDI存量	OFDI存量	OFDI流量
中国	7209	1734	1051	14820205	1246
美国	53023	7104	23761	77990450	3423
德国	47205	21134	19575	16073800	823
日本	48189	6853	11923	15199829	1604
法国	42813	11863	21581	14516626	581
英国	42199	11908	23057	15316826	996
荷兰	53922	45369	94206	16048840	233
韩国	26374	13041	6978	3557581	317

3. 净出口技术复杂度

表6-6从增加值视角测算了制造业出口技术复杂度。其中，EXPY_F为产业部门前向联系出口技术复杂度，反映制造业国内生产技术水平；EXPY_B为产业部门后向联系出口技术复杂度，反映制造业出口产品的技术水平。

表6-6 世界主要国家2000年、2014年制造业净出口技术复杂度

国家	年份	EXPY_BL	EXPY_BK	EXPY_BH	EXPY_FL	EXPY_FK	EXPY_FH
中国	2000	22349	25522	25819	19481	25739	25851
德国	2000	23790	26380	26757	21457	26480	26557
法国	2000	23743	26332	26917	21183	26527	26798
英国	2000	23031	26307	26611	21398	26505	26846
日本	2000	23864	26169	26225	20853	25701	25936
韩国	2000	22769	25690	25986	18945	24873	25576
美国	2000	24088	26620	26830	21247	26357	26616
国家	年份	EXPY_BL	EXPY_BK	EXPY_BH	EXPY_FL	EXPY_FK	EXPY_FH
中国	2014	28074	30451	30390	25308	29482	29249
德国	2014	30099	31388	31737	28544	30183	31034
法国	2014	29908	31452	32144	28381	30274	31775
英国	2014	29332	31156	32203	28320	30186	31952
日本	2014	29531	30610	30554	26558	29276	29517
韩国	2014	28285	30495	30241	24759	29040	29099
美国	2014	30814	30364	31489	28373	29329	30732

注：EXPY表示出口技术复杂度，B和F分别表示基于增加值前向联系和后向联系的测算，L、K、H分别表示劳动密集型制造业、资本密集型制造业和技术知识密集型制造业。

可以看出，世界主要国家制造业国内技术复杂度以及制造业出口产品的技术复杂度均呈现明显的上升趋势。对比EXPY_F与EXPY_B，可以发现后者略大于前者，且中国的这种差异表现得更明显。这主要是因为我国国内的生产技术水平通常低于国外的生产技术水平，通过进口技术先进的零部件、设备以及知识信息技术密集型的生产性服务，出口产品的技术含量增加，表现为出口的技术复杂度大于生产的技术复杂度。与其他经济体相比，这两种

方式测算的中国制造业出口技术复杂度排位均比较靠后，低于全球平均水平。导致这种现象的原因可能是：一方面，随着全球价值链嵌入程度加深，中国大量进口中间产品和服务，形成了对主导全球价值链的外国企业的单向技术依赖和"低端锁定"；另一方面，中国制造业服务化水平相对偏低，未能充分发挥服务对制造业的技术支持作用。

4. 世界500强公司数

1954年，美国《财富》杂志根据企业实力、规模和国际竞争力等指标评估全球最大500家企业名单。1995年，中国大陆仅有中国银行、中化集团和中粮集团三家企业入选。金融危机之后，中国加快对外投资步伐，跨国公司迅速成长。到2017年，中国世界500强入选企业数达到115家，占比为23%，连续三年排名第二位，仅次于美国（132家，占比为26.4%），远远超过了日本（51家）、法国（29家）、德国（29家）和英国（23.5家）（见表6-7）。上榜企业数的迅速增加，是中国经济强盛的标志，是中国历经40年改革开放的曲折和沧桑的见证。

表6-7 2017年世界500强公司数排名前10的国家

年份 地区	1995	2000	2005	2010	2015	2016	2017
美国	151	179	175	140	128	134	132
中国	3	13	18	54	106	110	115
日本	149	107	81	71	54	52	51
法国	44	37	39	39	31	29	29
英国	29	39	35	29.5	28.5	25.5	23.5
德国	44	37	37	37	28	28	29
韩国	8	12	11	10	17	15	15
荷兰	—	9	14	13	13.5	12.5	14.5
瑞士	—	11	11	14	12	15	14
加拿大	5	12	13	11	11	11	11

从2017年的榜单来看，进入榜单的中国企业的所有制分布和行业分布没有实质变化。上榜企业大多数是国有大中型企业，都曾经历政府主导的资产重组、企业兼并、资源划拨、财政补贴和金融扶持。利润最高的20家企业几乎均是从事资金、资源、能源等初级生产要素的企业，信息科技以及生

命健康和食品等与生活密切相关领域的公司偏少,中国仍需进一步推动供给侧结构性改革。但值得一提的是,排名跃升最快的前十家公司中有八家来自中国,包括阿里巴巴、腾讯等互联网服务公司。

5. 世界品牌500强公司数

现代经济一个重要特质是品牌主导。世界品牌实验室（World Brand Lab）自2004年起,依据品牌的世界影响力,连续14年公布《世界品牌500强》榜单。品牌影响力（Brand Influence）是指品牌开拓市场、占领市场并获得利润的能力。按照品牌影响力的三项关键指标,即市场占有率（Share of Market）、品牌忠诚度（Brand Loyalty）和全球领导力（Global Leadership）,世界品牌实验室对全球8000个知名品牌进行评分,最终推出世界最具影响力的500个品牌。

表6-8给出了2017年《世界品牌500强》入选数最多的10个国家历年情况。

纵向来看,中国入选品牌从2005年的4个增加至2017年的37个,连续9年入主入选数最多的10个国家,进入品牌大国第二阵营,位居第五。其中包括腾讯、华为、阿里巴巴、联想、百度等一批知名企业和品牌,覆盖互联网、计算机通信、能源、金融、工程建筑、运输、食品饮料、房地产、传媒、家电等多个领域。中国出口产品正逐步从低端迈向高端,世界影响力逐步增强。

横向来看,2017年美国在世界品牌500强中占据233席,继续保持品牌大国风范,远高于第二阵营的法国、英国、日本、中国、德国、瑞士、意大利,它们分别有40个、39个、38个、37个、26个、21个和14个品牌入选。相较而言,中国虽然有37个品牌入选,但是相对于13亿人口大国和世界第二大经济体,中国品牌依然处于"第三世界"。

针对中国品牌入选数量少的问题,美国加利福尼亚大学伯克利分校Haas商学院米格尔·博阿斯教授认为,"过去,中国品牌的命名、定价和形象设计,都不够国际化。在未来,随着移动网络和社交媒体的全球普及,能使中国品牌很容易接触到各国最终用户,并迅速缩小与世界品牌的差距"。哈佛大学商学院约翰·戴腾教授认为,"中国品牌在欧美一线市场目前没有站稳脚跟,但是在非洲、南美、南亚等二线市场,中国品牌策略是成功的。譬如在非洲,中国品牌的手机销量超过了苹果和三星"。

表 6-8　2017 年《世界品牌 500 强》入选数最多的国家

排名	国家	入选数量							
		2005 年	2007 年	2008 年	2010 年	2012 年	2014 年	2016 年	2017 年
1	美国	—	247	243	237	231	227	227	233
2	法国	—	47	47	47	44	44	41	40
3	英国	—	35	38	40	40	42	41	39
4	日本	—	43	42	41	43	39	37	38
5	中国	4	12	15	17	23	29	36	37
6	德国	—	23	23	25	23	23	26	26
7	瑞士	—	22	21	21	21	21	19	21
8	意大利	—	10	11	14	21	18	17	14
9	荷兰	—	13	13	10	9	8	8	8
10	韩国	—	—	—	—	—	—	6	7
	瑞典	—	8	8	8	8	7	—	—

6. 货币金融

人民币国际化进程始于 2003 年末。2003 年 11 月，中国人民银行宣布为中国香港银行办理相关人民币业务提供清算安排。次年 2 月，中国香港银行正式开办个人人民币存款、兑换和汇款业务。十几年来，人民币国际化进程按照"周边化—区域化—国际化"的地域步骤以及"结算货币—投资货币—储备货币"的功能步骤不断稳步推进，取得了举世瞩目的成绩。

2015 年 12 月 1 日，国际货币基金组织正式将人民币纳入特别提款权（SDR）货币篮子，权重为 10.92%，超过英镑和日元。环球银行金融电信协会（SWIFT）2018 年 6 月的报告显示，当前人民币在国际支付中占比为 1.81%，继续保持国际第五大支付货币的位置；国际货币基金组织（IMF）最新公布的数据显示，2018 年第一季度，人民币在全球外汇储备中的占比上升至 1.39%，排名第七位；2016 年，人民币在外汇交易市场中占比 4%，排名第八位。根据中国人民银行发布的《2017 年人民币国际化报告》，截至 2016 年末，人民银行已与 36 个国家和地区的央行或货币当局签署了双边本币互换协议，金额达 3.3 万亿元人民币；与 23 个国家和地区建立了人民币清算安排。

从表6-9和表6-10可以看出，人民币近年来在贸易结算、外汇交易市场以及外汇储备中均有所上升，有赶超日元、英镑之势。随着中国金融市场的进一步开放，基础设施、市场机制的不断完善，以及"一带一路"建设的推进，人民币国际化步伐会进一步加快，潜力巨大。

表6-9 贸易结算货币和外汇交易货币

货币种类	在全球贸易结算中比重（%）			在全球外汇交易市场中的比重（%）和排名						
	2012 M1	2014 M1	2016 M10	2010年比重	2010年排名	2013年比重	2013年排名	2016年比重	2016年排名
美元	29.73	38.75	40.55	84.9	1	87	1	87.6	1
欧元	44.04	33.52	32.26	29.1	2	33.4	2	31.3	2
英镑	9	9.37	7.61	12.9	4	11.8	4	12.8	4
日元	2.48	2.5	3.38	19	3	23.1	3	21.6	3
加元	1.81	1.8	1.82	5.3	7	4.6	7	5.1	6
人民币	0.25	1.39	1.67	0.9	17	2.2	9	4	8
澳元	2.08	1.75	1.64	7.6	5	8.6	5	6.9	5
瑞士法郎	1.36	1.38	1.5	6.3	6	5.2	6	4.8	7
港币	0.96	1.09	1.21	2.4	8	1.4	13	1.7	13
加总	91.71	91.55	91.64	178.19	—	177.36	—	175.76	—
其他国家和地区	8.29	8.45	8.36	21.81		22.64		24.24	

注：外汇交易市场中每笔交易计算两次，故加总为200%。
资料来源：国际清算银行，https: //stats.bis.org/statx/srs/table/d11.3。

表6-10 各国货币在已分配外汇储备中的份额   单位：%

货币种类	2014Q4	2015Q4	2016Q4	2017Q4	2018Q1
已分配外汇储备占比	58.68	67.92	78.61	87.63	89.73
其中：美元	65.14	65.72	65.34	62.72	62.48
欧元	21.20	19.14	19.13	20.15	20.39
人民币	—	—	1.08	1.22	1.39

续表

货币种类	2014Q4	2015Q4	2016Q4	2017Q4	2018Q1
日元	3.54	3.75	3.95	4.89	4.81
英镑	3.70	4.71	4.34	4.54	4.68
澳元	1.59	1.77	1.69	1.80	1.70
加元	1.75	1.77	1.94	2.02	1.86
瑞士法郎	0.24	0.27	0.16	0.18	0.17
其他货币	2.83	2.86	2.37	2.49	2.50

注：Q4 和 Q1 分别表示第四季度和第一季度。
资料来源：IMF 数据库，http://data.imf.org/regular.aspx?key=41175。

7. 国际经贸规则话语权

改革开放以来，中国加入了越来越多的国际组织。1980 年 4 月和 5 月，我国先后恢复了在国际货币基金组织和世界银行的合法席位；2001 年加入世界贸易组织，以更加积极的姿态参与国际经济合作。"冷战"结束特别是进入 21 世纪以来，国际力量对比、全球治理体系结构、亚太地缘格局以及全球经济、科技、军事竞争格局发生深刻变化。西方发达国家经济实力相对下降，干预国际事务的能力有所减弱；而新兴市场国家和发展中大国群体性崛起，成为经济全球化、世界多极化的重要推动力量。中国加快了"与国际接轨"和"参与经济全球化"的步伐，在国际制度的创建和国际规则的制定中产生了日益重要的影响。2003 年以来，我国与亚洲、大洋洲、拉丁美洲、欧洲、非洲多个国家和地区建设了数十个自贸区。近年来，倡议建立亚洲基础设施投资银行、金砖国际新开发银行和设立丝路基金，成功主办"一带一路"国际合作高峰论坛、亚太经合组织（APEC）北京峰会、二十国集团（G20）领导人杭州峰会、博鳌亚洲论坛等，在全球治理体系变革中贡献了中国智慧、中国方案。

随着国际经济形势的变化以及中国综合国力的增强，中国国际经贸规则话语权有了较大提升，全球经济治理能力不断增强。然而，也应当看到，当前多数国际规则制定权仍然由西方发达国家主导，总体而言，中国尚缺乏强大的国际经贸规则话语权。

8. 营商环境

（1）营商环境指数。世界银行每年发布的《营商环境报告》为了解各国的营商环境提供了可度量的基准指标和可比较的客观数据，受到全球范围的广泛重视。当前的评价体系主要包括11项一级指标，核心是反映保障企业建立、运营和发展壮大的制度环境和法制环境，重点是营商的便利性、效率、成本和公平的市场环境，突出私营企业追求平等市场地位的诉求。

根据历年报告，中国营商环境排名由2005年的第108位上升至2017年的第78位，营商环境持续稳定改善。过去十几年来，中国政府在改善营商环境方面共进行了26项改革，在东亚和太平洋地区位居前列。报告指出，我国在合同执行和注册财产方面表现非常好，但是仍然存在以下问题：施工许可办理难度大，纳税问题突出，开办企业过程需精简，中小投资者保护不足，电力获得存在困难，开展跨境贸易仍有难度。中国需进一步加快营商环境改革的步伐。

（2）全球治理指数。一国治理水平与企业的投资、运营等决策、绩效表现密切相关。世界银行从1996年开始发布全球治理指标，其中包括话语权和责任、政治稳定性和不存在暴力、政府效率、规管质量、法治和腐败控制六个维度的数据。

表6-11和表6-12分别列出了1996年和2016年世界主要国家的全球治理指数。可以看出，20年来，中国的政府效率、规管质量、法治水平和腐败控制状况都有所改善，在政府效率和腐败控制方面的治理表现甚至好于日本。但是中国治理水平与美国、英国、德国等发达国家仍然存在一定差距，主要表现在话语权和责任方面。

表6-11　1996年主要国家全球治理指数

国家	话语权和责任		政治稳定性和不存在暴力		政府效率		规管质量		法治水平		腐败控制	
	数值	排名	数值	排名	数值	排名	数值	排名	数值	排名	数值	排名
中国	-1.36	12.00	-0.10	44.15	-0.35	43.17	-0.27	45.11	-0.55	33.67	-0.27	48.39
德国	1.33	90.00	1.29	92.02	1.72	91.80	1.48	90.76	1.61	93.97	1.91	94.09
法国	1.31	89.00	0.89	76.60	1.25	85.79	1.05	81.51	1.48	91.96	1.25	84.95
英国	1.27	87.00	0.98	78.72	1.88	96.72	2.02	99.46	1.63	94.47	1.98	95.16
日本	1.07	81.00	1.16	88.30	0.91	81.42	0.77	72.83	1.35	89.45	1.19	84.41
韩国	0.67	67.50	0.57	65.96	0.47	67.21	0.45	65.22	0.80	71.36	0.38	65.59
新加坡	0.14	55.50	1.12	87.23	1.99	100.00	2.18	100.00	1.24	87.94	2.11	97.31
美国	1.35	91.00	0.94	77.66	1.52	85.25	1.59	95.65	1.50	92.46	1.57	91.40

表 6-12　2016 年世界主要国家全球治理指数

国家	话语权和责任		政治稳定性和不存在暴力		政府效率		规管质量		法治水平		腐败控制	
	数值	排名	数值	排名	数值	排名	数值	排名	数值	排名	数值	排名
中国	-1.62	6.90	-0.52	27.14	0.36	67.79	-0.26	53.85	-0.22	46.15	-0.25	49.04
德国	1.33	94.58	0.76	70.95	1.74	94.23	1.82	100.00	1.61	91.35	1.83	93.75
法国	1.08	82.27	-0.06	44.29	1.41	89.90	1.07	91.35	1.41	89.42	1.37	90.38
英国	1.24	90.64	0.38	59.05	1.61	92.79	1.76	99.04	1.63	91.83	1.88	94.23
日本	0.41	58.62	-0.95	14.29	0.10	57.21	-0.31	53.37	-0.07	52.40	-0.30	47.12
韩国	1.00	77.83	1.01	86.19	1.83	95.67	1.43	95.67	1.38	88.46	1.51	90.87
新加坡	0.63	67.00	0.17	51.90	1.07	80.77	1.11	91.35	1.14	86.06	0.37	66.83
美国	-0.28	36.95	1.53	99.52	2.21	100.00	2.18	100.00	1.83	96.15	2.07	97.12

四、从贸易大国向贸易强国转换的战略举措及实现路径

（一）建设贸易强国的战略举措

为实现"两个一百年"奋斗目标、实现民族伟大复兴的中国梦，推动经济持续健康发展，在我国经济转变发展方式、优化经济结构、转化增长动力的攻坚期，中共十九大报告恰时提出建设现代化经济体系的战略目标，要求推动形成全面开放新格局。以"一带一路"建设为重点，坚持"引进来"和"走出去"并重，加强创新能力开放合作。拓展对外贸易，培育贸易新业态、新模式，推动贸易强国建设。

根据中共十九大报告，商务部提出建设经贸强国"三步走"战略，即 2020 年前，进一步巩固经贸大国地位；2035 年前，基本建成经贸强国；2050 年前，全面建成经贸强国。商务部会同各部门、各地方继续狠抓国务院出台的一系列促进外贸发展的政策落实，大力推进国际市场布局、国内区域布局、商品结构、经营主体和贸易方式"五个优化"，加快外贸转型升级示范基地、贸易平台和国际营销网络"三项建设"，推动外贸新业态试点，促进加工贸易创新发展和梯度转移，实施积极有效的进口政策。将深化外贸领

域供给侧结构性改革,积极扩大进口,全力以赴筹备2018年首届中国国际进口博览会,积极培育外贸竞争新优势,提高外贸发展的质量和效益,努力促进外贸稳定增长,推进贸易强国进程。

中国要实现由"贸易大国"向"贸易强国"的转变,应当以推进供给侧结构性改革为主线,以推进"一带一路"建设统领对外开放,大力实施优进优出战略,加快转变外贸发展方式,调结构转动力,巩固和提升外贸传统竞争优势,培育以技术、标准、品牌、质量、服务为核心的外贸竞争新优势,推动外贸向优质优价、优进优出转变。

(二) 从贸易大国走向贸易强国的实现路径

1. 优化产业结构,把握第四次工业革命

从产业内部看中国的国际贸易,表现为贸易发展不平衡性突出,服务贸易占比远落后,尤其是金融、通信和保险行业,产业基础薄弱,国际竞争力低下。这主要受制于中国服务业市场开放度依然低下以及缺乏具有国际竞争力的现代服务业。此外,货物贸易呈现"量大质低"的特点,走向贸易强国必须解决上述问题。

推进贸易强国建设,要立足实体经济,发挥引进与创造相结合,深入挖掘国内市场潜力,大力发展装备制造业、战略性新兴产业以及现代服务业。首先,要主动扩大进口,立足优化进口结构、优化国际市场布局、多渠道并进以促进国内供给体系质量提升、对外贸易平衡发展。具体举措包括增加关系民生的、有助于转型发展的技术装备、农产品、资源型产品和生产性服务的进口,加强"一带一路"国际合作,加快自贸区发展战略,落实进口优惠安排,办好中国国际进口博览会,创新进口方式,推动外资外贸有效互动,利用外资带动进口等。其次,推动传统产业转型升级。着力在工艺创新、设备升级等方面突破传统制造业的陈旧生产模式,吸引外商直接投资,引进发达国家先进设备及技术,为传统产业发展注入新的活力。在此基础上,战略性发展"中国制造+互联网"产业。加强人工智能的广泛应用,推进智能制造产业集聚发展,打造绿色、高效、自动化式产业园区建设,推广可持续型"中国制造+互联网"产业的发展。大力发展可持续型新兴产业。未来产业的发展方向势必由传统产业导向工业互联网、高端材料、人工智能、机器人、自动驾驶、5G通信等新兴产业领域,因此,在此阶段,需在投资导向、准入支持等方面完善发展环境,鼓励企业提前布局,抢占新一轮工业革命的战略高地,抓住时代机遇。最后,推动服务业开放、服务贸易规模提升和结构优化。通过扩大服务业市场准入、完善监管制度，进而扩大服务业的有序开放；通过服务业业内专业培训、完善服务业高效转型，进而提高生产性服务业和生活性服务业的品质。

2. 增强创新能力，培育增长新动能

经济增长和贸易发展中，真正重要的不是静态比较优势，而是动态比较优势，而培育新的比较优势最重要的是创新能力。创新是引领发展的第一动力，是建设现代化经济体系的战略支撑，是国际竞争力的重要决定因素。增强创新能力，发展自主产权，在技术创新基础上培育新的外贸竞争优势，是走向贸易强国的必由之路。

当前，在科技前沿领域尤其是关键核心技术上，中国与美国等发达国家之间仍存在很大差距。加快贸易强国建设，必须提升产品的国内附加值率，提高技术含量，鼓励企业开发新产品、新技术和原创性设计。要瞄准世界科技前沿，强化基础研究，实现前瞻性基础研究、引领性原创成果重大突破。加强应用基础研究，拓展实施国家重大科技项目，突出关键共性技术、前沿引领技术、现代工程技术、颠覆性技术创新。深化科技体制改革，建立以企业为主体、市场为导向、产学研深度融合的技术创新体系，加强对中小企业创新的支持，促进科技成果转化。倡导创新文化，强化知识产权创造、保护、运用。培养造就一大批具有国际水平的战略科技人才、科技领军人才、青年科技人才和高水平创新团队。大力发展新兴产业，把握以人工智能为核心的第四次产业革命，加快实现高质量发展。

3. 培育高端生产要素，实现分工地位升级

在经济全球化背景下，生产要素的质量决定着产业链的分工地位和贸易利得。其中，最主要的生产要素之一是高端劳动力。贸易强国建设，究其根本是人才的竞争。所以，在推进贸易强国战略的同时，应加强人才教育、人才培养、人才引进以及人才交流等方面的工作，通过人才战略，逐步加强产品提质增效、产业转型升级，进而最终实现贸易强国的稳定地位牢不可破、实现从"人口红利"向"人才红利"的转变、实现"中国制造"向"中国智造"的转变。

首先，针对企业而言，不仅要培养具有国际视野的企业家，进而为企业品牌设计、管理经营以及研发创新做出贡献，还要培养专业技术人员，加强技术培训和鼓励机制，使之为企业开展产品研发设计、设备创新研究。其次，加强教育支出，建立多元化培养体系，研究型高校旨在为国家以及企业培养智库、科技院校旨在为技术型企业培养专门性人才，甚至是有针对性地

为各产业、各发展领域培养专门性人才使知识与技术无缝连接等,在创新人才培养模式转变的同时,实现学习与实践的紧密结合,为将来创业以及工作建立桥梁。最后,加强海外优秀人才的引进。建立人才引进机制、从签证办理到移民手续等方面简化行政流程、提供股利政策,以改善国内劳动力结构,建立人才强国。

4. 加强中国产品向中国品牌的转变

在新一轮经济全球化中,同质化的产品极易被他国替代,由此,国际贸易的竞争也由价格竞争、规模竞争逐步转向质量竞争。中国企业能否具备新的国际竞争力,关键取决于能否培育起以技术、品牌、服务为核心的产品质量优势,而质量立国的核心是塑造产品品牌,提升产品品质和性能,改变廉价低质的产品形象;而持续的技术研发创新是塑造品牌的关键,良好的服务是品牌维护的主要手段。

首先,以国际产业分工深度调整和实施"中国制造2025"为契机,加强核心技术研发、加快智能制造升级和技术改造,增强自主创新能力,提高管理水平,推动加工贸易实现由贴牌生产(OEM)到委托设计(ODM)再到自主品牌方式的转变。

其次,强化企业在品牌建设中的主体作用,增强品牌建设意识,提高自主创新能力。尊重市场经济规律,充分发挥市场机制的作用,推动企业围绕消费需求打造品牌。完善政府服务功能,积极引导企业开展品牌建设,加强对品牌的宣传、培育和保护,扩大品牌在市场竞争中的知名度和影响力。

最后,完善政府服务功能,营造良好的品牌发展环境。着力政府服务创新、平台建设,以立法、标准、信誉、技术为支撑,综合运用计量、检验检测、认证认可多种手段,支持企业自主品牌建设,打击假冒伪劣产品,加大知识产权保护。

5. 处理好发展与资源、环境之间的平衡关系

依据"十三五"规划中"协调发展、绿色发展",构建贸易强国应紧密依托改善生态环境而进行。目前,面对日益激烈的国际竞争和资源环境的可持续发展要求,走向贸易强国的中国应该着重注意以下两个方面:

首先,合理利用国内和国外两种资源。转变外贸发展方式,加快改变原有粗放型的生产制造模式,减少国内稀缺资源的不合理利用及无效损耗,提高资源的有效利用率。同时,提高利用国际资源的自主性,大力发展进口贸易。

其次,注重环境保护。由于国际分工和产业转移,我国在过去承接了许

多高污染、高耗能生产环节，不利于经济可持续发展。我国要在利用外商直接投资、承接国际产业转移的过程中，不断调整外商投资产业指导目录，严格管理企业生产经营带来的环境污染问题，淘汰落后技术和生产工艺。

6. 加快完善外贸体制机制，优化营商环境

首先，提高贸易和投资便利化水平，落实"放管服"改革。进一步完善电子口岸平台、国际贸易"单一窗口"和外经贸运行监测系统，提高平台一体化、智能化程度，并完善分析机制，提高数据综合运用效率，提高分析研究水平，充分利用各类园区壮大外贸主体，精准服务外贸企业，推动边民互市贸易出口。全面实行准入前国民待遇加负面清单管理制度，大幅度放宽市场准入，扩大服务业对外开放，保护外商投资合法权益。

其次，优化公平竞争的市场环境。学习借鉴市场经济成熟的国家的贸易规制，积极打造制度化、法律化、法治化和国际化的贸易发展环境，完善符合我国国情和国际惯例的外贸法律法规体系，建立商务、海关、质检、工商等部门的协调机制，加强外贸诚信体系建设和知识产权保护，探索建立规范贸易经营秩序新模式，加强外贸和产业政策的合规审查。凡是在中国境内注册的企业，都要一视同仁，平等对待。

最后，加强新技术在外贸营商环境上的构建。利用"互联网+"战略，深入推进电子政务平台和国际互联网营商平台建设，进一步培育若干国际知名度高、影响力大的会展平台，加快贸易领域信息化技术建设，构建营销新业态新环境，拓展贸易深度和贸易广度。

7. 参与全球治理，加强国际经贸规则制度性话语权

贸易强国的优势即可在制定国际贸易新规则中掌握话语权。中国在规则竞争方面的能力远不及美国欧盟等在此方面的势力，无论是在 WTO 中美国独占的"扭转式少数"地位，还是之前的 TISA、TPP 以及 TTIP 谈判上其所打造的"21 世纪贸易协定"，都旨在规则竞争上把控全局。

首先，应加快推进中国现有自由贸易试验区及自由贸易港建设，进一步推动贸易自由化及便利化，扩大对外开放，以先行先试高标准的国际经贸新规则，形成可复制的国际经贸新规则参与经验，并推广至全国范围。其次，加强以亚洲甚至是以中国为中心的经贸合作建设，例如，"一带一路"的深入建设等，进而逐步确立以立足中国、辐射"一带一路"，面向全球的高标准贸易规则。最后，加快推动国际经贸合作以及国际贸易新规则的建设、加快推进 WTO 多哈回合谈判，以及 TISA、RCEP、FTAAP 等多边及区域经贸协定谈判，并在此基础上，积极拓展双边、多边以及区域合作，在今后的全

球性及区域性经贸规则制定中逐步提升话语权及领导力。

8. 加快人民币国际化进程

当前,人民币在全球货币体系中的地位基本稳定,国际化基础良好,越来越多的国家将人民币纳入外汇储备,相关产品、机制和措施不断完善。但是在全球金融资产分布相对单一的情况下,货币竞争加剧,汇率波动扩大,传染性和溢出效应增大,对人民币的跨界流动和离岸使用形成阻碍。

要使人民币回归"快车道",首先,要加强金融监管,优化汇率管理手段,创新人民币金融产品体系,便捷化非居民使用人民币的渠道和方式。其次,完善支付体系,优化人民币支付系统在货币政策传导、资金周转优化、金融监管和经济预测方面的作用。最后,在保障金融安全的前提下,简化资金进出口手续、增强便利性。

9. 主动扩大进口,促进对外贸易平衡

贸易强国的对外贸易追求利用国际资源服务本国国民经济。扩大进口是新型外贸发展方式的关键,是贸易强国建设的战略需要。2018年7月,商务部等部门发布《关于扩大进口促进对外贸易平衡发展的意见》,指出要以提高发展质量和效益为中心,统筹国内国际两个市场、两种资源,在稳定出口的同时,主动扩大进口,促进国内供给体系质量提升,满足人民群众消费升级的需求,实现优进优出,促进外贸平衡发展。

扩大进口,促进贸易平衡,具体可采取以下措施:首先,优化进口结构促进生产消费升级。落实降低部分产品进口关税的措施,减少中间流动环节,清除不合理加价,增加关系民生的日用消费品、有助于国内产业转型升级的技术装备进口,促进建筑设计、商贸物流、咨询服务、研发设计、节能环保、环境服务等生产性服务进口以及农产品、资源性产品进口。其次,完善体制机制,促进进口便利化。培育进口促进平台,设立创新示范区,优化进口通关程序,降低进口环节制度性成本,清理不合理收费。最后,利用进口博览会等国际性展会平台,培育跨境电子商务市场主体,借助自贸协定安排以及吸引外资,多渠道促进进口主体、进口市场多元化。

第七章　中国对外直接投资的旧发展与新阶段

当前，世界正处于大发展、大变革、大调整时期，尽管世界经济出现向好势头，但深层次的问题尚未解决，世界经济发展步伐依然缓慢，贸易投资保护主义明显回潮，经济全球化进程遭遇一定阻力。而改革开放以来，中国已成为经济全球化的坚定支持者和积极参与者，并且日益通过对外直接投资的方式主动融入经济全球化的过程中。本章全面回顾了中国对外直接投资（OFDI）过去40年的发展变化，以及当前面临的新挑战与新机遇，并提出了相应的政策建议。

2000年之前，资本短缺促使中国限制资本外流。1991年，当时的国家计划委员会向国务院提交的《关于加强海外投资项目管理的意见》表示，中国"尚不具备大规模到海外投资的条件"。[1] 该文件成为未来十年中国对外直接投资政策指导的重要来源，"限制"成为中国对外直接投资政策的主要基调（李保民，2008）。2001年加入世界贸易组织后，中国开始了新的自由化历程。放松的监管政策推动了中国对外直接投资的增长。2008年的全球金融危机为中国投资者带来了新的机遇。2015年，中国首次成为全球第二大对外直接投资国。

作为主动融入经济全球化的重要方式，中国对外投资的快速发展不仅提高了中国企业的国际竞争力，而且给东道国带来了资本、技术、就业和税收，加快了当地工业化和城镇化进程，促进了当地经济发展和民生改善。对外投资是中国参与开放型世界经济建设的重要方式，有利于实现中国与世界各国的合作共赢、共同发展。然而，大规模、快速的对外投资也带来了一些问题。

中国的对外直接投资显示出在法律合规、社会责任、投资决策和债务结构等方面的弱点。发展中国家和发达国家都对潜在的国家安全问题和部分中

---

[1] http://www.szpb.gov.cn/xxgk/zcfggfxwj/zcfg01/200809/t20080910_38457.htm.

国海外企业的不当行为表示担忧。因此，自2016年底以来，中国加强了对外直接投资的监管，以提高对外投资的质量和效率。

本章安排如下：第一部分回顾了1978~2016年中国对外直接投资政策如何从限制走向放松。第二部分描述了自从建立相关统计制度以来，中国OFDI在投资目的地、投资行业、投资者结构等方面发生了哪些变化。第三部分通过回顾相关文献，总结了中国OFDI对国内和国际带来的主要经济影响。第四部分阐述了中国OFDI监管在2016~2017年如何从以放松为主，进入鼓励发展加负面清单新型监管模式。第五部分提出将国内成本优势与东道国技术和市场充分结合的现有OFDI模式难以持续的主要原因。第六部分提出了如何关注"一带一路"沿线的投资机遇和投资风险。第七部分是结论与对策建议。

一、从限制到放松：中国成为全球第二大对外直接投资国

改革开放以来，中国的对外直接投资监管政策经历了从限制到放松的过程。其中，1978~1999年为政策限制阶段，中国对外直接投资年均增速为8.7%；2000~2016年为全面放松阶段，其中，2002~2016年中国对外直接投资流量的年均增速高达40.5%。2015年，中国首次成为全球第二大对外直接投资国。2016年，中国对外直接投资流量再创新高，达到196.2亿美元（见图7-1）。[①]

（一）1978~1999年：政策限制阶段，企业对外直接投资意愿也不高

在这一阶段，只有国有企业被允许进行对外直接投资，并且不管投资金额多少都要求逐案审批。

1982~1991年，中国平均每年对外直接投资流量只有5.4亿美元。这主要有两个原因：一方面，严格的用汇管理限制了企业的对外直接投资活动。当时中国对外贸易规模不大，外汇储备稀缺。为了将有限的外汇资源保留下来购买海外急需物资、设备和技术，我国对外汇使用管理严格。企

---

① 如无特别说明，本章2002年之前的对外直接投资数据来自联合国贸发会议数据库（UNCTAD statistics），2002年及之后的数据来自2003~2016年《中国对外直接投资统计公报》。

第七章 中国对外直接投资的旧发展与新阶段

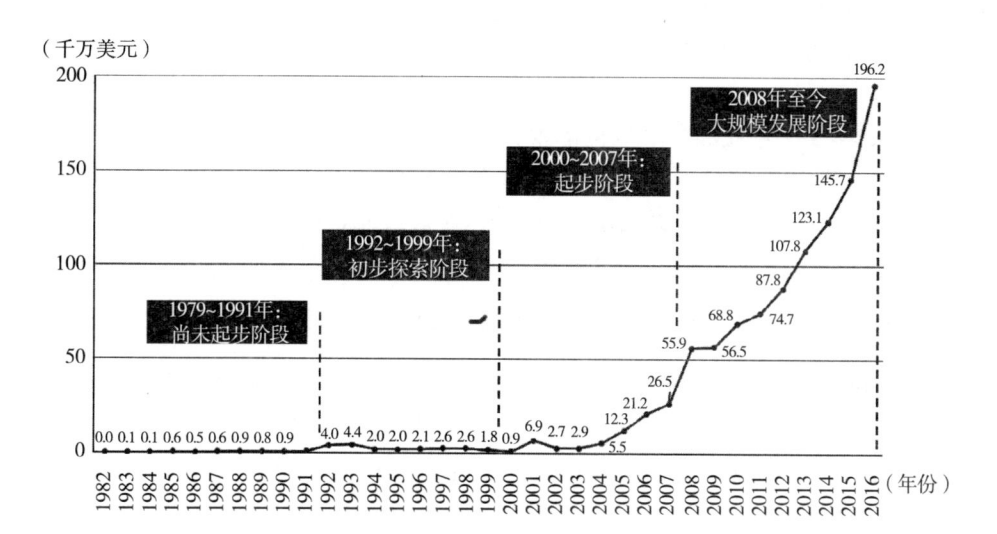

图 7-1 中国对外直接投资的流量

资料来源：1981~2001 年数据来源于联合国贸发会议数据库（UNCTAD Statistics），2002~2016 年数据来源于《2016 年中国对外直接投资统计公报》。

业对外投资的用汇需求需要向国务院申请专门审批，难度大、周期长，极大地限制了企业开展对外直接投资活动。另一方面，这一时期中国经济仍有较强的计划主义色彩。国有企业是国民经济的主体，其生产所需的原材料由计划安排，也不愁产品销路。国有企业的自主性较弱，缺乏市场压力，并没有很强的动机进行海外投资。而民营经济尚处于起步阶段，全球化视野和动力不足。

进入 20 世纪 90 年代后，计划经济逐渐向社会主义市场经济转型，市场日益成为资源配置的重要方式。面对日益激烈的市场竞争，企业既需要获取更廉价可靠的原材料供应，又需要开拓国际市场来销售自身产品，有较为迫切的动机进行对外直接投资。但国家对海外直接投资仍然限制较严。1991 年国家计委在向国务院递交的《关于加强海外投资项目管理意见》中指出，"中国尚不具备大规模到海外投资的条件"。

受 1992 年邓小平"南方谈话"的鼓励，我国对外直接投资流量从 1991 年的 9.13 亿美元跃升至 1992 年的 40 亿美元，1993 年进一步增加到 44 亿美元。1994年人民币汇率双轨制并轨,人民币对美元汇率一次性贬值了50%[1],这直接导致1994年中国对外直接投资流量同比减少了50%,降至20亿美元。

随着1997年亚洲金融危机爆发,中国政府日益担忧国有资产流失和资本外逃,进一步收紧了对企业海外直接投资的审批政策。虽然1997年和1998年中国对外直接投资流量都超过了25亿美元,但获批的对外直接投资项目数已明显减少。

(二) 2000~2016年:全面放松阶段,年均增速高达40.5%

2000~2016年,中国对外直接投资政策进入全面放松阶段,对外直接投资大幅增长。2016年,中国OFDI流量达到1961.5亿美元,是2002年的72.7倍,占世界外商直接投资流量的比例从0.5%增长到13.5%,排名由第26位上升至第2位。

1. 起步阶段:2000~2007年

2000年,中国提出"走出去"战略,从限制对外直接投资,逐渐转变为放松对外直接投资管制和鼓励对外直接投资。虽然"走出去"战略在2000年就提出了,但相应的实施细则并没有同时推出。直到2004年,国务院文件才正式宣布对外直接投资由审批制转为核准制,同年国家发改委、商务部也颁布了相应的细化政策。这些政策变化促进了中国OFDI流量从2003年的28.5亿美元增长到2004年的55亿美元,2005年达到123亿美元。此后,中国OFDI流量逐步增长,在2007年达到265亿美元,是2002年的9.8倍。

2004年,中国对外直接投资正式由审批制转为核准制。[2] 对于不是政府投资的海外项目,不再实行审批制,根据不同情况实行核准制和备案制。具体而言,国家发改委审核限额由原来的中方投资额100万美元以上项目,提高为资源开发类3000万~2亿美元、大额用汇类1000万~5000万美元。[3] 对于3000万美元以下的资源类项目与1000万美元以下的非资源类项目,央企不需核准,只需到国家发改委备案,地方企业由省级发改部门核准。

同时,国家发改委依据国务院颁布的决定对发改部门的核准程序和核准

---

[1] 从1993年的1∶5.8贬值为1994年的1∶8.7。
[2] 2004年7月,《国务院关于投资体制改革的决定》。
[3] 2亿美元投资额以上的资源开发类项目和5000万美元用汇额以上的非资源类大额用汇项目由国务院核准。

第七章　中国对外直接投资的旧发展与新阶段

条件做了详细规定①，主要有以下特点：第一，简化了审核环节。企业对外直接投资自负盈亏，不再实施项目建议书和可行性报告两道审批程序。第二，提高核准效率。国家发改委的批复时间由原来的60天缩减为20个工作日（最多延长10个工作日），并且严格规定了各个环节的回复时间。同年，商务部也出台规定②，企业到境外投资无须满足增加外汇收入等国家需要，而是要根据自身发展决定海外投资行为，无须针对海外投资的经济效益征求政府意见。

在这一阶段，中国的用汇管理也逐步放松。2001年起，国家逐渐放宽了企业保留外汇收入的限制，企业可以根据经营需要自行保留外汇收入。2007年，国家宣布取消强制结汇要求，并在2008年修订的《中华人民共和国外汇管理条例》中在法律层面上正式确立强制结售汇制度的取消，由强制结售汇转变为自愿结售汇。为支持"走出去"倡议，针对企业对外直接投资的外汇管理在2003年以来逐步放松。③ 2002年底，外管局宣布取消境外直接投资汇回利润保证金制度，并于2003年7月宣布将退还已收取的海外投资的汇回利润保证，并允许境外企业产生的利润用于境外企业的增资或境外再投资。同年，外管局简化了外汇资金来源审查，并下放境外投资项目外汇资金来源的审查权。2006年7月起，不再对地方外汇管理部门核定境外投资设定购汇额度，并放松了对外汇资金来源的审查。

2. 大规模发展阶段：2008~2016年

2008年以来，受全球金融危机的影响，大量发达国家企业面临资金短缺、市场萎缩、经营困难等挑战，为有意跨国经营的中国企业带来了难得的机会。2008年，中国对外直接投资同比增长111%，达到559亿美元。2009年，进一步增加到565亿美元。形成鲜明对比的是，同期全球直接投资降幅高达14%（UNCTAD，2009）。

为了应对日益高涨的对外直接投资需求，在2009年、2011年，国家主管部门进一步放松了对企业境外直接投资的限制。2009年，商务部下放了核

---

① 依据《国务院关于投资体制改革的决定》，2004年10月国家发改委颁布了《境外投资项目核准暂行管理办法》，取代了1991年《关于编制、审批境外投资项目的项目建议书和可行性研究报告的规定》。

② 《关于境外投资开办企业核准事项的规定》替代了原有的《对外经济贸易部关于在境外举办非贸易性企业的审批和管理规定（试行稿）》。2003年商务部还发布了《关于做好境外投资审批试点工作有关问题的通知》，在北京等12个省市进行了下放对外直接投资审批权限、简化审批手续的改革试点。

③ 2003年之前沿用1989年3月颁布的《境外投资外汇管理办法》。

准权限并推出了其他投资便利措施。① 具体而言，中方投资额在 1 亿美元以上的由商务部核准；1000 万~1 亿美元的地方企业境外投资以及能源、矿产类境外投资由地方商务部门核准；其他的只需在商务部的"境外投资管理系统"中按要求填写完全申请表即可在 3 个工作日内获得备案。此外，商务部还推出了其他三项对外直接投资的便利措施。第一，除了 1 亿美元以上的投资活动以及特殊的对外直接投资和能源、资源类投资外，大部分投资在核准过程中减少了征求驻外使领馆经商处室意见的环节；第二，简化了核准过程中的审查内容，不再审查目的国环境与安全状况、投资国别分布以及投资导向政策；第三，我国企业控股的境外企业的境外再投资，在完成法律手续后一个月内报商务主管部门备案即可。

2011 年，国家发改委进一步下放了境外投资项目的核准权限。规定地方企业实施的中方投资额在 3 亿美元以下的资源开发类、中方投资额 1 亿美元以下的非资源开发类境外投资项目（特殊项目除外②），由所在省级发改部门核准。央企实施的上述境外投资项目，由企业自主决策并报国家发改委。中方投资额 3 亿美元以上的资源开发类、中方投资额 1 亿美元以上的非资源开发类境外投资项目由国家发改委核准。

2014 年，国家发改委、商务部先后颁布规定，我国对外直接投资正式进入"备案为主，核准为辅"的时代。③ 从 2014 年颁布新的境外投资管理办法到 2016 年 9 月，商务部和地方的商务主管部门共完成境外投资的备案和核准 21175 件，其中 99.5% 都通过较为便利的备案完成，核准件只占 0.5%。这为企业"走出去"提供了极大的便利。

二、对外直接投资模式发生结构性变化

自从建立相关统计制度以来，中国 OFDI 在投资目的地、投资行业、投资者结构等方面发生了结构性变化，主要体现在以下四个方面：第一，发达

---

① 根据商务部在 2009 年 3 月发布的《境外投资管理办法》。

② 前往未建交、受国际制裁国家，或前往发生战争、动乱等国家和地区的投资项目，以及涉及基础电信运营、跨界水资源开发利用、大规模土地开发、干线电网、新闻传媒等特殊敏感行业的境外投资项目，不分限额，由省级发改部门或央企初审后报国家发改委核准，或由国家发改委审核后报国务院核准。

③ 2014 年 4 月，国家发改委颁布了《境外投资项目核准和备案管理办法》（以下简称"9 号令"）。同年 9 月，商务部颁发新修订的《境外投资管理办法》。

国家成为重要目的地；第二，资源寻求动机下降、技术寻求动机上升；第三，投资者结构更加多元化，央企份额显著下降；第四，将国内成本优势与东道国技术和市场充分结合。

（一）发达国家成为重要目的地

2000年，逐步放松的对外直接投资政策助推了中国对外直接投资的快速增长，其中的突出特征是发达国家成为重要投资目的地。这体现了中国企业日益重视通过到发达国家投资来提高自身竞争力。

2016年，流向发达经济体的投资为368.4亿美元，占当年中国OFDI流量的14.1%，同比增长率高达94%（见表7-1）。具体而言，欧盟和美国分别占中国对发达经济体投资的36.5%和31.7%。其中，对欧盟直接投资99.94亿美元，同比增长82.4%，占欧盟当年吸引外资的1.8%；对美国投资169.81亿美元，同比增长111.5%，占美吸引外资的4.3%；对澳大利亚投资41.87亿美元，同比增长23.1%，占澳吸引外资的8.7%；对加拿大投资28.71亿美元，同比增长83.7%，占加吸引外资的8.5%；对新西兰投资9.06亿美元，同比增长160.3%，占新吸引外资的39.3%。2016年，中国对欧盟、美国、澳大利亚的投资均创历史最高值，发达国家成为众多中国企业对外投资的首选投资目的地。

表7-1 2016年中国对外直接投资的前十大发达经济体

经济体	流量（亿美元）	同比增长率（%）
欧盟	99.94	82.4
美国	169.81	111.5
加拿大	28.71	83.7
澳大利亚	41.87	23.1
日本	3.44	43.3
新西兰	9.06	160.3
挪威	-8.51	—
瑞士	0.68	-72.5
以色列	18.41	700.4
百慕大群岛	4.99	-55.7
合计	368.40	94

资料来源：2016年《中国对外直接投资统计公报》。

发达国家占中国对外直接投资存量的份额增长显著,从 2009 年的 7.4%
上升至 2016 年的 14.1%。在前十大目的地中,美国的份额增加了 2.9 个百
分点。荷兰和加拿大的排名显著提高,分别在 2016 年达到第七和第十(见
表 7-2)。

表 7-2　2003 年和 2016 年中国 OFDI 存量的前十大目的地

排名	2003 年 目的地	存量（亿美元）	份额（%）	2016 年 目的地	存量（亿美元）	份额（%）
1	中国香港	246	74.2	中国香港	7808	57.5
2	开曼群岛	37	11.1	开曼群岛	1042	7.7
3	英属维尔京群岛	6	1.6	英属维尔京群岛	888	6.5
4	美国	5	1.5	美国	606	4.4
5	中国澳门	5	1.3	新加坡	335	2.5
6	澳大利亚	4	1.3	澳大利亚	334	2.5
7	韩国	2	0.7	荷兰	206	1.5
8	新加坡	2	0.5	英国	176	1.3
9	泰国	2	0.5	俄罗斯	130	1.0
10	赞比亚	1	0.4	加拿大	127	0.9
总计		309	93.1		11650	85.8

资料来源:2003 年与 2016 年《中国对外直接投资统计公报》。

(二) 资源寻求动机下降、技术寻求动机上升

2006~2016 年,中国 OFDI 的资源寻求动机下降、技术寻求动机上升
(见表 7-3)。采矿业所占中国 OFDI 存量份额的跌幅最大,从 2006 年的
19.8%下降到 2016 年的 11.2%。这反映出资源密集型行业在中国经济发展
中的重要性有所下降。随着经济转型和环保意识的提高,中国减少了对资源
密集型产品的依赖。此外,大宗商品大牛市的结束也降低了资源型海外投资
的吸引力。

另外,信息传输、计算机服务和软件业所占份额有所上升,从 1.6%增
长到 4.8%,科学研究、技术服务和地质勘查业的比例也有所扩大,从 1.2%

增加到1.5%。这反映了越来越多的中国企业希望投资海外高科技产业，提升其国际竞争力，从而实现价值链的攀升。

表7-3 2006年和2016年中国对外直接投资存量的行业分布

行 业	2006年 存量（亿美元）	2006年 份额（%）	2016年 存量（亿美元）	2016年 份额（%）
租赁和商务服务业	195	21.5	4740	34.9
金融业	156	17.2	1773	13.1
批发和零售业	130	14.3	1692	12.5
采矿业	180	19.8	1524	11.2
制造业	75	8.3	1081	8.0
信息传输、计算机服务和软件业	15	1.6	648	4.8
房地产业	20	2.2	461	3.4
交通运输、仓储和邮政业	76	8.4	414	3.1
建筑业	16	1.7	324	2.4
电力、燃气及水的生产和供应业	—	—	228	1.7
科学研究、技术服务和地质勘查业	112	1.2	1972	1.5
居民服务和其他服务业	12	1.3	169	1.2
农、林、牧、渔业	8	0.9	149	1.1
文化、体育和娱乐业	—	—	79	0.6
住宿和餐饮业	—	—	42	0.3
水利、环境和公共设施管理业	9	1.0	36	0.3
卫生、社会保障和社会福利业	—	—	9	0.1
教育	—	—	7	0.1
其他	5	0.6	—	—

注：因2003年中国对外直接投资行业分布较不全面，因此，我们选取2006年与2016年进行对比。

资料来源：2006年与2016年《中国对外直接投资统计公报》。

（三）投资者结构更加多元化，央企份额显著下降

由于并没有专门关于民营企业的统计数据，我们可以从央企和地方企业

的对比中看出一些端倪。在过去十年里，央企占中国非金融类对外直接投资流量的比重由 2003 年的 73% 降至 2016 年的 17%（见图 7-2）。与此同时，地方企业所占比重在 2003 年为 26.6%，自 2014 年首次超过央企后，不断上升，在 2016 年达到 83%。而地方企业中，相当一部分是民营企业。然而，总体而言，中央国有企业的资产仍构成中国海外资产的主体，但其份额已经从 2003 年的 91.1% 下降到 2016 年的 55.6%。

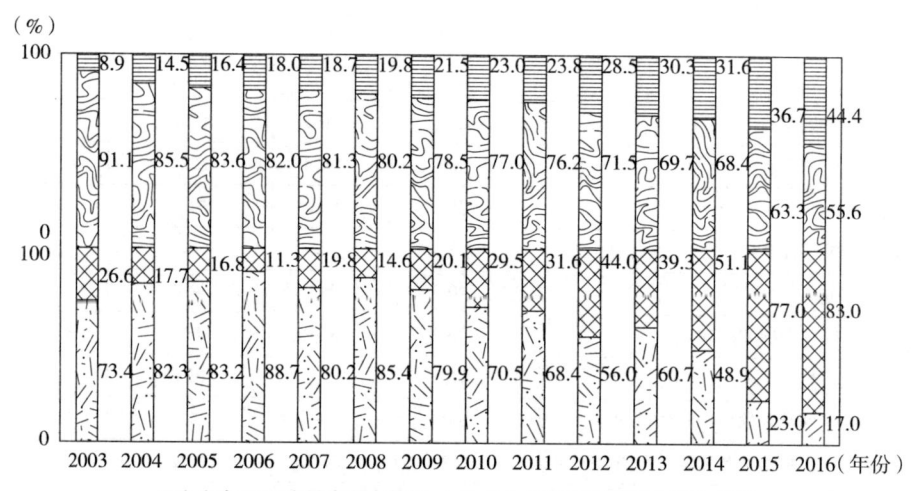

图 7-2　2003~2016 年央企和地方企业在 OFDI 流量和存量中的份额变化
资料来源：《中国对外直接投资统计公报》（2003~2016 年）。

（四）将国内成本优势与东道国技术和市场充分结合

中国对外直接投资的典型特征是，大多数中国企业到海外经营，却未将生产设施大规模地搬到海外，主要目的是加强国内生产，以及提高投资企业的竞争力。简言之，中国对外直接投资的特征是将国内成本优势与东道国技术和市场充分结合。

我们利用两套企业数据来识别中国对外直接投资的主要动机。第一套企业数据来源于国家发改委的对外直接投资项目核准信息，包括 293 个投资项目，总投资额达 994.3 亿美元，由 216 家企业在 2003 年至 2011 年上半年完成，覆盖同期绝大多数中国新增海外股本投资。①②在这套数据中，大多数项目投资规模较大，投资主体是知名中国企业。第二套企业数据是2006~2008年浙江省所有企业对外直接投资的项目信息，共1270个投资项目，总投资额为17.5亿美元，平均单个项目投资额140万美元。这与平均投资额3.39亿美元的第一套数据相比，投资规模较小。第二套数据代表了中国民营企业和中小企业的对外直接投资行为。

在经济学文献中，企业进行对外直接投资有四个主要动机："市场寻求型""自然资源获取型""战略性资产获取型"（"技术获取型"）以及"效率获取型"（"降低成本型"）（Buckley et al.，2007；Cross & Voss，2008；Dunning，1992，1993）。为识别中国对外直接投资的主要动机，我们仔细阅读了每个对外直接投资项目披露的投资报告、项目文件和媒体报道，根据企业对于投资目的的描述，结合现有文献定义，我们给每一个对外直接投资项目标注了一个主要投资动机。③

表7-4列出了中国大型对外直接投资项目的动机分布。首先，约41%的投资项目、51%的投资额，是为获取自然资源；其次是市场寻求型；最后是技术寻求型。制造业项目则不尽相同。中国制造业企业OFDI最重要目的是获取技术，在项目数量中占35%，在项目投资额中占46%。可见，众多中国制造业企业投资海外寻求战略性资产（如先进的技术、品牌和商誉、市场渠道），从而向产业价值链更高端延伸。此外，获取自然资源也是重要目的之

---

① 中国对外直接投资由新增股本、当期利润再投资、其他投资（主要指境内投资者与境外公司的债务交易）组成。

② 目前，关于中国对外直接投资的信息主要是依靠每年由商务部、国家统计局、国家外汇管理局联合发布的《中国对外直接投资统计公报》（以下简称《公报》）。这一《公报》2003年首次发布，2002年《对外直接投资统计制度》颁布。《公报》存在两个关键性的问题。一是数据过于概括和加总。《公报》发布了中国对外直接投资在各国和15个行业的分布情况。除了中国香港、美国、澳大利亚、东盟、欧盟和俄罗斯联邦六个经济体外，没有公布对各国的分行业投资情况。而15个行业的划分也十分粗略。另一个更致命的问题是，官方数据公布的是中国对外直接投资的第一目的地，而不是最终目的地；公布的是第一目的地的行业分布，而不是中国最终投资的行业。而第一目的地很可能是投资的中转地。例如，根据官方数据，2003~2009年，中国大约78%的对外直接投资流向了中国香港、开曼群岛和英属维尔京群岛，同期商务服务业在中国对外直接投资中占比达到32.26%。这些数据非常具有误导性。为了避免这个问题，我们构建了企业项目层面、具有翔实投资信息的数据样本集。我们首先从国家发改委核准对外直接投资项目列表中获得基本信息。我们保留那些项目数据，如果：①投资额被公布；②投资内容被披露；③中国投资者股权在目标项目中占比超过10%。我们删除那些项目数据，如果：①投资者和被投资者都是中国企业；②项目是"返程投资"，即项目的最终目的地是中国大陆；③投资的目的是建立贸易中心、工业和科技园区。

③ 这一步由笔者和外部研究人员先分别完成，再一起整合。

一。而效率寻求型并不是主要动机。在 293 个项目中，只有 7 个是为了提高效率，降低生产成本。① 实际上，企业对外直接投资可能受到多重投资动机的驱动。在考虑了主要和次要投资动机后，我们发现每一个投资动机的相对重要性并没有发生变化。

以上分析了大型对外直接投资项目，中小企业的对外直接投资项目可能呈现出不同的特点。我们选取了浙江省企业 2006~2008 年的所有对外直接投资数据集。② 浙江省企业不仅代表中国地方企业的对外直接投资行为，也代表中国民营企业的海外投资状况。③

表 7-4　大型对外直接投资项目的动机

主要动机	数量（个）	比重（%）	数额（十亿美元）	比重（%）
整体				
市场寻求型	87	29.7	28.2	28.4
自然资源寻求型	121	41.3	51.0	51.3
技术寻求型	78	26.6	20.0	20.1
效率寻求型	7	2.4	0.2	0.2
制造业				
市场寻求型	49	27.2	6.9	22.2
自然资源寻求型	61	33.9	9.9	31.6
技术寻求型	63	35.0	14.2	45.5
效率寻求型	7	3.9	0.2	0.7

---

① 这一方面是由于许多沿海地区的制造业可以向成本更低的中国广阔的内陆地区转移，而不是迁移到海外；另一方面，这一样本数据主要覆盖的是大型对外直接投资项目。成本压力可能对低附加值的中小制造企业挑战更大。

② 这一数据由浙江省对外贸易和经济合作局提供。

③ 根据每年由商务部、国家统计局、国家外汇管理局联合发布的《中国对外直接投资统计公报》。2003~2009 年，中国 82.57% 的非金融类对外直接投资流量由央企完成，但是 92.24% 的投资项目却由地方企业贡献。在这些地方企业中，2005~2009 年，浙江省、江苏省、山东省、广东省、上海市、黑龙江省平均贡献了 66.5%，其中最多的对外直接投资企业来自浙江省，同期占比 22.44%。根据《公报》，中国民营企业对外直接投资的 70% 来自浙江省和福建省。

续表

主要和次要动机	数量（个）	比重（%）	数额（十亿美元）	比重（%）
整体				
市场寻求型	101	29.5	32.5	27.5
自然资源寻求型	126	36.8	51.1	43.3
技术寻求型	94	27.5	32.2	27.3
效率寻求型	21	6.1	2.2	1.9
制造业				
市场寻求型	58	27.0	7.6	21.1
自然资源寻求型	66	30.7	10.0	27.9
技术寻求型	71	33.0	16.1	44.8
效率寻求型	20	9.3	2.2	6.2

资料来源：笔者分析。

表7-5总结了浙江省对外直接投资的机构分布。绝大多数投资者（77.32%）通过建立贸易或者贸易相关的子公司，促进中国对东道国市场的出口。我们将这类投资划分为"贸易类"。"贸易类"OFDI是为了获取或巩固市场地位，某种程度上属于市场寻求型，其与一般市场寻求型的不同在于，其生产活动保留在中国，国外市场仍通过出口满足。另一个重要投资类型涉及制造和加工贸易型生产活动，划分为"生产类"。除"贸易类"和"生产类"，其他类型如开采资源和进行研发，并不占很大份额。

表7-5 浙江省对外直接投资机构类型

	项目数量（个）	份额（%）	投资额（万美元）	份额（%）
贸易	982	77.32	55710.34	31.87
生产（制造和加工）	159	12.52	69630.02	39.84
建筑和房地产	36	2.83	11542.07	6.60
开采资源	32	2.52	15875.53	9.08
研发	25	1.97	6252.68	3.58
工业园	7	0.55	4453.38	2.55
其他	29	2.28	11316.43	6.47

资料来源：笔者分析。

因此，中国的中小企业与大型企业 OFDI 有不同的动机。大型制造业对外直接投资项目的主要动机是获取技术等战略性资产，而中小企业主要是市场寻求型和效率寻求型。综合来看，中国对外直接投资的典型特征是将国内成本优势与东道国技术和市场充分结合。

三、中国对外直接投资的影响

对外直接投资的一个重要目的在于鼓励企业利用国际国内两个市场、两种资源，发展更高层次的开放型经济，并且与世界各国实现互利共赢、共同发展。

（一）国内影响

传统上，企业只有具备战胜东道国本土企业以及第三国企业的显著优势，才能克服海外经营所面临的天生劣势（Buckley & Casson, 1976; Hymer, 1960）。这些理论与 20 世纪七八十年代美国、欧洲和日本的早期跨国企业的经验相一致。这些跨国企业在进行对外直接投资之前就已经在各自国内建立了相当的优势和资产。它们通常在海外建立全资或者绝对控股的子公司，将技术、诀窍、管理经验从总部转移到分布在世界各地的分支机构（Guillen & Carcia-Canal, 2009）。

但大多数中国企业并无这样的绝对竞争优势，因此中国对外直接投资的一个重要目的在于提升母国企业的技术和竞争力。海外子公司可以将对外直接投资所获取的知识、技术等战略性资产传递回母公司，通过逆向知识溢出增加母公司的研发支出（姚枝仲和李众敏，2011；毛其淋和许家云，2014）。对外直接投资的两种模式——海外并购和绿地投资，有不同的影响。并购有助于早期获取无形资产，但可能对财务业绩产生不利影响，而绿地 OFDI 对中国跨国企业的规模和生产力的正面影响更大（Cozza et al., 2015）。

然而，要从对外直接投资中获得技术溢出需要有一定的前提条件。在发达国家进行投资有助于中国企业实现技术升级，但这种影响取决于东道国的特征和企业特征，如企业的内部研发水平、战略定位和国际经验等（Fu et al., 2018）。母公司的吸收能力，即识别、利用和消化对外直接投资所获得的战略性资产和进一步创新的能力至关重要（Cohen & Levinthal, 1990; Huang & Zhang, 2017）。具有较强吸收能力的中国母公司可以获得更高、更可持续的生产力提升（Li et al., 2017）。尽管中国对外直接投资对母国企业的生产率增长产生了积极影响，但其对创新质量的影响目前尚不稳健（Howell et al., 2018）。未来需要进一步研究中国对外直接投资能否会提升其自主创新能力。

对外直接投资的逆向技术溢出效应还会通过示范和模仿、劳工流动以及向后和向前的产业联系来对省级经济增长产生积极影响，而无论投资者是来自地方还是中央（Chen, 2018）。第一，当母公司采取了海外子公司的新技术或新知识生产新产品后，与母公司处于同一行业的本地企业会进行学习和模仿，这种示范模仿效应可能加剧竞争，从而促使企业进行更多创新，并推动经济增长（Blomstrom & Kokko, 1998; Aitken & Harrison, 1999; Chen et al., 2013）。第二，曾经在海外子公司工作的回国人员可能帮助母公司进行更多创新，或者自行创业或被其他公司雇用，这些方式都能够促进海外知识的传播与利用。此外，这些回国人员还可能带回促进知识交流的人际网络，从而使其为之工作的本地企业受益，例如，这些人际网络可能帮助企业打开新的出口市场（Dai & Liu, 2009; Filatotchev et al., 2011）。第三，对母公司的上游供应商而言，产业的后向关联可能通过促使供应商提升产品质量而助力地区经济发展；对母公司的下游厂商而言，母公司生产了质量更好的中间品，产业的前向关联使下游厂商获取的中间品质量提升，从而促进知识与技术积累（Javorcik, 2004），进而推动区域经济增长。

出口和对外直接投资是服务国外市场的两种方式，广为争论的是OFDI是替代还是增加了中国对东道国的出口。大多数文献发现OFDI通常促进了中国企业的出口。其中，从事产品推广、收集客户信息和售后服务的商业服务型对外直接投资对出口的促进作用更为明显（蒋冠宏和蒋殿春，2014）。中国对外直接投资不仅扩大了国内出口，而且提高了出口产品质量（景光正和李平，2016）。可能的原因是对外直接投资的逆向技术溢出效应有助于中国企业的产品升级，同时，资源获取型OFDI节省了资源的投入成本，从而可以将更多的经费分配到研发活动中去。

OFDI对中国出口的积极影响预示着其对国内就业的正面影响。研究发现，无论投资者所有制类型和东道国的收入水平，中国对外直接投资一般都会增加本国就业（李磊等，2016）。但不同的投资动机存在差异，例如，在资源获取型对外直接投资中，对采矿业的投资对中国国内就业没有显著影响，但对非采矿业（如冶金行业）的投资则表现出积极的影响。一个可能的原因是这类非采矿业资源获取型投资需要获取在中国进一步加工的中间投入产品，从而促进了国内就业。

大规模对外直接投资的一个潜在风险是产业"空心化"问题。因此，一个重要问题是，中国对外直接投资是否挤出了国内投资。不同的投资动机会对国内投资产生不同的影响（You & Solomon，2015）。资源获取型对外直接投资有助于提供原材料等中间投入品，从而促进国内生产并刺激国内投资。市场获取和效率获取型对外直接投资将生产转移到国外并取代出口，与此同时，也可能会增加中间投入产品的出口。因此，这类对外直接投资对国内投资的影响尚无定论。技术获取型对外直接投资帮助企业在国内外建立自己的所有权优势，从而有利于其长期发展，进而刺激国内投资。总而言之，对外直接投资对国内投资的影响可能是正面、中立或负面的，这取决于母国的特点和对外直接投资的动机。You 和 Solomon（2015）验证了对外直接投资对中国国内投资的积极影响，并将其归因于中国丰富的国内储蓄、庞大的外汇储备和国家引导的作用。Gondim 等（2018）也发现中国对外直接投资增加了国内投资。

（二）国际影响

除了对国内经济的影响外，中国对外直接投资也为世界做出了重要贡献（Wang et al.，2014；Wang & Li，2017）。例如，2016 年中国对外直接投资企业在海外缴纳的税款总额接近 300 亿美元。虽然迅速增长的中国对外直接投资引起了世界的关注，但对中国 OFDI 对东道国经济影响的严谨学术分析才刚刚起步。

中国 OFDI 的另一重要贡献在于创造了大量就业机会。根据《中国对外直接投资统计公报》，截至 2016 年底，中国对外直接投资企业在东道国的员工总数为 287 万人，其中 143 万人（46.9%）为外籍员工。中国在非洲创造的就业机会更加明显（Khodeir，2016）。根据安永的非洲吸引力报告，2016 年，中国企业在非洲创造了 38417 个就业岗位，既是所有国家中最多的，也是美国公司在非洲创造就业岗位数的三倍多。除了就业机会，中国对非洲投资也增加了中国从非洲的进口，尤其是原材料和制成品的进口（Kabia et al.，2016）。

大量的中国对外直接投资进入了如交通和电力等基础设施领域，加强了区域和东道国内互联互通，帮助了众多发展中国家克服基础设施的"瓶颈"（Foster et al.，2009；Lin，2011；ICA，2016），从而推动了经济结构转型（Lin & Wang，2014）。随着中国劳动力成本上升（Zhang et al.，2011），众

第七章 中国对外直接投资的旧发展与新阶段

多中国 OFDI 也投向非洲和东盟等地区的制造业，将部分劳动密集型产业向外转移[①]，这不仅创造了就业机会，而且助推了当地工业化进程（Lin, 2011; Lin & Wang, 2014; Dinh et al., 2012）。同时，中国也积极推进在发展中国家的工业园区建设，中国在非洲建成、在建或筹建的产业园近 100 个，其中 30 多个已经开始运营[②]，而目前 10 个东盟国家中有 7 个设有中国境外经贸合作区。[③]

中国对外直接投资能否促进东道国的经济增长是一个重要的问题，其净影响取决于 OFDI 与东道国经济的多维互补性。具体而言，中国 OFDI 通过三个渠道影响东道国的经济增长（Fu & Buckley, 2015）。一是开发性金融效应，如中国在非洲常常进入投资者较少的基建等领域，满足了东道国的金融需求，这一渠道的影响通常是积极的。二是知识传递效应，这一渠道的影响取决于中国企业与当地企业技术水平的差异与互动程度。三是竞争和挤出效应，中国大型企业常常投入非洲当地资金匮乏的行业，于是中国投资与非洲当地投资互补性较强而挤出效应较弱。相比之下，中国对亚洲发展中国家投资的动机往往是获取市场或者降低成本，大多投向非技术密集型的加工生产环节，或市场推广与销售环节，更可能与当地企业形成竞争。因此，中国在亚洲发展中国家的投资对当地经济的积极影响更多来自创造就业。而拉丁美洲国家主要面临的不是严峻的资本匮乏问题，中国在拉丁美洲的投资集中于资源和能源行业，产生的行业联系与外溢效应较为有限，与拉丁美洲经济的互补性较弱。通过以上渠道，中国 OFDI 对非洲人均产出增长率有显著正面影响，对亚洲东道国的正面作用显著性下降，而对拉丁美洲国家则不显著（Fu & Buckley, 2015）。然而，Omoruyi 和 Ehizuelen（2015）发现，中国 OFDI 对非洲的人均收入增长并无显著影响。因此，中国 OFDI 对东道国经济的影响还需要更多研究，以调和或解释这些差异。

在向发达国家的投资中，中国投资者提供的不仅是金融支持。He 和 Khan（2017）观察到，中国企业在英国收购的子公司出现了多方面的技术升

[①] 其中一个例子是中国制鞋企业华坚集团在埃塞俄比亚投资建厂，为当地创造了数千个就业机会。参见 https://set.odi.org/jun-hou-the-relocation-of-chinese-manufacturing-companies-in-africa/。

[②] 参见中国社会科学院《2016~2017 年非洲发展报告》。

[③] 参见 http://world.people.com.cn/n1/2017/0418/c1002-29217045.html。同时，截至 2018 年 1 月，中国企业在东盟合作建立的境外经贸合作区中，通过中国商务部考核确认的有 7 个，分别在柬埔寨、泰国、老挝、印度尼西亚和越南，其中印度尼西亚有 3 个。

级现象，主要包括产品、流程、功能等方面。[①] 该子公司不仅受益于中国母公司的金融支持，还受益于关键的设计知识和扩大的中国市场渠道。

尽管如此，中国企业向东道国转让的技术仍然十分有限。Shen（2015）对利比里亚、埃塞俄比亚、卢旺达、尼日利亚和赞比亚五个非洲国家进行实地调查，尽管其中三个国家都表示中国对其劳动密集型产业的投资促进了当地的工业化进程，但这五个国家都反映没有获得显著的技术转移。然而，Auffray 和 Xu（2015）发现，尽管存在语言和文化障碍，一些中国公司已开始通过本地化管理人员队伍，向非洲国家传递积极的管理知识。

随着更多有能力和有条件的企业"走出去"，中国对外直接投资将对东道国产生更多的技术外溢和产业升级效果。但是，无论是否来源于中国，任何外商投资的技术和知识外溢效果都会受到东道国现有营商环境和吸收能力的限制（Kubny & Voss，2010）。

四、中国对外直接投资进入"鼓励发展+负面清单"监管模式

在 2016 年之前，我国对外直接投资的监管政策仍然以放松为主。然而，2016 年出现了大规模、不平衡的对外投资活动，2017 年继而成为中国 OFDI 政策从以放松为主转为加强监管的转折点。从 2016 年底开始，中国政府出台了一系列临时性措施以抑制"非理性投资"。临时性措施退出后，长期制度建设也提上议程。2017 年 8 月，国家发展改革委、商务部等部门发布的《关于进一步引导和规范境外投资方向的指导意见》，明确按"鼓励发展+负面清单"模式引导和规范企业境外投资方向，将境外投资分为"鼓励类""限制类"和"禁止类"。2017 年 12 月，国家发展改革委发布了《企业境外投资管理办法》，进一步加强了境外投资宏观指导，以促进我国境外投资持续健康发展。

（一）2017 年成为对外直接投资政策的转折点

2016 年，尽管全球外商直接投资同比下降 2%，中国对外直接投资却同比增长了 34.7%，非金融类对外直接投资更是增长了 49.3%，并且债务工具

---

① 中国企业是中国南车集团和其子公司时代电气（Times Electric）。中国南车集团是一家大型国有企业，为中国高速铁路网络设计和生产电动多单元（EMU）。其子公司时代电气，是中国电力牵引驱动技术的领先企业。它们在 2008 年购买了全球领先的英国半导体企业 Dynex 75% 的股份，该公司掌握 IGBT 这项高压开关核心技术。参见 http：//finance.ifeng.com/a/20140516/12345720_0.shtml。

投资是上年的 4.6 倍，创历史极值。从行业上看，部分行业对外直接投资异常强劲。例如，住宿和餐饮业对外直接投资同比增长了 124.8%，文化、体育和娱乐业增长了 121.4%，房地产业增长了 95.8%。

如此大规模、不平衡的对外投资活动，尤其是在人民币汇率疲弱的时期，引起了我国政府的警惕。于是从 2016 年底开始，监管部门就开始加强对境外投资的真实性审查，明确表示要密切关注在房地产、酒店、影城、娱乐业、体育俱乐部等领域出现的海外投资行为，并将其定为"非理性"投资。[1] 2017 年成为中国对外直接投资政策从以放松为主转为加强监管的转折点。

中国企业仍然是国际投资舞台的新来者，部分企业在境外投资过程中出现了一些突出问题，影响了"走出去"倡议的实施和中国作为一个负责任大国的形象。

第一，遵纪守法意识不强，社会责任意识淡薄，对我国企业和产品的声誉以及国家形象造成不利影响。随着我国企业"走出去"的除了中国资本和市场外，还有对当地社会和环境的影响力。有的企业只看重效益，安全生产意识缺失，对员工的安全保护不足。有的企业用金钱刺激鼓励加班、提高劳动强度和延长工时，无视当地法律，雇工不签合同，随意解雇劳动，造成劳资纠纷频发。某些在海外经营的中国企业依赖超常规的低价战略，为了维持低价优势，不时以次充好或降低产品质量标准。还有一些中国企业对当地环境保护重视不够、不严格履行合同、不顾代价承揽境外项目、恶性竞争的现象时有发生。这些问题受到了当地社会的揭露和批评，对中国企业和产品的声誉以及国家形象造成了不利影响。

第二，不按照相关规定履行备案或核准手续，对我国国际收支平衡和汇率稳定造成不利影响。大规模扩大对外直接投资会从经常账户的出口负向效应和扩大资本账户逆差两方面对国际收支产生消极影响。在经常账户方面，在出口替代效应和进口效应的双重作用下，会减少本国贸易顺差，甚至出现逆差。在资本账户方面，随着对外直接投资活动不断扩大，大量资本流向国外。与此同时，由于投资机制不够完善，投资亏损居多，投资收益未能有效

---

[1] 2016 年 12 月 6 日，发改委、商务部、人民银行、外汇局四部门负责人就当前对外投资形势下中国相关部门将加强对外投资监管答记者问中已经提及："监管部门也密切关注近期在房地产、酒店、影城、娱乐业、体育俱乐部等领域出现的一些非理性对外投资的倾向，以及大额非主业投资、有限合伙企业对外投资、'母小子大''快设快出'等类型对外投资中存在的风险隐患，建议有关企业审慎决策。"

流回本国。此外,有的企业以虚假境外投资非法获取外汇、转移资产和进行洗钱等活动,掩盖在对外直接投资外衣下的资本外逃花样百出。

第三,盲区决策、高额债务,造成重大经济损失,对国内金融稳定带来不利影响。中国企业投资经验不足、获取信息渠道不畅。从海外布局情况来看,大多数企业未在海外设立子公司、分公司,部分企业在海外的布点形式只是办事处级别机构,这种单一、稀少的海外布点限制了中国企业与东道国政府、企业、工会等建立长期、稳定的合作关系。在这些种种不利条件下,有的企业仍然盲目决策、冒进投资,造成严重损失,影响了企业经营的稳健性。同时,由于资金实力有限,许多企业主要依托大规模的借款来满足海外投资资金需求。高额的债务资本使企业面临较大的资金压力,容易触发资金链断裂,从而加剧我国的金融风险。

我国企业对外投资中出现的种种不规范行为,为后续的政策出台埋下伏笔。2017年末,《民营企业境外投资经营行为规范》出台。国企的海外投资行为已经日趋审慎。2016年8月,国务院办公厅颁布了关于建立国有企业违规经营投资责任追究制度的意见,规范了国有企业的投资并购行为,其中也包括国有企业的海外投资并购业务。而专门针对国有企业海外投资的《国有企业境外投资经营行为规范》也在起草过程中,有望尽快发布。

(二)"鼓励发展+负面清单"

面对大规模、不平衡的对外投资活动,从2017年初起,国资委、银监会、外管局、财政部、发改委、商务部等相关部门相继出台措施,加强监管(见表7-6)。在这一系列措施的推进下,2017年中国非金融类对外直接投资同比下降29.4%,房地产业、体育和娱乐业对外投资没有新增项目。

表7-6 对外直接投资监管措施

时间	机关	规章	内容
2017年1月7日	国资委	《中央企业境外投资监督管理办法》(国资委令第35号)	"能者投之"
2017年1月25日	银监会	《关于规范银行业服务企业"走出去"加强风险防控的指导意见》(银监发〔2017〕1号)	"一带一路"境外投资审核

续表

时间	机关	规章	内容
2017年4月27日	外管局	《关于进一步推进外汇管理改革完善真实合规性审核的通知》（汇发〔2017〕3号）	防止资本外流
2017年6月12日	财政部	《国有企业境外投资财务管理办法》（财资〔2017〕24号）	全方面财务监管，防止国有资产流失
2017年8月4日	发改委、商务部、人民银行、外交部	《进一步引导和规范境外投资方向指导意见》（国办发〔2017〕74号）	"鼓励发展+负面清单"引导"理性"投资，防止资本外逃
2017年10月26日	商务部	《对外投资合作"双随机一公开"监管工作细则（试行）》	事中事后监管，风险控制
2017年11月24日	发改委等28部门	《关于加强对外经济合作领域信用体系建设的指导意见》和《关于对对外经济合作领域严重失信主体开展联合惩戒的合作备忘录》（发改外资〔2017〕1893号）	对失信行为跨部门联合惩戒
2017年12月7日	外管局	《关于完善银行内保外贷外汇管理的通知》（汇综发〔2017〕108号）	禁止内保外贷形式资金出海
2017年12月18日	发改委	《民营企业境外投资经营行为规范》（发改外资〔2017〕2050号）	反洗钱、国家形象
2017年12月26日	发改委	《企业境外投资管理办法》（发改委〔2017〕第11号）	较为综合性的规定
2018年1月25日	商务部、人行、国资委、银监会、证监会、保监会、外汇局	《对外投资备案（核准）报告暂行办法》（商合发〔2018〕24号）	各部门信息收集和共享制度
2018年2月11日	发改委	《境外投资敏感行业目录》	"负面清单"机制

资料来源：笔者整理。

监管加强的一个重要方向在于按照"鼓励发展"和"负面清单"的模式引导和规范企业的境外投资行为,那些不守法合规、没有投资能力、不利于国内供给侧结构性改革和实体经济发展的投资项目将被列入禁区(见表7-7)。

表7-7 鼓励、限制、禁止类境外投资

鼓励	限制	禁止
"一带一路"建设和周边基础设施境外投资	赴与我国未建交、发生战乱或者我国缔结的双多边条约或协议规定需要限制的国家和地区	未经国家批准的军事工业核心技术和产品输出
优势产能、优质装备和技术标准输出		
与境外高新技术和先进制造业企业的投资合作,境外研发中心	房地产、酒店、影城、娱乐业、体育俱乐部等境外投资	运用我国禁止出口的技术、工艺、产品
在审慎评估经济效益的基础上参与境外油气、矿产等能源资源勘探和开发	无具体实业项目的股权投资基金或投资平台	赌博业、色情业等
农业对外合作,开展农林牧副渔等领域合作	不符合投资目的国技术标准要求的落后生产设备	我国缔结或参加的国际条约规定禁止的境外投资
商贸、文化、物流等服务领域境外投资,符合条件的金融机构境外建立分支机构和服务网络	不符合投资目的国环保、能耗、安全标准	其他危害或可能危害国家利益和国家安全的境外投资

资料来源:笔者根据《关于进一步引导和规范境外投资方向的指导意见》整理。

(三) 进一步推进"放管服"改革

2017年12月26日,国家发展改革委发布《企业境外投资管理办法》(国家发展和改革委员会令第11号,以下简称"新办法"),进一步在"放管服"三个方面推出了八项改革举措,旨在加强境外投资宏观指导,优化境外投资综合服务,完善境外投资全程监管。① 新办法于2018年3月1日起施

---

① http://www.gov.cn/zhengce/2017-12/26/content_5250413.htm.

行,《境外投资项目核准和备案管理办法》(国家发展和改革委员会令第9号,以下简称"9号令")同步废止。

在便利企业境外投资方面,新办法有两项重要的政策变更。一是取消了项目信息报告制度。按9号令规定,中方投资额3亿美元及以上的境外收购或竞标项目,投资主体在对外开展实质性工作之前,应向国家发展改革委报送项目信息报告;国家发展改革委收到项目信息报告后,对符合国家境外投资政策的项目,在7个工作日内出具确认函。新办法取消该项规定,进一步简化事前管理环节,从而降低制度性交易成本。二是取消了地方初审、转报环节。按9号令规定,地方企业向国家发展改革委申请核准的材料由省级政府发展改革部门提出审核意见后报送,向国家发展改革委申请备案的材料由省级政府发展改革部门报送。新办法取消地方初审、转报环节,属于国家发展改革委核准、备案范围的项目,地方企业通过网络系统直接向国家发展改革委提交有关申请材料,从而简化流程。此外,新办法还放宽了投资主体履行核准、备案手续的最晚时间要求。

新办法也加强了对外投资的监管。将境内企业和自然人通过其控制的境外企业开展的境外投资纳入管理框架。引入项目完成情况报告、重大不利情况报告、重大事项问询和报告等制度,改进对境外投资的全程监管,并且建立境外投资违法违规行为记录。针对恶意分拆、虚假申报、通过不正当手段取得核准文件或备案通知书、擅自实施项目、不按规定办理变更、应报告而未报告、不正当竞争、威胁或损害国家利益和国家安全、违规提供融资等违法违规行为,新办法提出建立境外投资违法违规行为记录,实施联合惩戒。

五、现有对外投资模式难以持续

尽管中国对外直接投资自2002年建立正式统计制度以来,经历了长达14年的高速增长,并在2017年因抑制"非理性投资"等原因出现首次下降,但是现有对外投资模式难以持续。中国大型制造业企业OFDI的主要动机是为了获取先进技术以及为国内生产寻求资源和原材料供应;中国中小企业OFDI的主要动机是促进中国对东道国的出口,以服务国内生产。[①] 总体而言,现有对外投资模式主要表现为促进中国制造对国外市场出口以及获取

---

① 详见本章第二部分分析。

先进技术。目前,有两个重要原因使这种对外投资模式难以持续:一是当前国际贸易摩擦加剧,使中国制造销往国外市场变得日益困难;二是在全球科技竞争背景下,发达国家对中国企业开始设立更高的投资壁垒,使中国向发达国家投资获取先进技术的方式难以持续。

(一) 贸易摩擦加剧,中国制造、国外市场更为困难

中国与美国、欧盟等国家和地区的贸易摩擦加剧,使中国制造通过出口销往国外的模式更为困难。2017年,美国、欧盟分别是中国的第一、第二大出口市场。2016年,美国、欧盟分别是中国在发达国家中直接投资的第二和第一大投资目的地。

美国不断利用"337调查"和"301调查"手段构筑贸易壁垒,以保护本国相关产业。"337调查"是针对美国进口贸易中的不公平竞争行为,尤其是保护美国国内市场的知识产权人的权益不受涉嫌侵权进口产品侵害。自2001年美国首次对中国出口产品发起调查开始,中国连续十多年遭到美国"337调查",其中因专利侵权被起诉最多,最后大部分案件以败诉结束或者在中国企业支付高额专利费后和解。"301调查"则是确保美国的知识产权在国外得到充分保护,不针对具体行业或者企业,而是针对该国整个国家进行贸易报复。自2005年以来,中国每年都被美国《特别301报告》列入"重点观察国家"名单。特朗普总统在2017年8月指令美国贸易代表动用所有可用的政策选项,全面调查中国哪些法律、政策、实践不合理或者具有歧视性,对美国的知识产权、创新或者技术发展造成损害。"337调查"和"301调查"已经成为美国保护知识产权产业的常用手段,也是中美贸易知识产权摩擦的显著表现。

2017年8月,美国对华发起"301调查",2018年3~4月初,美中先后宣布互征巨额关税。[①] 2017年4月中旬,美国突然宣布对中兴通讯实施7年

---

① 2018年3月22日,美国总统特朗普宣布计划对中国600亿美元的商品征收关税,并表示将限制中国企业对美投资并购。2018年3月23日,中国商务部宣布将对进口自美国的30亿美元的商品征收关税。2018年4月3日,美贸易代表公布对华"301调查"征税建议,征税产品建议清单涉及中国约500亿美元产品出口,建议税率为25%,涵盖约1300个税号产品。2018年4月4日,中国迅速对美方对华产品加征关税建议清单做出了回击,提出要对美国进口的大豆、汽车、化学用品、飞机等106项价值500亿美元的商品征收关税,税率为25%。2018年4月16日,美国商务部下令禁止美国公司向中兴出口电信零部件产品,期限为7年。2018年4月17日,美国监管者当日采取一项措施,禁止移动运营商使用联邦补贴购买中国企业生产的任何电信设备,包括华为科技有限公司和中兴通讯公司在内。

第七章　中国对外直接投资的旧发展与新阶段

出口禁令，中美贸易战再次升级。① 2017年5月中旬，刘鹤率领中国贸易代表团访美进行经贸磋商。双方达成共识，不打贸易战，并停止互相加征关税。然而，"停战"不久，特朗普政府再次翻脸。2017年6月15日，美中再次先后宣布加征关税清单。② 2017年7月6日，美国开始对340亿美元中国产品加征25%的关税，发动了迄今为止经济史上规模最大的贸易战。中国对美同等规模商品的关税反制措施于当日相继实施。美国政府的相关做法，恶化了国际贸易发展环境，给全球贸易投资发展带来了巨大的不确定性。美国对中国商品大幅征税，限制了"中国制造"进入美国。

除中美贸易摩擦升级之外，中欧之间的贸易摩擦也并未平息。截至2017年3月，欧盟对钢铁产品共有41项反倾销和反补贴措施，其中有18起是针对中国钢铁产品的。2018年3月6日，欧盟宣布将对华不锈钢无缝钢管反倾销税延长5年，继续对中国涉案产品征收48.3%~71.9%的反倾销税。2018年7月19日，欧盟将对从中国进口的电动自行车临时征收税率21.8%~83.6%的反倾销关税。2018年7月23日，中国政府启动对产自欧盟和韩国的不锈钢反倾销调查。欧委会发布的2017年度贸易和投资壁垒报告指出，2017年，中国取消或改善了7项壁垒，但中国仍然是欧盟贸易伙伴中市场准入限制和新增壁垒最多的国家之一。③

目前，我国对外直接投资的重要动机之一是利用OFDI促进中国制造出口国外市场。而中美和中欧贸易摩擦的持续存在，甚至不断加剧将使这一模式难以持续。

---

① 2017年6月6日，中兴通讯公司已与美国签署一项原则性协议，将取消美国商务部针对该公司向美国供应商采购零部件的禁令，从而使该公司恢复业务运营。作为条件，协议里也列出了对中兴的处罚措施。

② 2017年6月15日，美国公布了将对价值500亿美元的中国高科技及工业产品加征25%关税的清单。对第一批340亿美元产品开始征税的日期是2017年7月6日。另外160亿美元产品将被审议。2017年6月16日，经国务院批准，中国对原产于美国的659项约500亿美元进口商品加征25%的关税，其中对农产品、汽车、水产品等545项约340亿美元商品自2018年7月6日起实施加征关税。

③ 2018年6月26日，欧委会发布了2017年度贸易和投资壁垒报告。报告称，欧委会市场准入数据库统计中现存的贸易和投资壁垒总计396项，其中数量最多的国家是俄罗斯（36项），第二位是中国（25项）。2017年，新增壁垒最多的国家是中国（10项），随后是俄罗斯（6项）和南非（4项）。报告将中国对红酒标准的修订、密码法草案、新能源汽车生产企业及产品准入管理规定、网络安全法、可能接触食品的材料的添加剂限制、废物进口禁令、低风险食品认证新规、多组半导体关税、牛奶和奶制品进口条件、新能源汽车配额均视作壁垒。参见http://www.mofcom.gov.cn/article/i/jyjl/m/201807/20180702762125.shtml。

（二）全球科技竞争下，发达国家对中国企业设立投资壁垒

中国已经是全球第二大经济体，但大而不强的问题仍然突出，通过创新引领和驱动已经成为中国进一步发展的迫切要求。中国已经制定了面向2030年的长远科技战略，中国科技近年来进入迅猛发展期，重大创新成果不断涌现，在量子信息、干细胞和基因编辑、深海探测、超级计算、新一代高铁等领域硕果累累。中国的科技创新能力正进入从量的积累向质的转变，从点的突破向面的提升，从科技大国迈向科技强国的攻坚阶段。这一阶段不仅漫长和艰难，而且受到全球主要大国的阻击和压力。

由于中国与当前全球主要大国在意识形态和经济发展模式上有显著的不同之处，对高科技领域优势的争夺将更加激烈。以美国为代表的发达国家为了保持高科技行业的全球主导地位，相继颁布和强化科技主导战略，对中国企业海外技术并购、高技术出口不断打压，以构筑技术和创新壁垒。

发达国家和地区纷纷采取措施限制外国投资本国高科技企业。美国外国投资委员会（CFIUS）近年以"国家安全"为由，多次阻止中国企业并购美国高科技企业。目前，美国正进行新的立法以进一步扩大CFIUS的权限，将对保持美国相对于中国等构成威胁的国家的技术优势至关重要的新兴技术也涵盖在"关键技术"的定义内，加强相关投资审查。

一个新的现象是，即使投资来自其他国家，但只要有助于提升中国在关键领域的技术水平，CFIUS也会加以干预。2018年3月，美国以有可能使中国竞争对手在开发5G方面获得优势为由，全面调查新加坡博通公司对美国芯片巨头高通的收购。美国明确指出中国企业主宰5G将对美国国家安全造成负面后果。

除美国外，包括德国、英国、意大利、法国在内的欧洲多个国家也加强审查中国对其高科技领域和重要基础设施的投资。欧洲拟采取的措施是设立类似美国CFIUS的投资审查机制，对可能威胁欧洲技术优势的投资进行审查，尤其是这些投资涉及安全领域并且其技术获得过补贴。

六、"一带一路"沿线地区的投资机遇

近年来，我国对"一带一路"沿线地区直接投资规模稳步增加，该地区具有较大的投资潜力，但相关投资风险同样不容忽视，尤其是政治风险和经济风险令人担忧。尽管与"一带一路"国家保持良好的双边关系有利于降低

投资风险，但中国企业仍应积极加强风险管控。

(一) 中国对"一带一路"地区的投资现状

2017年，受多种因素影响，对外直接投资大规模缩减，然而对"一带一路"沿线国家直接投资规模却保持稳定。据商务部数据显示，2017年，我国境内投资者共对全球174个国家和地区的6236家境外企业新增非金融类直接投资，累计实现投资1200.8亿美元，同比下降了29.4%；共对"一带一路"沿线的59个国家实现非金融类直接投资143.6亿美元，同比下降1.2%，占同期总额的12%，较上年提升了3.5个百分点。同时，在对外承包工程方面，我国对"一带一路"沿线国家的优势更为明显。2017年，我国企业在"一带一路"沿线的61个国家新签对外承包工程项目合同7217份，新签合同额1443.2亿美元，占同期我国对外承包工程新签合同额的54.4%，同比增长14.5%；完成营业额855.3亿美元，占同期总额的50.7%，同比增长12.6%。

从区域分布来看，中国对"一带一路"沿线的投资主要集中在东盟和中亚地区。据商务部数据显示，2017年，我国企业对"一带一路"沿线国家的投资主要投向新加坡、马来西亚、老挝、印度尼西亚、巴基斯坦、越南、俄罗斯、阿联酋和柬埔寨等国。事实上，过去十年间，东盟地区是我国在"一带一路"沿线投资最多的地区。此外，我国也是中亚地区最大的投资国。2000~2016年，中国在中亚地区已完成将近100亿美元的跨境并购交易，特别是在2013年后并购规模迅速扩大。

从行业分布来看，中国对"一带一路"沿线地区的跨境并购以能源、原材料为重点，近年来不断扩展至服务业、高新技术等多元化领域。总体而言，能源行业仍是支柱行业，所占份额最大。在2008年之前，中国对"一带一路"沿线地区的跨境并购表现出强烈的资源获取动机，2000~2008年，能源行业跨境并购占比达到73%。这一时期，对能源行业的跨境并购以独联体、东盟等为主，包括俄罗斯、印度尼西亚、马来西亚等国家。2008年之后能源行业的投资占比下降至45%左右，并且并购目的地转移至中亚地区的哈萨克斯坦。原材料是中国对"一带一路"沿线地区跨境并购的第二大行业，占比达到15.31%，主要分布在中东欧、独联体等地区，包括匈牙利、俄罗斯等。相比于能源行业份额的下降，2008年后对信息技术跨境并购规模快速增长，并购金额占比由2008年前的1.82%上升至2008年后的13.07%，并且主要集中在西亚地区，特别是对以色列的信息技术投资占

80%以上。

从投资者结构来看，中国对"一带一路"沿线地区的投资者以国企为主，并且大部分是央企。在地域上，来自北京、上海、广东、浙江的企业占据了八成。[①] 就投资偏好而言，民企的投资领域更加多元化，而央企、地方国有企业和企业联合体的投资领域相对集中，主要分布在能源和交通领域。

(二)"一带一路"地区的投资潜力

"一带一路"沿线国家的投资潜力源于其与中国资源禀赋结构的互补性、基础设施建设以及财税、金融、海关、交通运输等多方面的政策支持。

1. 要素禀赋的互补性

"一带一路"地区地域广阔，各个国家和地区的资源禀赋、发展基础和区位优势差异较大，中国与众多"一带一路"沿线国家的要素禀赋具有较强的互补性，投资潜力较大。

首先，中东欧地区国家在装备制造、重型机械、化工等工业领域具有较强的技术优势，但本地市场较小，企业资金紧张，中国有能力的企业可对当地优质企业进行投资，开展技术合作进行优势互补。同时，中东欧国家是中国商品进入欧洲的重要门户，海铁联运、中欧班列、港口等基础设施的投资，将有助于提高中国对欧的贸易便利化水平。[②]

其次，东盟等发展中国家和地区具有丰富的自然资源和劳动力资源，是中国转移劳动密集型产业的潜在目的地。虽然中国与东盟大部分国家同处于发展中阶段，但中国广阔的市场、全面的工业生产链，以及处于不同发展阶段、要素禀赋不同的沿海与内陆的分割，使中国与东盟仍有广大的投资合作机遇。中国与东盟的互补性源于其要素禀赋差异，继而体现在贸易的互补性：一是产业间互补，如东盟长期为中国资源密集型产品的重要来源地，而中国则为东盟工业品的重要进口来源地[③]；随着全球生产分割加剧，中国与

[①] 《对外投资与风险蓝皮书：中国对外直接投资与国家风险报告(2017)》。
[②] 参见 http://finance.eastmoney.com/news/1371, 20180724911674272.html。
[③] 参见余淼杰和高恺琳（2018），根据CEIC数据库，2008~2016年，中国从东盟进口的产品主要集中在煤、原油、石油、液化石油气、液化天然气、铁矿石和精矿、铜制品等资源密集型产品中，中国向东盟出口的产品主要集中在石油产品、钢产品、铜产品、铝产品、汽车和底盘等产品中，包含大量工业品。

第七章　中国对外直接投资的旧发展与新阶段

东盟还形成了中间品与最终品的产业间互补，如中国从东盟进口汽车零部件，整车在中国加工后再出口。二是产业内互补，随着工业化程度的不断发展，中国与东盟在同一产业内部形成了不同的比较优势，例如，东盟在出口电子产品上具有比较优势，中国在出口家用电器上具有优势。[1] 贸易的互补性继而增加了在东盟地区的投资潜力。

2. 基础建设投资

由于庞大的人口基数，"一带一路"沿线的众多发展中国家基础设施投资需求持续旺盛，区域内各国在能源、交通、公用事业、建筑等领域的投资建设市场空间巨大。2018年6月，"一带一路"国家基础设施发展指数由中国对外承包工程商会和大公国际信用评级集团联合发布。[2] 2018年指数研究的国家包括蒙古国、老挝、泰国、柬埔寨、菲律宾、土耳其、希腊、葡萄牙等"一带一路"沿线63国。该指数关注各国未来2~3年基础设施发展的前景。

2018年国家发展指数整体排名中，前十名分别是印度尼西亚、新加坡、巴基斯坦、俄罗斯、越南、巴西、波兰、土耳其、马来西亚和印度。其中，印度尼西亚的发展环境、发展潜力和发展趋势指数均排名前列；新加坡排名第二，其发展环境指数突出，分值最高。从区域排名情况来看，东南亚地区仍是"一带一路"国家基础设施合作的热点区域，连续两年位居第一；而西亚地区排名因地缘政治冲突及国际油价波动等不利影响出现较为明显的下滑。在东南亚的十个国家中，有七个国家得分位列本年度排行榜前20位。市场需求指标得分较高，使东南亚国家指数普遍处于高位。

基础设施建设是中国与"一带一路"地区合作的重要内容，也是促进双方贸易和投资发展的重要途径，贸易与投资的发展将进一步增强该地区的投资吸引力。此外，"一带一路"沿线发展中国家在未来将迎接城市化与工业化的快速发展，在房地产领域也存在巨大的潜在需求，是双方投资合作的潜在方面。

---

[1] 范立春：《中国与东盟经济合作的互补性分析》，《特区经济》2010年第8期。
[2] 参见 http://silkroad.news.cn/2018/0613/99626.shtml 和 http://tradeinservices.mofcom.gov.cn/article/news/gnxw/201806/63357.html。

163

(三) 高度重视"一带一路"沿线的投资风险

我国企业不断扩大对"一带一路"沿线地区投资的同时，需要高度重视该地区的投资风险。2018年1月，我们团队①发布了《2018年度中国海外投资国家风险评级》报告。该报告从中国企业和主权财富的海外投资视角出发，构建了经济基础、偿债能力、社会弹性、政治风险和对华关系五大指标、共41个子指标，全面量化评估了中国企业海外投资所面临的战争风险、国有化风险、政党更迭风险、缺乏政府间协议保障风险、金融风险以及东道国安全审查等主要风险。

我们的评级体系纳入了57个评级国家进入样本，全面覆盖了北美洲、大洋洲、非洲、拉丁美洲、欧洲和亚洲，占除避税港外中国全部对外直接投资存量的83.5%。②这57个评级样本中包括35个"一带一路"沿线国家，占中国对所有"一带一路"沿线国家海外直接投资规模的99.89%。这35个国家以新兴经济体为主，只有新加坡、以色列、捷克、匈牙利和希腊5个发达经济体。

"一带一路"国家评级结果显示（见表7-8），低风险级别（AAA-AA）仅有新加坡一个国家；中等风险级别（A-BBB）包括27个国家，占35个国家的绝大多数；高风险级别（BB-B）包括7个国家。发达经济体评级结果普遍好于新兴经济体，最终得分比新兴经济体高12.8%。

为更准确地评价"一带一路"国家的投资风险，我们需要将其还原到整体样本中去。如表7-9所示，从总分来看，"一带一路"国家的投资风险较全样本更高。具体来看五大指标，尽管"一带一路"国家偿债能力和社会弹性较全样本差一些，但相差不太大。

差别主要体现在经济基础和政治风险方面。在经济基础方面，"一带一路"沿线国家得分比整体低3.9%。"一带一路"国家人均收入较低，收入分配差距较大，经济结构相对单一，经济增长多数依靠外需拉动而不是内生驱动。同时，贸易和投资保护主义相对其他国家而言更为严重，这就使投资企业在目标国难以获得预期收益。

---

① 隶属于中国社会科学院世界经济与政治研究所，团队成员主要有张宇燕、姚枝仲、张明、王永中、王碧珺、张金杰、李国学、韩冰、潘圆圆、刘瑶、朱子阳和李曦晨。
② 我们评级暂不纳入中国香港、开曼群岛、英属维尔京群岛、卢森堡等国际自由港。

第七章　中国对外直接投资的旧发展与新阶段

表7-8　中国海外投资国家风险评级结果

排名	国家	风险评级	排名变化	上年级别	"一带一路"国家	排名	国家	风险评级	排名变化	上年级别	"一带一路"国家
1	德国	AAA	—	AAA	否	19	罗马尼亚	A	↓	A	是
2	新西兰	AA	—	AA	否	20	保加利亚	BBB	↑	BBB	是
3	澳大利亚	AA	—	AA	否	21	沙特阿拉伯	BBB	↓	BBB	是
4	美国	AA	—	AA	否	22	哈萨克斯坦	BBB	↓	BBB	是
5	加拿大	AA	↑	AA	否	23	菲律宾	BBB	↑	BBB	是
6	荷兰	AA	↑	AA	否	24	俄罗斯	BBB	↓	BBB	是
7	韩国	AA	—	AA	否	25	印度尼西亚	BBB	↑	BBB	是
8	法国	AA	↑	A	否	26	泰国	BBB	↑	BBB	否
9	新加坡	AA	↓	AA	是	27	墨西哥	BBB	↑	BBB	是
10	日本	A	↑	A	否	28	土耳其	BBB	↑	BBB	是
11	英国	A	↓	AA	否	29	土库曼斯坦	BBB	↓	BBB	是
12	意大利	A	↓	A	否	30	巴基斯坦	BBB	↓	BBB	是
13	阿联酋	A	↑	A	是	31	老挝	BBB	↑	BB	是
14	以色列	A	↓	A	是	32	塔吉克斯坦	BBB	↑	BB	是
15	波兰	A	↑	A	是	33	乌兹别克斯坦	BBB	↑	BBB	是
16	匈牙利	A	↓	A	是	34	印度	BBB	—	BBB	是
17	捷克	A	↓	A	是	35	希腊	BBB	↓	BBB	是
18	马来西亚	A	↑	A	是	36	柬埔寨	BBB	↓	BBB	是

165

续表

排名	国家	风险评级	排名变化	上年级别	"一带一路"国家	排名	国家	风险评级	排名变化	上年级别	"一带一路"国家
37	斯里兰卡	BBB	↑	BBB	是	48	阿根廷	BB	↑	BB	否
38	南非	BBB	↓	BBB	否	49	乌克兰	BB	↑	B	是
39	越南	BBB	↑	BBB	是	50	白俄罗斯	BB	—	BB	否
40	缅甸	BBB	↓	BBB	是	51	巴西	BB	↓	BB	否
41	肯尼亚	BBB	↓	BBB	否	52	吉尔吉斯斯坦	BB	↓	BB	是
42	埃塞俄比亚	BBB	↓	BBB	是	53	埃及	BB	↓	BB	是
43	伊朗	BB	↑	BBB	否	54	苏丹	B	↑	B	否
44	赞比亚	BB	↓	BB	是	55	委内瑞拉	B	—	B	否
45	孟加拉国	BB	↓	BBB	是	56	伊拉克	B	↓	B	是
46	蒙古	BB	↓	BB	否	57	安哥拉	BB	↓	BB	否
47	尼日利亚	BB	↓	BB	否						

注：一表示与上年相比，相对排名没有变化的国家（表中斜体）；↑表示与上年相比，相对排名上升的国家；↓表示与上年相比，相对排名下降的国家。全样本中包含了36个"一带一路"沿线国家。

资料来源：中国社科院世界经济与政治研究所：《2018年度中国海外投资国家风险评级》，2018年。

表7-9 "一带一路"沿线国家和全样本的评分比较

	总分	经济基础	偿债能力	政治风险	社会弹性	对华关系
"一带一路"	0.579	0.547	0.583	0.528	0.663	0.575
全样本	0.595	0.569	0.595	0.579	0.667	0.564

注：分数越低，代表风险越高。

"一带一路"沿线国家的政治风险评分比整体低8.8%，在整体57个国家排名中处于中等偏低位置。由于"一带一路"沿线国家多为新兴经济体，社会和政局动荡不安，党派纷争不断，军政府干政和利益集团同时存在，武装冲突时有发生，宗教极端势力和地区分裂势力横行。在政权更迭的背景下，中国企业同前任政府签署的合约很容易被后来者撕毁，中国企业在"一带一路"沿线国家面临显著的地缘政治和政府信用风险。

无论是经济基础、偿债能力，还是政治风险和社会弹性，"一带一路"沿线国家的表现都更差，但对华关系却好于总体水平，这有助于在一定程度上降低投资风险。事实上，"一带一路"沿线国家与我国保持密切的双边关系和经贸往来离不开"一带一路"倡议和相关政策支持。自2014年5月，习近平主席在亚信峰会上提出"一带一路"倡议以来，各级地方政府和国家相关部门出台了一系列支持性配套政策措施。尤其是我国为"一带一路"建设提供了必要的金融支持。国家层面上，我国发起筹建了亚洲基础设施投资银行，发起设立丝路基金，强化中国—欧亚经济合作基金投资功能。地方层面上，不少省份尝试设立"地方版"丝路基金和其他类型基金，例如，福建省福州市政府和国开行福建分行、中非发展基金合作，推动设立总规模近100亿元的基金，通过市场化运作，支持企业积极参与"21世纪海上丝绸之路"建设。

七、结论与对策建议

中国对外直接投资已经进入了一个崭新的阶段。经过40年的发展，中国企业逐渐积累了对外投资的经验和能力，中国政府对外投资的监管政策逐渐形成和完善。然而，中国对外直接投资仍然面临诸多挑战。其中最典型的挑战，一是来自发达国家的投资壁垒，二是来自发展中国家的投资风险。为此，我们提出如下对策建议。

首先，推动有条件的中国企业积极赴欧投资，以国内市场为杠杆，将

"走出去"与"引进来"充分结合在坚持企业为对外投资主体的前提下，鼓励有能力、有条件的各类企业结合自身优势和发展战略，积极开展赴欧投资。虽然目前欧洲并没有类似美国 CFIUS 的国家安全审查机制，但也日益关注中国对欧高科技领域和重要基础设施的投资。因此，我国应引导企业充分考虑欧洲不同国家国情和实际需求，尤其注重与当地政府和企业开展互利合作，充分利用中国不断扩大的消费市场潜力，将对欧投资与吸引欧洲对华投资进行深度融合，帮助欧洲投资伙伴建立与中国市场的联系，让中国投资为欧洲创造良好的经济社会效益。

其次，建立海外投资保护政府全面行动框架。中国应制定海外投资保护的政府全面行动框架。这一框架应发挥政府、企业、社会组织、国际组织各自的作用，并增强它们之间的合作机制。中国政府各部门、驻外机构和使领馆要积极协调，协同运作，互相配合，支持中国企业海外依法维权。除运用外交途径外，中国还需要加强海外军事投放能力。当海外利益遭受实际损害或面临威胁时，中国包括外交、情报部门应统一部署和综合应对，必要时以武力干预和国际制裁等多种措施来进行维护，从而实现在政府、军队和民间的配合下，全方位有效地保护中国海外投资企业以及其他相关机构和人员的安全。

最后，规范企业海外经营行为。中国政府应采取切实措施，规范海外投资企业的行为，尤其是要研究针对海外中小民营企业合法合规经营的监管措施和奖惩机制。此外，中国需要加快国有企业改革，提高国有企业透明度，完善国有企业公司治理机制，向外界解释和澄清国有企业市场运营模式和机制，减少各国对中国国有企业特殊身份的猜忌。从中国企业的角度来看，则应完善投资策略，改进对外公关方式。不要盲目追求大规模的投资项目，投资额庞大的项目往往受到当地社会、政府和媒体的高度关注，中国企业容易处于风口浪尖而遭遇投资阻力。中国企业可以考虑与欧美跨国公司联合"走出去"，减少投资项目的受关注度和政治风险。同时，中国企业需要更多地接触社会团体，多参与社区公益活动，提高企业的社会美誉度。

第八章　负面清单与投资环境

引进与利用外资是我国对外开放基本国策和开放型经济体制的重要组成部分，也是中国改革开放40年取得的重要成就之一。截至2017年底，中国外商投资累计企业数为900155家，实际利用外资20056.57亿美元。联合国贸发会议《世界投资报告2018》显示，2017年全球外商直接投资流量为1.43万亿美元，同比下降23%。其中，中国吸收外资1360亿美元，同比上升2%，是全球第二大外资流入国以及发展中国家最大的吸收外资国。中国在引进与利用外资方面的成功是诸多因素作用的结果。在这诸多因素中，外商投资管理体制与支撑这一体制的外商投资立法发挥着重要作用。

2013年9月开始，我国在中国（上海）自由贸易试验区内开始试行一种全新的外商投资管理方式——负面清单管理制。负面清单管理制的引入代表着"中国在外商投资管理改革中前进了一大步"。[①] 同年11月召开的中共十八届三中全会提出，要"建立公平开放透明的市场规则。实行统一的市场准入制度，在制定负面清单基础上，各类市场主体可依法平等进入清单之外领域。探索对外商投资实行准入前国民待遇加负面清单的管理模式"。中共十九大报告进一步明确指出，"全面实行准入前国民待遇加负面清单管理制度，大幅度放宽市场准入，扩大服务业对外开放，保护外商投资合法权益"。当前，负面清单管理制已成为推动我国外商投资管理制改革的重要抓手，也是新时代我国优化营商环境的重要举措。

为此，下文拟在简要回顾我国外商投资管理体制的发展沿革的基础上，重点分析负面清单管理制改革内容及其对我国营商环境的影响，并在此基础上对新时代中国外商投资管理体制的深化改革与营商环境的进一步优化与完善提出政策建议。本章共分五部分，第一部分回顾了中国外商投资管理体制

---

① 上海自贸区负面清单发布，http://english.cntv.cn/program/newsupdate/20130930/102446.shtml，2018年7月15日。

的历史沿革；第二部分介绍了负面清单的含义与国内外适用情况；第三部分探讨了我国已发布的各版本外商投资准入负面清单的内容；第四部分分析了当前我国投资环境现状、外商投资企业的主要诉求以及推进负面清单管理制改革面临的挑战；第五部分对中国投资环境的进一步优化与完善提出政策建议。

一、历史与沿革：中国外商投资管理体制发展概述

外商投资管理体制是指国家对外商投资企业管理的相关法律法规、政策、权限划分等。[①] 我国的外商投资管理体制建设始于1979年，经过40年的发展，多次改革，日臻健全完善。

（一）中国外商投资管理体制的发展沿革

1978年12月，中共十一届三中全会召开，确定了改革开放的战略方针，明确提出全党、全国人民"要学会利用两种资源——国内资源和国外资源，开拓两个市场——国内市场和国际市场，学会两套本领——管理国内经济的本领和发展对外经济关系的本领"。根据中共十一届三中全会确定的大政方针，1979年7月1日，第五届全国人民代表大会第二次会议通过了中国历史上第一部外商投资法——《中外合资经营企业法》，为外商来华投资敞开了大门。[②] 1979年7月30日，第五届全国人民代表大会常务委员会第十次会议通过设立外国投资管理委员会，归口管理的单位包括外贸部、外经部、海关总署、外汇管理局、商检局、中国银行、国家计委、国家经委、国家建委、财政部等。各省、区、市也很快建立了相应的机构，形成了从中央到地方较为完整的外资管理体系。[③] 自此开始，我国外商投资管理体制逐渐建立起来。

在外商投资法律体系方面，我国以1979年《中外合资经营企业法》的颁布为肇端，陆续颁布200余部效力等级不一的涉外投资法律、行政法规与规章，形成《中外合资经营企业法》《中外合作经营企业法》《外资企业法》三部基本法，以其他国务院条例和部门规章为主要内容的自成体系的外商投

[①] 郝洁：《我国外商投资体制沿革及未来改革目标》，《中国经贸导刊》2013年第5期（下）。
[②] 朱崇实：《中国外资法研究：在WTO背景下的思考》，厦门大学出版社2005年版。
[③] 郝红梅：《我国外商投资管理体制改革历程回顾及深化改革的思考》，《对外经贸》2016年第9期。

资法律体系。较为全面地规定了我国举办"三资"企业的原则和目的,"三资"企业的法律地位、组织形式以及在经营、管理、税务、争议解决等方面的权利与义务。

在外商投资产业管理方面,我国自1995年开始制定《外商投资产业指导目录》,通过将外商投资项目分为鼓励、限制和禁止类别以引导外资的市场准入。并且每隔两三年就根据经济形势的变化对目录调整一次。《外商投资产业指导目录》最近一次修订是在2017年,目前已进行了七次修订。通过产业目录的多次修订,中国适时调整了外资产业政策,对外商直接投资的限制也不断放松(见图8-1),从而积极利用外资为中国经济结构调整优化和经济发展方式转变服务。例如,自2007年《外商投资产业指导目录》开始,国家开始强调优化利用外资结构,鼓励外商投资新能源和环保技术,限制外商投资高物耗、高能耗、高污染项目和稀缺矿产资源,引导外资逐渐向附加值高的产业转移。2010年4月6日,国务院印发《关于进一步做好外资工作的若干意见》,明确提出鼓励外资投向高端制造业、高新技术产业、现代服务业、新能源和节能环保产业,严格限制"两高一资"和低水平、过剩产能扩张类项目。2011年3月通过的《中华人民共和国国民经济和社会发展第十二个五年规划纲要》(以下简称"十二五"规划)也提出,"提高利用外资水平,优化结构,引导外资更多投向现代农业、高新技术、先进制造、节能环保、新能源、现代服务业等领域,鼓励投向中西部地区"。自2017年开始,我国在发布外商投资准入特别管理措施(外商投资准入负面清单)的同时,保留外商投资产业目录中鼓励类项目,从而继续引导与鼓励外资的投向。

在外商投资促进政策方面,改革开放初期,中国为吸引外商投资,解决国内经济发展的资金、技术与管理经验等问题,给予外商投资企业在税收、用地等方面的特殊优惠。例如,我国陆续颁布了《中外合资经营企业所得税法》《外商投资企业所得税法》《个人所得税法》以及这些法律的"实施细则",为外商投资企业提供税收减免以及退税优惠。外商投资企业的经营期在十年以上的,经企业申请,税务机关批准,从开始获利的年度起,可以享受免征所得税以及减半征收所得税的优惠。此外,各地方为吸引外商投资,还提供名目繁多的税收优惠。

在土地方面,为了使来华投资的外商能得到土地投资办厂,也为了使中方合营者可以以土地作价投资,从1980年起,我国开始在经济特区实行土地的有偿有期限使用制度。因与《宪法》原则相抵触,主要以行政划拨的方

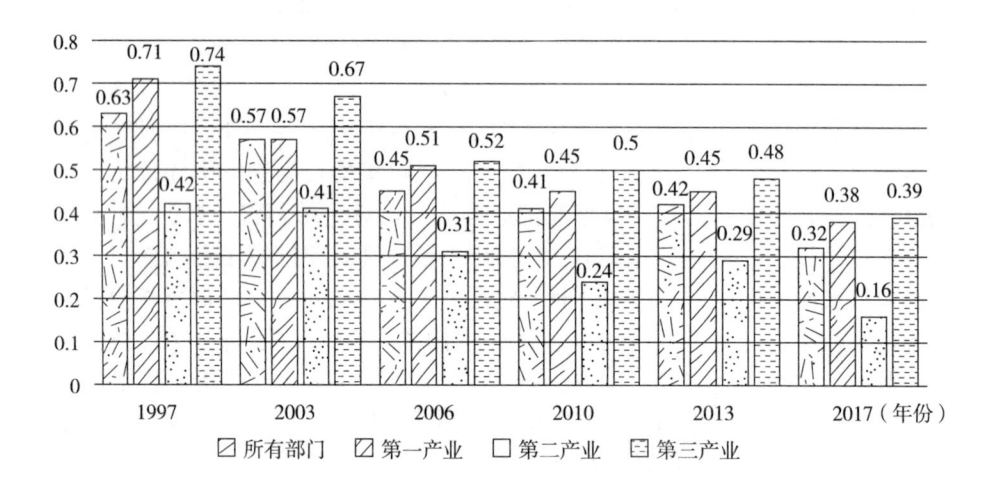

图 8-1　中国对 FDI 的限制（1997~2017 年）

注：0 表示完全不受限制的市场准入；1 表示完全限制。
资料来源：OECD，http://www.oecd.org/investment/fdiindex.htm.

式出让土地。① 1988 年对《宪法》进行修改后，规定土地使用权可以依照法律规定转让。据此，1988 年修订的《中华人民共和国土地管理法》，进一步明确国家依法实行土地使用权有偿转让制度，为吸引外资开发土地资源与扩大外商投资领域创造了条件。外商投资土地成片开发成为当时外商投资的一个新领域。1990 年 5 月，国务院颁布《外商投资开发经营成片土地暂行管理办法》，规定"三资"企业是土地开发的主体，有权享受同类企业的一切优惠待遇，它们依法取得土地使用权，有权在较长的批准期内开发建设、使用、经营，并可以依法转让、出租等。出让土地使用权，让外商进行土地成片开发经营，被认为是我国利用外资引向深入的突破口。②

随着中国经济的发展，中国的外汇资金不断积累，中国对外资需求的迫切性显著降低，外商投资企业在华享受超国民待遇的经济基础不复存在。与此同时，外商投资企业长期享受"超国民待遇"的负面效应越来越突出，如外商投资企业控制或垄断某些领域、"假外资现象"等，严重抑制了国内企业的发展，破坏了市场环境。因此，自 2006 年进入"十一五"（2006~2010

---

① 朱崇实：《中国外资法研究：在 WTO 背景下的思考》，厦门大学出版社 2005 年版。
② 刘光溪：《从美国对华投资看我国吸引外资软环境存在的主要问题及政策性建议》，《对外经贸研究》1993 年第 19 期。

年）期间以来，中国的外商投资管理开始调整。2008年，新的《企业所得税法》与《反垄断法》陆续正式施行，标志着中国引资政策的实质性调整，即逐步为内资和外资构建一个公平竞争的政策平台。以企业所得税为例，此前中国国有企业的实际税率是30%、民营企业是22%、外资企业是12%，而从2008年开始，对国有企业、民营企业和外资企业统一征收25%的所得税率；并且从2010年12月1日起，国务院1985年颁布的《城市维护建设税暂行条例》和1986年颁布的《征收教育费附加的暂行规定》正式对外商投资企业适用。至此，我国内外资企业所有的税种全部实现统一，也标志着外商投资企业在华享受"超国民待遇"的黄金岁月正式终结。

（二）中国外商投资管理体制的主要特点

概括而言，在外商投资管理领域引入"负面清单"管理制之前，中国的外商投资管理体制经过30多年的发展，形成以下两个突出特点：

一是双轨制。多年来，中国对外商投资管理形成了基于投资者身份是否为外国人而区别对待的管理与法律体系。中国对外国投资者的投资关系的管理适用有别于国内投资者投资关系的自成体系的一套法律与管理制度。这一管理模式确立于改革开放初期，能够适应当时中国经济实力较弱的国情。随着中国经济的不断发展与经济体制改革的日益深化，双轨制立法模式的缺陷日益凸显，其不仅有悖于市场主体平等竞争的原则，而且导致中国的外商投资法律体系多年来一直处于比较零散、纷乱的局面，缺乏足够的透明度。外商投资企业对中国外商投资法律规定相互冲突、法律解释相互矛盾以及执法力度不平衡等问题多有疑义。

二是以外资准入审批为核心的监管模式。对于外资准入，中国一直实行逐案审批制。考虑各行各业的具体情况不同，为控制引资质量，中国采取了分行业由主管部门制定部门规章管理的方式。总体而言，外资准入逐案审批制可以应20世纪90年代以来中国提高引资质量与维护国家经济安全之需。虽然对于外资准入实行适当监管具有必要性与合理性，但由于外资准入逐案审批制，存在审批环节多、行政成本和营商成本高、容易滋生权力寻租等问题。近年来，中国一直在逐步简化外资审批程序，但与外贸体制改革相较，外资管理体制改革相对滞后，亟待进一步深化改革，以适应当前中国的外商直接投资平均投资规模不断扩大且外资进入方式日趋多样化的经济形势，充分实现有效管理外商投资的目标。正是在这样的背景下，负面清单管理模式得以被引入，并成为引领当前中国外资管理体制改革的推手。

二、背景与含义：负面清单管理制

负面清单概念引入我国源于中美双边投资协定谈判。2008 年，中美两国启动双边投资协定谈判，但一直进展缓慢。原因之一是两国在双边投资协定的条款内容上存在诸多分歧，其中最核心的问题与困难是国民待遇的规定，即国民待遇仅适用于投资运营阶段，而且也包括投资准入阶段。在 2013 年 7 月举行的中美战略与经济对话中，中美两国对于与国民待遇、最惠国待遇等规定不符的措施，同意以准入前国民待遇和负面清单为基础开展双边投资协定实质性谈判。[①] 2013 年 9 月 29 日，我国设立中国（上海）自由贸易试验区（上海自贸区），探索建立准入前国民待遇和负面清单管理模式。

（一）负面清单的含义

负面清单是国际经贸条约谈判中对条约中的义务提出保留的一种方式。在国际贸易和投资协定的谈判中，一般对协定中的义务提出保留主要有两种模式，即正面清单模式与负面清单模式。正面清单模式是指缔约方在附件中正面列出承担协定义务的部门、子部门和活动。根据这一模式，凡未列入清单的部门、子部门和活动，缔约方无须承担条约义务。一般认为，世界贸易组织的《服务贸易总协定》是具有代表性的正面清单模式，它从正面列出已做出自由化承诺的部门，并给出了"不符措施"的负面清单。[②] 除此之外，缔约方还可采用负面清单的模式，即"缔约国对协定中的一般性条款达成共识，然后列出所有不适用于这些条款或不符合其义务的个别措施。"[③] 作为协定的一部分，还应以特定的格式列出这些特殊措施。《北美自由贸易协定》是首个采用负面清单模式的国际经贸协定。

在双边投资保护协定谈判中，负面清单模式是指缔约方同意协定所设定的义务适用于所有的外国投资者及其投资，但与此同时，缔约双方经谈判在

[①] 商务部网站，《商务部新闻发言人沈丹阳就中美积极推进投资协定谈判发表谈话》，2013 年 7 月 16 日，http://english.mofcom.gov.cn/article/newsrelease/policyreleasing/201307/20130700200566.shtml，2014 年 5 月 14 日访问。

[②] 也有观点认为，《服务贸易总协定》所采用的模式为混合模式。参见 UNCTAD (2006)，Preserving Flexibility in IIAs: The Use of Reservations (New York and Geneva: United Nations), United Nations Publication, 2006, Sales No. E. 06. II. D. 14, p. 17。

[③] UNCTAD (2006), Preserving Flexibility in IIAs: The Use of Reservations (New York and Geneva: United Nations), United Nations publication, 2006, Sales No. E. 06. II. D. 14, pp. 17–18。

协定的附件中列出不承担协定义务的特定措施、行业或活动。按照美国2012年双边投资保护协定范本第14条规定，缔约双方经谈判可以将关于双边投资保护协定中国民待遇、最惠国待遇、业绩要求以及高管和董事会四项义务的"不符措施"列明在协定的附件中，即负面清单中。

负面清单管理制作为一种全新的管理方式，在2013年9月挂牌的中国（上海）自由贸易试验区首次亮相国内。主要指以清单方式明确列出在中华人民共和国境内禁止和限制投资经营的行业、领域、业务等，各级政府依法采取相应管理措施的一系列制度安排。负面清单以外的行业、领域、业务等，各类市场主体皆可依法平等进入。2015年10月，中央全面深化改革领导小组第16次会议审议通过了《关于实行市场准入负面清单制度的意见》，明确了2018年中国将正式实行全国统一的市场准入负面清单制度。中共十九大报告进一步明确指出，"全面实施市场准入负面清单制度，清理废除妨碍统一市场和公平竞争的各种规定和做法，支持民营企业发展，激发各类市场主体活力"，"全面实行准入前国民待遇加负面清单管理制度，大幅度放宽市场准入，扩大服务业对外开放，保护外商投资合法权益"。随着负面清单管理制概念在国内的推广，这一管理方式也具有在其他管理领域适用的趋势。

（二）负面清单的特征

在国际经贸协定谈判中的负面清单绝不是"非禁即可"或"非禁即入"那么简单。负面清单既包括对现行不符措施以及现行不符措施的延续、更新或修订措施的保留，也包括对未来可能出台不符措施的活动或领域的保留。在负面清单模式中，缔约一方需要给出法律和法规中不符措施的确切性质，这通常意味着对承诺的"固化"。[1] 需要指出的是，对现行不符措施保留列入负面清单后，今后如果进行修订要受制于"棘轮"机制的规定。[2] 即如果一国政府选择放开一项措施，其不得在后来再次收紧；如果开放一行业，其开放程度不允许降低，不允许倒退。

从理论上看，正面清单模式与负面清单模式在投资自由化方面均可产生相同的结果，只是分别体现了"自上而下"与"自下而上"的投资自由化

---

[1][2] UNCTAD (2006), Preserving Flexibility in IIAs: The Use of Reservations (New York and Geneva: United Nations), United Nations publication, 2006, Sales No. E. 06. II. D. 14, p. 19.

路径。① 然而，在通常情况下，缔约方倾向于采用负面清单的模式，承担更高水平的自由化义务约束。在负面清单模式下，除了双方在附件中列出的例外事项，所有部门都适用非歧视原则，通过"自动自由化"可以实现进一步的投资自由化。因此，这种模式也被称为"一次性协定"，并具有"自动的"自由化效果。相较而言，正面清单则是一种循序渐进与选择性自由化的方式，允许缔约方做出宽泛的保留，从而为缔约国预留更多的政策空间应对投资自由化带来的各种风险。② 因此，负面清单不仅对一国的监管能力具有较高要求，而且对一国监管框架的稳定性和可预见性也提出了高标准要求。

（三）负面清单的适用

负面清单作为国际经贸条约谈判中对条约义务提出保留的一种方式，主要在国际经贸协定中适用，但也有少数国家将其引入国内外商投资管理中。下面对负面清单在国际投资协定与国家层面的适用予以具体介绍。

1. 负面清单在国际投资协定中的适用

虽然采用负面清单模式，缔约方需承担更多的义务，但许多国际投资协定还是采用了这种模式。其中的主要原因是，一方面，大多数倾向于保留更多政策空间的国家并未接受准入前国民待遇；另一方面，负面清单模式能针对保留的"不符措施"提供更全面的监管透明度。自从《北美自由贸易协定》采用准入前国民待遇与负面清单模式后，一些协定也采取了类似模式。这一模式在西半球国家的应用尤为广泛，最近也扩展到了东南亚。

联合国贸发会对八个国际投资协定③的4806项"不符措施"进行研究，其中，服务业的"不符措施"比重为71%，该领域中的保留数量超过了第一

---

① OECD（2008），International Investment Law: Understanding Concepts and Tracking Innovations, 2008, ISBN 978-92-64-04202-5, p. 248.

② OECD（2008），International Investment Law: Understanding Concepts and Tracking Innovations, 2008, ISBN 978-92-64-04202-5, pp. 283-284.

③ 8个国际投资协定包括：《安第斯条约》（第510号决议）；玻利维亚、哥伦比亚、厄瓜多尔、秘鲁、委内瑞拉；加拿大—智利和美国—智利自由贸易协定；G-3协议；哥伦比亚、墨西哥、委内瑞拉；南方共同市场《科洛尼亚协议》：阿根廷、巴西、巴拉圭、乌拉圭；北美自由贸易协定：加拿大、墨西哥、美国；经合组织国民待遇文件（30个经合组织成员国，加上9个非成员国）；经合组织《多边投资协议》草案（谈判主要在经合组织成员国间展开，阿根廷、巴西、智利、中国香港和三个波罗的海国家等一些非成员国以观察员身份参加，但没有最终达成协议）。参见UNCTAD（2006），Preserving Flexibility in IIAs: The Use of Reservations（New York and Geneva: United Nations），United Nations publication, 2006, Sales No. E. 06. II. D. 14, p. 37。

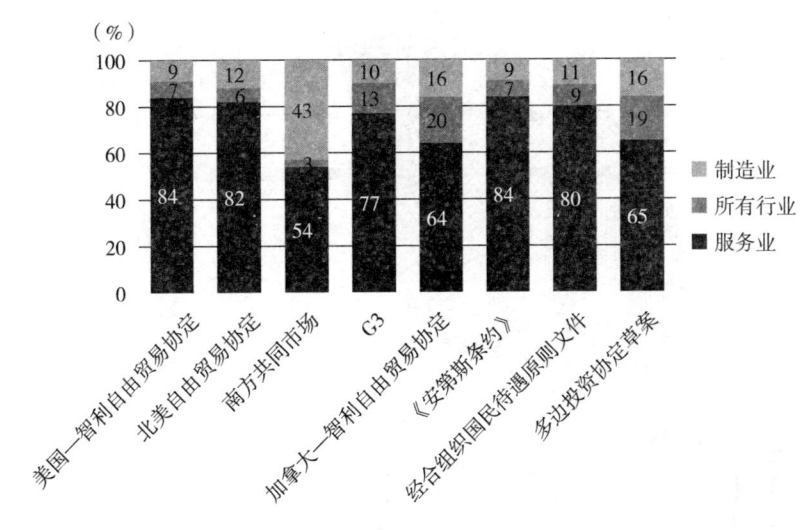

产业（农业、矿业和渔业）的六倍（见图8-2）。①

图 8-2 各行业投资保留对比

资料来源：UNCTAD IIA Database. Preserving Flexibility in IIAs：The Use of Reservations, Fig. II. 2, p. 41.

此外，交通运输、银行、保险、商务服务和通信在12个类别中共占了8个国际投资协定示例所列的服务业所有"不符措施"的82%，其中交通运输业的限制性最大，为38%，而金融服务业占了所有"不符措施"的1/5（19%）（见图8-3）。②

在实践中，负面清单模式下可以发现两种清单保留方法：一种是详尽列举法，采取这种方法的清单需要详细说明缔约方有意保留或在将来适用的不符措施的性质和范围；另一种清单保留方法是一些国际投资协定仅要求列明希望在哪些领域保留不符措施，而无须详细阐述。例如，根据美国2012年BIT范本第14条不符措施规定，在缔约方达成协议的前提下，可针对协定中国民待遇、最惠国待遇、业绩要求和高级管理人员与董事会四项义务进行不符措施谈判，达成负面清单。按照美国2012年BIT范本，缔约双方谈判确

---

① UNCTAD (2006), Preserving Flexibility in IIAs：The Use of Reservations (New York and Geneva：United Nations), United Nations publication, 2006, Sales No. E. 06. II. D. 14, p. 39.

② UNCTAD (2006), Preserving Flexibility in IIAs：The Use of Reservations (New York and Geneva：United Nations), United Nations publication, 2006, Sales No. E. 06. II. D. 14, p. 47.

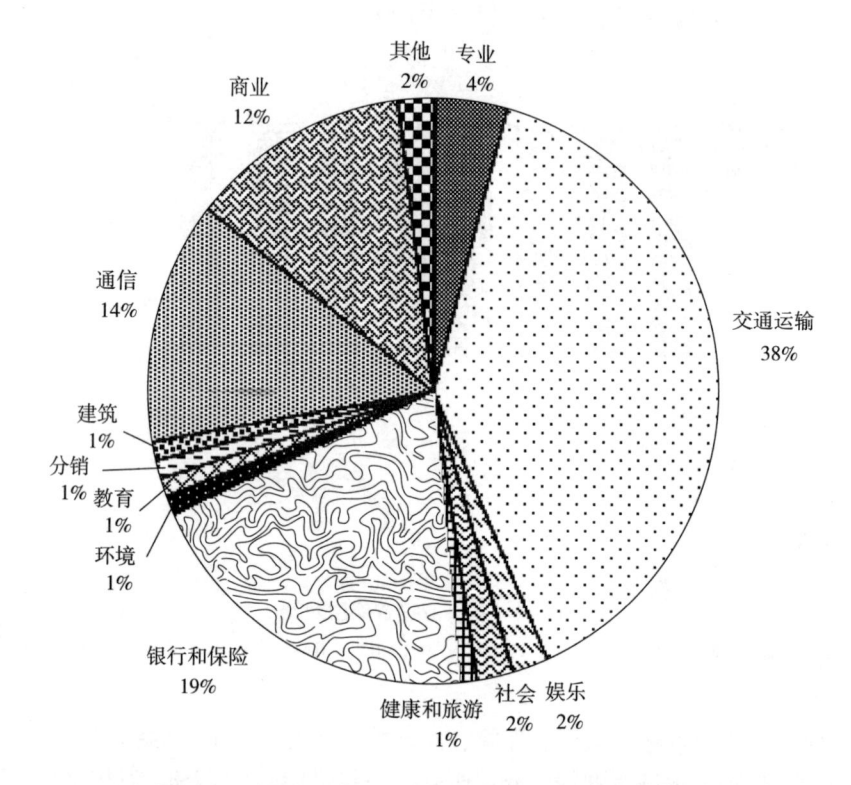

图 8-3 对服务业各部门投资的保留比重（所有协定）

资料来源：UNCTAD IIA database. Preserving Flexibility in IIAs: The Use of Reservations, Fig. II. 6, p. 48.

定的负面清单包括三部分：一是详细列出现行不符措施所属行业、与何种履约义务不符、国内不符政策措施的所属政府层级、不符措施的国内法律来源以及对不符措施的描述等；二是列举保留将来采取某些不符措施权利的"行业列表"；三是金融业例外条款，由于金融业的敏感性，一般将金融服务部门的不符措施作为一个单列附件。缔约双方一般还约定，努力逐步减少或消除不符措施，禁止制定新的或者限制性更强的不符措施。①

前述的负面清单模式下两种保留方法均可见于美国已缔结的 BIT 的负面清单中。除《美国—卢旺达双边投资协定》外，大多数美国已缔结的 BIT 并

---

① 吴频、吴伟华：《我国探索负面清单管理模式宜关注五个问题》，《国际贸易》2014 年第 8 期。

未采用详尽列举法。例如,《美国—玻利维亚双边投资协定》在附件中规定:"美利坚合众国政府在对以下领域或与以下事项相关的合格投资给予国民待遇时,可采取或维持例外规定:原子能、报关代理、广播许可、公用运输、航空电台;通信卫星;补贴或补助,包括政府支持的贷款、担保和保险;州和地方政府依照《北美自由贸易协定》第1102条和第1108条所取得的措施豁免;以及海底电缆铺设。"从该规定可以看出,它仅说明了保留国民待遇义务例外的领域,并没有具体描述不符措施、政府层级等内容。

相较而言,《美国—卢旺达双边投资协定》采用了详尽列举法,按照这一方法,一项不符措施条目列入负面清单需要说明例外安排针对哪一部门、所涉义务、政府层级、引用的措施、描述以及任何相关过渡安排。

从美国已缔结并生效的BIT来看,美国大多数情况下禁止的部门和子部门主要包括原子能、采矿、外资保险、航空运输、报关服务、证券登记、无线电通信、有线电视、卫星通信、少数民族事务、海事服务和金融服务等。

2. 负面清单在其他国家外商投资管理中的适用

从国家层面看,当前世界上在外商投资管理中采取负面清单的国家并不多,美国等发达国家在外商投资管理中并无这种国内法意义上的外国投资"负面清单"。即使是采用国内法意义上的外国投资"负面清单"的国家,也仅有极少数国家(如菲律宾、印度尼西亚等)采取的是同上海自贸区"负面清单"一样的方式,即单独制定针对外国投资准入管理措施的"负面清单"。①

菲律宾在其《1991年外国投资法》中首次引入负面清单模式,经过多年实施,负面清单的功能并未得到很好的发挥且饱受诟病。一方面负面清单对提高菲律宾外国投资透明度和吸引外国投资作用有限,另一方面菲律宾负面清单对外国投资给予过多限制。这主要是因为菲律宾外国投资负面清单中清单A所列的均为宪法和特定法律所规定的限制领域,清单B则为《1991年外国投资法》所规定的限制领域。要减少负面清单中所限制的领域需要修改宪法和相关法律。②

相较于菲律宾,另一个自20世纪90年代开始施行负面清单的国家印度尼西亚,自20世纪90年代施行负面清单并取得一定成效。印度尼西亚在《印度尼西亚共和国1968年第6号关于国内投资的法律》和《外国投资法》第6条规定的基础上,颁布《投资封闭行业清单》总统令,即印度尼西亚版

---

①② 申海平:《菲律宾外国投资"负面清单"发展之启示》,《法学》2014年第9期。

的负面清单,这一负面清单出台后,由于其对投资的来源予以区别对待,即在国内外资本均禁止投资的领域之外还专门列出绝对禁止外资投资的领域,导致标准不统一。此后,印度尼西亚将《印度尼西亚共和国1968年第6号关于国内投资的法律》和《外国投资法》二法合一,明确规定外资和内资在投资上享有同等的法律地位,在此基础上对负面清单的修订标准和条件进行明确规定,并于2007年颁布了《关于封闭行业和有条件开放行业清单的标准与条件》,这一条例将印度尼西亚负面清单的限制性规定分为两类:一类是绝对禁止的封闭行业,另一类是有条件开放的行业,其投资行为必须符合一些限制性规定,所有规定对于国内外投资者一视同仁。① 印度尼西亚通过负面清单不断减少行业限制并提升政策透明度,进一步推动了市场的开放和外商直接投资的自由化,使其在吸引外资竞争激烈的亚洲取得外商直接投资数量的持续上升。但与此同时,负面清单对内外资一视同仁,使国内产业保护主义与国外贸易自由化主义的利益矛盾日益增加。②

综上所述,正确理解负面清单的含义与特征是我国适用负面清单管理制的基础,而负面清单在国际投资协定以及其他国家层面的适用则为我国目前正在进行的中欧双边投资协定谈判以及国内正在推进的负面清单管理制改革提供了借鉴。

三、实践与改进:外商投资准入负面清单各版本内容

2013年9月29日,中国(上海)自由贸易试验区正式挂牌成立,开启了我国自贸区建设。我国以"1+3+7"的顺序先后在上海、天津、福建、广东、辽宁、浙江、河南、湖北、重庆、四川、陕西建立了11个自贸区,共同形成高水平对外开放新格局。自贸区肩负的一个主要任务是探索建立准入前国民待遇加负面清单管理模式。③ 2013年10月1日,上海市政府公布《中国(上海)自由贸易试验区外商投资准入特别管理措施(负面清单)(2013年)》(以下简称《上海自贸区负面清单2013年版》),这成为中国首个负面清单。经过9个月的试运行后,上海自贸区负面清单2014年版出台。随着自贸区扩容,2015年4月,国务院发布《自由贸易试验区外商投资

---

①② 顾晨:《印度尼西亚"负面清单"改革之经验》,《法学》2014年第9期。
③ 《国务院关于印发中国(上海)自贸区总体方案的通知》(国发〔2013〕38号)。

准入特别管理措施》（负面清单），其后自贸区负面清单2017年版、2018年版陆续发布。在自贸区试验的基础上，中国自2017年开始发布在全国适用的外商投资准入负面清单，下面对各版负面清单的主要内容予以梳理和分析，以了解当前我国负面清单管理制改革的进展情况。

(一)《上海自贸区外商投资准入负面清单》主要内容（2013年版、2014年版）

在"保留行业+特殊管理措施"的框架下，《上海自贸区负面清单2013年版》和2014年版负面清单列明了上海自贸试验区内与国民待遇不相符的外商投资项目和外商投资企业的准入措施。上海自贸区在制定这两份清单时，均按照《国民经济行业分类及代码》（2011年版）分类编制，包括18个行业门类，但"(S)公共管理、社会保障和社会组织"和"(T)国际组织"这两个行业门类不适用。《上海自贸区负面清单2013年版》列出了18个门类、89个大类、419个中类、1069个小类、190条管理措施——约占试验区内1069个小经济行业分类的17.8%。[①]

孙元欣等（2014）从保留的行业数量的角度分析了《上海自贸区负面清单2013年版》，指出这份清单保留小类行业509个，占国民经济18个门类1068个小类行业的比重为47.7%，其中，第一产业、第二产业和第三产业的负面清单保留小类行业比重分别为99.0%、29.6%和60.6%。从服务业看，金融业和教育行业中负面清单保留小类行业的比重均为100%。住宿和餐饮业、居民服务业整个行业并没有被列入负面清单，对外资是全面开放的。此外，将2013年版负面清单保留行业所占比重排序，可以看出我国对外商投资的限制状况，具体排序为金融业（100%）、教育（100%）、农业（99%）、文化、体育和娱乐业（83.3%）、信息传输、租赁和商务服务业（82.1%）、软件和信息服务（76.5%）、交通运输、仓储和邮政业（62.5%）。[②]

2014年6月30日，上海市政府颁布了《中国（上海）自由贸易试验区外商投资准入特别管理措施（负面清单）（2014年修订）》（以下简称《上海自贸区负面清单2014年版》）。与2013年的版本相比较，《上海自贸区负面清单2014年版》将外商投资特别管理措施从190项削减到139项，其中

[①] 戴海波：《自贸区负面清单涉及18个门类》，2013年9月29日，http://finance.ifeng.com/a/20130929/10781977_0.shtml，2018年5月15日访问。

[②] 孙元欣、吉莉、周任远：《上海自由贸易试验区负面清单（2013年版）及其改进》，《外国经济与管理》2014年第3期。

包括29项禁止措施和110项限制措施。在1069个小经济行业分类中，需要实施特别管理的措施占13%。从开放程度来看，新版的负面清单更加开放。在外商投资特别管理措施方面，它取消了14项、放宽了19项，进一步开放比率达17.4%。① 同时，《上海自贸区负面清单2014年版》透明度得到一定的提升。2013年版负面清单中无具体限制条件的55条管理措施大幅缩减为2014年版的25条，并且明确了部分具体限制管理措施的条件。②

在《上海自贸区负面清单2013年版》发布后，一些批评者认为清单过长、无助于有效鼓励外商投资。一些学者对《上海自贸区负面清单2013年版》与当时适用的《外商投资产业指导目录（2011年修订）》进行了逐一对比，指出《外商投资产业指导目录》中，禁止类36项、限制类78项、鼓励类中的限制措施约43项，共157项；而《上海自贸区负面清单2013年版》中，禁止类38项、限制类74项，共包括190项特别措施，通过对比可发现，这两份文件在限制类和禁止类的数量上基本相同，据此认为，《上海自贸区负面清单2013年版》几乎是《外商投资产业指导目录》的翻版，在开放性方面几乎没有实质性改善。③ 作为对各种意见的回应，《上海自贸区负面清单2014年版》显著减少了上海自贸区限制或禁止的行业和活动数量。一些评论者认为，《上海自贸区负面清单2014年版》能为外商在中国经济的一些快速增长行业创造新的机遇和动力，如生命科学和医疗保健业。然而，也有一些批评者认为，虽然新的清单确实减少了清单条目，但这种变化的意义并不大。

通过对比《上海自贸区负面清单2014年版》和《外商投资产业指导目录》可以看出，虽然《上海自贸区负面清单2014年版》比2013年版更加清晰，但这种透明度还有待进一步提高，一些限制性规定没有解释。尽管上海自贸区负面清单仍存在诸多不足之处，但其作为"先试先行"，为自贸试验区外商投资准入负面清单的制定奠定了基础。

---

① 《中国（上海）自由贸易试验区外商投资准入特别管理措施（负面清单）（2014年修订）》情况说明会，http://www.shftz.gov.cn/WebViewPublic/item_page.aspx?newsid=635398258712843215&coltype=8，2018年7月14日访问。

② 《中国（上海）自由贸易试验区外商投资准入特别管理措施（负面清单）（2014年修订）》情况说明会，http://www.shftz.gov.cn/WebViewPublic/item_page.aspx?newsid=635398258712843215&coltype=8，2018年7月16日访问。

③ 马宇：《上海自贸区负面清单凸现根本缺陷》，《中国经营报》2013年11月14日。胡加祥：《准入前国民待遇问题探析——兼论上海自贸区负面清单》，《上海交通大学学报》（哲学社会科学版）2014年第1期。

（二）《自由贸易区试验区外商投资准入负面清单》（2015 年版、2017 年版与 2018 年版）

2015 年 4 月 20 日，国务院批准成立广东、天津、福建三大自贸区，同日公布《自由贸易试验区外商投资准入特别管理措施（负面清单）》（以下简称《自贸试验区负面清单》）。这一版负面清单发布后，国家根据自贸试验区负面清单的实践情况，于 2017 年、2018 年又发布了新版的负面清单。下面对这三版负面清单的内容予以简要介绍。

1. 《自贸试验区负面清单 2015 年版》

《自贸试验区负面清单 2015 年版》作为第一版适用于自贸试验区的负面清单，主要适用于上海、广东、天津、福建四个自由贸易试验区。《自贸试验区负面清单 2015 年版》依据现行有关法律法规制定，列明了在上述四个自贸区内不符合国民待遇等原则的外商投资准入特别管理措施。

在内容上，《自贸试验区负面清单 2015 年版》采用此前上海自贸区负面清单相同的框架，即"保留行业+特殊管理措施"。具体而言，《自贸试验区负面清单 2015 年版》依据《国民经济行业分类》（GB/T 4754—2011）划分为 15 个门类、50 个条目、122 项特别管理措施。其中，特别管理措施包括具体行业措施和适用于所有行业的措施。与此前上海自贸区发布的两版"负面清单"相较，《自贸试验区负面清单 2015 年版》在内容上进一步瘦身，仅规定了 122 项特别管理措施，充分体现了《自贸试验区负面清单 2015 年版》建设开放高地的创新特点。

在例外规定方面，《自贸试验区负面清单 2015 年版》在"说明"中指出，《自贸试验区负面清单 2015 年版》中未列出的与国家安全、公共秩序、公共文化、金融审慎、政府采购、补贴、特殊手续和税收相关的特别管理措施，按照现行规定执行。自贸试验区内的外商投资涉及国家安全的，须按照《自由贸易试验区外商投资国家安全审查试行办法》进行安全审查。此外，中国香港、澳门与台湾地区投资者在自贸试验区内投资参照《自贸试验区负面清单》执行。我国签署的其他协议或协定中有更优惠的开放措施的，按照相关协议或协定的规定执行。

2. 《自贸试验区负面清单 2017 年版》

2017 年 6 月，国务院办公厅发布《自由贸易试验区外商投资准入特别管理措施（负面清单）（2017 年版）》（以下简称《自贸试验区负面清单 2017 年版》）。这一版自贸区负面清单依据《国民经济行业分类》（GB/T 4754—

2011）划分为 15 个门类、40 个条目、95 项特别管理措施，与上一版相比，减少了 10 个条目、27 项措施。其中，特别管理措施包括具体行业措施和适用于所有行业的水平措施。减少的条目包括轨道交通设备制造、医药制造、道路运输、保险业务、会计审计、其他商务服务 6 条，同时整合减少了 4 条。限制性措施进一步缩减，开放度进一步提升。同时，放宽了外资并购的准入限制。除关联并购以外，凡是不涉及准入特别管理措施的外资并购，全部由审批改为备案管理。

此外，《自贸试验区负面清单 2017 年版》对 27 个领域的具体条目按照现行国民经济行业分类的标准表述加以规范，如将"原子能"调整为"核力发电"。同时，对照现行法律法规以及国际通行规则，对 25 个领域进行技术改进，更准确地反映现有全部准入特别管理措施。如在银行服务、保险业等领域列明了全部现行有效的，包括投资者资质、业绩要求、股比要求、业务范围等内容的限制性措施，透明度得到进一步提高。[1]

3.《自贸试验区负面清单 2018 年版》

时隔一年后，2018 年 6 月 30 日，国家发改委与商务部发布《自由贸易试验区外商投资准入特别管理措施（负面清单）（2018 年版）》（以下简称《自由贸易试验区负面清单 2018 年版》），自 2018 年 7 月 30 日起施行。《自由贸易试验区负面清单 2018 年版》继续沿用"说明+列表"的模式，条目由最早的上海自贸区负面清单的 190 条缩减至 45 条，在更多领域试点取消或放宽外资准入限制（见表 8-1）。在放宽市场准入方面，除与全国外资准入负面清单一致的开放措施外，自由贸易试验区外资准入负面清单在种业、油气、矿产资源、增值电信、文化等重要领域提出了新的举措，进行更高水平的对外开放。与前两版自贸试验区负面清单相较，除进一步缩短条目外，这一版负面清单还具有以下两个特点：

一是发布单位不同。《自由贸易试验区负面清单 2018 年版》由国家发改委与商务部在经党中央、国务院同意后发布，而此前两版都是由国务院发布的。

二是与全国版负面清单相衔接。例如，《自由贸易试验区负面清单 2018 年版》与全国版负面清单一样，统一列出股权要求、高管要求等外商投资准入方面的特别管理措施。此前两版主要是列明不符合国民待遇等原则的外商

---

[1] 《商务部召开例行新闻发布会（2017 年 6 月 22 日）》，http：//www.mofcom.gov.cn/article/ae/slfw/201706/20170602597540.shtml，2018 年 7 月 26 日访问。

投资准入特别管理措施。此外，还增加了一些规定，如规定境外投资者不得作为个体工商户、个人独资企业投资人、农民专业合作社成员，从事投资经营活动。境内公司、企业或自然人以其在境外合法设立或控制的公司并购与其有关联关系的境内公司，涉及外商投资项目和企业设立及变更事项的，按照现行规定办理等。[①] 前述改变主要是与2017年开始发布的全国版外商投资准入负面清单保持一致。

表8-1 2013~2018年我国自贸区负面清单特别管理措施变化情况

单位：条

清单名称	国民经济分类	特别管理措施数量	限制性措施	禁止性措施
2013年上海版	18	190	155	35
2014年上海版	16	139	110	29
2015年自贸区版（4个自贸区）	16	122	85	37
2017年自贸区版（11个自贸区）	15	95	61	34
2018年自贸区版（11个自贸区）	14	45	25	20

（三）《全国版外商投资准入负面清单》（2017年版、2018年版）

2014年7月，国务院发布《国务院关于促进市场公平竞争维护市场正常秩序的若干意见》，发出了全国实行统一的市场准入负面清单制度的信号。2015年10月，中央全面深化改革领导小组第16次会议审议通过《关于实行市场准入负面清单制度的意见》（国发〔2015〕55号）（以下简称《意见》），对实行市场准入负面清单制度做出顶层设计。《意见》指出，"负面清单主要包括市场准入负面清单和外商投资负面清单……外商投资负面清单适用于境外投资者在华投资经营行为，是针对外商投资准入的特别管理措施。制定外商投资负面清单要与投资议题对外谈判统筹考虑，有关工作另行规定。我国签署的双多边协议（协定）另有规定的，按照相关协议（协定）

[①] 《自由贸易试验区外商投资准入特别管理措施（负面清单）（2018年版）》说明部分。

的规定执行……有关部门要按照准入前国民待遇加负面清单管理模式,抓紧制定外商投资负面清单"。2016年9月,全国人大常委会审议通过的《中外合资经营企业法》等四部法律修正案提出,举办外商投资企业不涉及准入特别管理措施的,适用备案管理。经国务院批准,2016年10月,国家发展改革委、商务部发布公告,提出外商投资准入特别管理措施范围按2015年版《外商投资产业指导目录》限制类、禁止类以及鼓励类中有股比要求的规定执行。2017年1月,国务院出台《关于扩大对外开放积极利用外资若干措施的通知》(国发〔2017〕5号),要求修订《外商投资产业指导目录》及相关政策法规,放宽服务业、制造业、采矿业等领域外资准入限制。为贯彻落实上述部署,国家发展改革委、商务部会同有关部门开展了以负面清单模式修订《外商投资产业指导目录》工作。

1. 《全国版外商投资准入负面清单2017年版》

2017年6月28日,国家发展改革委员会和商务部联合发布《外商投资产业指导目录(2017年修订)》(以下简称2017年版《目录》)。2017年版《目录》将部分原鼓励类有股比要求的条目,以及限制类、禁止类整合为外商投资准入负面清单,作为对外商投资实行准入前国民待遇加负面清单管理模式的基本依据。中国第一版在全国范围(自贸区除外)适用的外商投资准入负面清单正式出炉。负面清单之外的领域,原则上不得实行对外资准入的限制性措施,外商投资项目和企业设立实行备案管理。

2017年版《目录》进一步扩大了对外开放领域,限制性措施共63条(包括限制类条目35条、禁止类条目28条),比2015年版的93条限制性措施(包括鼓励类有股比要求条目19条、限制类条目38条、禁止类条目36条)减少了30条。与此同时,鼓励类条目数量基本不变,继续鼓励外资投向先进制造、高新技术、节能环保、现代服务业等符合我国产业结构调整优化方向的领域,支持外资广泛参与《中国制造2025》战略和创新驱动发展战略,促进引资引技引智相结合,更好地发挥外商投资企业对促进实体经济发展的重要作用。鼓励类外商投资项目可以享受进口设备免关税等优惠政策。对集约用地的鼓励类外商投资工业项目优先供应土地,在确定土地出让底价时可按不低于所在地土地等别相对应全国工业用地出让最低价标准的70%执行。西部地区的鼓励类项目可以享受西部大开发企业所得税优惠政策。对于鼓励类与限制类的部分重合条目,享受鼓励类政策,同时需遵循准入规定。

除此之外,2017年版《目录》还有以下重要变化:

第一，2017年版《目录》删除了2015年版《目录》中内外资一致的限制性措施。与2017年版自贸区负面清单一样，2017年版《目录》仅包含针对外资准入的特别管理措施，统一适用于内外资企业的市场准入要求则从2017年版《目录》中删除。2017年版《目录》删除的原限制类和禁止类中的11个条目按内外资一致原则管理，如大型主题公园、自然保护区的建设、色情和博彩业等已作为限制类或禁止类项目被列入发改委和商务部于2016年3月2日发布的《市场准入负面清单草案（试点版）》中。

第二，外资并购不涉及外资限制性措施的由审批改为备案管理，关联并购除外。这被业界视为本次目录调整的主要亮点之一。这一安排与2017年版自贸区负面清单的处理一致。国家发改委、商务部2016年10月8日出台的《关于将不涉及国家规定实施准入特别管理措施的外商投资企业设立及变更》，由审批改为《备案管理的公告》，明确外商投资准入特别管理措施范围按《外商投资产业指导目录（2015年修订）》中限制类和禁止类，以及鼓励类中有股权要求、高管要求的有关规定执行；但涉及外资并购设立企业及变更的，按现行有关规定执行。这表明所有的外资并购，不论并购哪个领域，仍按原来的审批制而非简化的备案制。同在允许外商投资的领域内设立企业，只因是绿地投资抑或并购投资的投资方式不同而享有的待遇却不同，这在实务界引起很大争议。此次修订，除"境内公司、企业或自然人以其在境外合法设立或控制的公司并购与其有关联关系的境内公司"以外，将不涉及准入特别管理措施的外资并购设立企业及变更，包括上市公司引入外国投资者战略投资，均纳入备案管理。这一变化，大幅简化了外资并购手续，切实降低了制度性交易成本，推进了投资便利化。将关联并购排除在外，主要原因是限制"假外资"并购。

第三，从行业看，2017年版《目录》进一步提高了服务业、制造业、采矿业等领域开放水平。服务业重点取消了公路旅客运输、外轮理货、资信调查与评级服务、会计审计、农产品批发市场等领域准入限制，制造业重点取消了轨道交通设备、汽车电子、新能源汽车电池、摩托车、食用油脂、燃料乙醇等领域准入限制，放宽了纯电动汽车等领域准入限制，采矿业重点取消了非常规油气、贵金属、锂矿等领域准入限制。

2.《全国版外商投资准入负面清单2018年版》

为适应国际环境正在发生的深刻变化，以开放促改革、促发展、促创新，习近平总书记在2018年博鳌亚洲论坛上指出，过去40年中国经济发展是在开放条件下取得的，未来中国经济实现高质量发展也必须在更加开放的条件下进行，中国将采取对外开放重大举措，大幅度放宽市场准入，上半年完成负面清单修订。在这一背景下，2018年6月28日，国家发改委与商务部发布《外商投资准入特别管理措施（负面清单）（2018年版）》。

这一版清单的主要特点：一是全方位推进开放。第一、第二、第三产业全面放宽市场准入，涉及金融、交通运输、商贸流通、专业服务、制造、基础设施、能源、资源、农业等各领域，共22项开放措施。二是大幅精简负面清单。2018年版负面清单保留48条特别管理措施，比2017年版的63条减少了15条。三是对部分领域开放做出整体安排。2018年版负面清单列出了汽车、金融领域对外开放路线图时间表，逐步加大开放力度，给予相关行业一定过渡期，增强开放的可预期性。①

采用负面清单这种模式来规范外商投资是中国的一项重大改革和进步。负面清单管理制改革，一改过往依靠税收、土地等优惠措施吸引外商投资的传统模式，而以制度创新为核心，通过破解经济转型中遇到的深层次和结构性问题，进一步激发市场创新活力和经济发展动力。从上海自贸区启动至今已近5年的时间，自贸区吸引与利用外资方面也交出了一份合格的成绩。从企业开业来看，自贸试验区内注册设立的相关手续从原来近一个月减少到3~4天，最快1天即可领取营业执照和公章。设立外商投资企业需要提交的文件数量从10份减至3份。上海、广东、天津、福建四个自贸试验区以十万分之五的国土面积吸引了全国十分之一的外资。② 这表明负面清单管理制改革释放的制度红利已初见成效。

四、挑战与变革：负面清单与中国投资环境

尽管负面清单管理制已取得一定的成效，但是在当前贸易保护主义抬头与全球跨国投资低迷的国投资环境下，要保持我国作为全球外商投资主要目的地地位，需要构建更加完善的投资环境。通过分析当前我国投资环境现状以及外商投资企业对投资环境的诉求，有助于进一步破解推进负面清单管理制中存在的困难，优化营商环境。

---

① 《以更大力度推进对外开放——国家发展改革委有关负责人就2018年版外商投资准入特别管理措施（负面清单）答记者问》，http://www.ndrc.gov.cn/xwzx/xwfb/201806/t20180628_890755.html，2018年7月29日访问。

② 赵晋平、许宏强：《自贸试验区建设对中国营商环境的影响》，商务部编：《中国外商投资报告2017年》，2017年。

第八章　负面清单与投资环境

（一）中国投资环境现状述评

　　投资环境是一个综合性的概念。广义而言，主要包括三个范畴：一是宏观的或国家层面的因素，如财政、货币、汇率政策和政治的稳定性；二是政府机构和制度层面的因素，如政府体系、金融和法律制度等；三是基础设施层面的因素，如通信、交通和电力供应等。[1] 投资环境是影响企业效益的重要因素，在投资环境较好的地区，外商投资企业会实现更高的利润水平。[2] 因此，一国投资环境的好坏与其对外资的吸引力高度相关。对于中国投资环境的现状，从宏观方面看，当前中国吸收外资的走势相对平稳，中国投资环境仍得到国际投资者的认可。根据联合国贸发会议《世界投资报告》，我国在全球最具吸引力的投资目的地排名中保持前两位，也是全球第二大引资国。在外商投资管理体制改革方面，近年来，我国不断加快开放步伐，已经将外商投资准入限制措施减少近2/3。中国美国商会发布的《2018中国商务环境调查报告》显示，近75%的受访企业表示实现盈利。每十家受访企业中就有六家把中国列为全球三大投资目的地之一。另有46%的受访企业相信未来三年中国政府会进一步向外资开放中国市场，较2017年的34%有所增长。[3] 2018年6月，中国欧盟商会发布《商业信心调查2018》显示，尽管2017年面临着日益加剧的竞争，加上劳动力成本和生活成本不断上涨等其他挑战，欧洲企业在中国仍取得了强劲的财务业绩，66%的受访企业表示其年度收入同比增长。59%的会员公司仍将中国作为目前和未来投资的三大目的地之一。[4] 上述数据表明当前中国投资环境的很多方面正日益改善与优化。

　　但与此同时，近年来，"中国投资环境恶化论"一直不绝于耳。自2009

---

[1] Stern Nicholas, "A Strategy for Development", World Bank Working Papers, 2002, http://siteresources.worldbank.org/INTABCDEWASHINGTON2001/Resources/stern1.pdf.

[2] 白重恩、路江涌、陶志刚：《投资环境对外资企业效益的影响——来自企业层面的证据》，《经济研究》2004年第9期。

[3] 中国美国商会《2018年商务环境调查报告》的调查结果基于对411家美国商会会员企业于2017年10月至11月开展的调查。下文所引此报告，皆为同一出处，不再专门标注。中国美国商会：《2018年商务环境调查报告》，https://www.amchamchina.org/policy-advocacy/business-climate-survey/。

[4] 中国欧盟商会：《中国欧盟商会商业信心调查2018》的调查结果基于对532家欧盟商会会员企业于2018年受访欧盟企业于2018年2月至3月的调查。下文所引此报告，皆为同一出处，不再专门标注。中国欧盟商会：《中国欧盟商会商业信心调查2018》，http://www.europeanchamber.com.cn/documents/confirm/55c9baa25d297/zh/pdf/568。

年力拓商业间谍案引发"中国投资环境恶化论"的论调以来，2010年初的谷歌事件以及其后英国《金融时报》、美国《华尔街日报》等媒体对在华外商投资企业高管对中国投资环境抱怨的报道一度使"中国投资环境恶化论"甚嚣尘上。一些跨国公司关掉中国门店与工厂的事例时见报端。在世界银行发布的《2018年营商环境报告》中，我国在全球190个经济体中排名第78位，这一报告已连续发布15年，旨在为各经济体改革提供可衡量的指标，促进私营部门发展，鼓励各经济体提高监管效率。该报告通过其建立的一整套衡量和评估各经济体私营部门发展环境的指标体系对每个经济体的营商环境予以评价。《2018年营商环境报告》对影响各国营商环境的10个一级指标进行统计，并根据这些指标的简单平均数进行排名。这10个指标包括开办企业、办理施工许可、获得电力、登记财产、获得信贷、保护少数投资者、纳税、跨境交易、执行合同和解决破产。其中，我国排名靠前的是执行合同（5）、登记财产（41）、办理破产（56）、获得信贷（68）等几项，我国营商环境排名靠后的几项分别是办理施工许可（172）、纳税（130）、保护少数投资者（119）、获得电力（98）、跨境贸易（97）、开办企业（93）。这表明当前我国营商环境还有很大的改善与提升的空间。

（二）外商投资企业对中国投资环境的主要诉求

外商投资企业是中国投资环境最直接的感受者，因此从对外商投资企业调研的数据可以更好地了解与分析当前中国投资环境存在的问题以及投资环境的哪些方面亟待改善与优化。从中国美国商会发布的《2018中国商务环境调查报告》与中国欧盟商会发布的《商业信心调查2018》来看，外商投资企业对中国投资环境的抱怨或是主要诉求集中于以下几个方面：

一是劳动力成本攀升，缺乏合格的员工。近年来，随着我国经济的快速发展，劳动力成本不断攀升，导致了一些对劳动力成本高度敏感的劳动密集型产业的外资撤出中国。劳动力成本的增加，被一些外商投资企业视为近五年在华运营的最重大的风险与挑战之一（见表8-2）。中国美国商会《2018商务环境调查报告》显示，近年来企业招聘和挽留人才时，常常提到的两大难题是空气质量不佳和生活成本太高。

二是法律法规执行不一致，企业面临监管合规风险。外商投资企业对于外商投资法律法规相互冲突、法律解释相互矛盾以及执法力度不平衡等问题多有指责。法律环境不完善问题已连续多年被一些外商投资企业列为在中国运营面临的主要挑战。中国欧盟商会发布的《商业信心调查2018》显示，模糊的规章制度既是未来在华开展业务的第二大挑战,也是第一大监管壁垒（48%的受访企业表示）。由于中小型企业缺乏帮助它们处理模糊法规和烦琐行政程序的资源,因此低效商业环境对其影响最大。

三是中国保护主义不断升级。国民待遇是衡量一国一地投资环境的核心评价标准。[1] 近年来,一些在华商会发布的调查报告认为,外商投资企业在华未与中资企业享受同等的待遇。例如,中国美国商会《2018商务环境调查报告》指出,近半受访企业依然认为中国的政策和执法对其不公平,59%技术和其他研发行业认为受到不公平待遇。中国欧盟商会发布的《商业信心调查2018》也指出同样的问题,在14个行业中有8个行业的超过50%受访企业认为它们受到不平等的待遇,并将行政负担和市场准入列为最有可能面临不公平待遇的领域。

四是市场准入壁垒,获取相关许可证件困难。外商投资企业对于在华取得许可证等市场准入方面存在的诸如审批层级过多、时限含混不清、环节复杂等现象颇有微词。例如,中国美国商会《2018商务环境调查报告》显示禁止、限制市场参与被认为是各行业遭遇不公平对待的最主要方面之一。

表8-2　2014~2018年美资企业在华面临的主要运营挑战

序数\年份	2014	2015	2016	2017	2018
1	劳动力成本增加（46%）	劳动力成本增加（61%）	法律法规执行不一致/不清楚（57%）	法律法规执行不一致/不清楚（58%）	法律法规执行不一致/不清楚（60%）
2	法律法规执行不一致/不清楚（39%）	法律法规执行不一致/不清楚（47%）	劳动力成本增加（54%）	劳动力成本增加（58%）	劳动力成本增加（56%）
3	缺少合格的员工（37%）	缺少合格的员工（42%）	取得相关许可证困难（29%）	中国保护主义不断升级（32%）	监管合规风险（37%）

---

[1]　单文华:《外资国民待遇与陕西的外资政策研究》,《西安交通大学学报》（社会科学版）2013年第2期。

续表

年份 序数	2014	2015	2016	2017	2018
4	缺少合格的管理人员（31%）	缺少合格的管理人员（32%）	缺少合格的员工（29%）	缺少合格的管理人员（30%）	缺少合格的员工（32%）
5	取得相关许可证困难（31%）	中国保护主义不断升级（30%）	行业产能过剩（29%）	取得相关许可证困难（29%）	中国保护主义不断升级（32%）

资料来源：中国美国商会：《2018 商务环境调查报告》。

（三）推进负面清单管理制改革的挑战

从前述对中国投资环境现状与外商投资企业当前对我国投资环境的主要诉求可知，当前中国投资环境面临的问题既包括外商投资企业对市场方面因素的担忧，也包括对监管环境的批评。对于市场方面的因素，如外商投资企业面临的劳动力成本攀升等挑战，是我国经过 40 年的改革发展经济由高速增长阶段转向高质量发展阶段需要面对的客观情况，这也是我国需要通过释放制度红利改善营商环境的重要原因。外商投资企业对法律监管环境方面的批评，则需要予以认真对待。

从前文论述可知，负面清单管理制的含义是在负面清单中没有明确限制或禁止的领域，外商投资者可享有与中国国内企业同等的待遇。并且负面清单有助于推进一国外商投资监管框架的透明度、稳定性与可预见性。但从前述中国投资环境现状与外商投资企业的诉求来看，当前负面清单管理制的推进存在一定的问题。对此大致可以概括为以下几方面原因：

一是负面清单管理制适用时间短。从上海自贸区开始适用负面清单管理模式至今，还不到五年时间，而全国适用的负面清单 2017 年才出台。负面清单管理制作为一种制度创新，要以"备案制+核准制"的方式改变中国适用 30 多年的审批制外资管理方式，不仅是一种管理模式的转变，还需要观念的转变，而这一转变绝不是朝夕间就可完成的。因此，在负面清单管理制推行初期，存在一些问题，可以说是其制度红利还未充分释放出来。

二是负面清单的制定与修订缺乏明确标准与法律支撑。当前在外商投资管理领域出现法律模糊、不一致的情况，很重要的原因是负面清单相关规定推出后，与之前存在的大量法律法规无法衔接以及存在不一致。例如，有学者指出，市场准入负面清单和《产业结构调整指导目录》的限制类目录与鼓励类目录、《商业银行法》规定的银行根据产业政策贷款、《证券法》规定的鼓励符合产业政策的公司股票上市交易、《反垄断法》中产业政策制度安排考量因素等，都发生了冲突。① 出现这一情况的重要原因之一是当前我国各种负面清单的出台均没有明确的法律支持，负面清单的立法层级多是行政法规，因此，当法规与法律存在冲突时，在实践中自然出现法律法规模糊、不一致的情况。

三是负面清单对一国的外资监管与风险防控能力要求高。负面清单管理制改革推出的背景是中美自 2008 年开始双边投资保护协定谈判。在 2013 年 7 月举行的中美战略与经济对话中，中美两国同意以准入前国民待遇和负面清单为基础开展双边投资协定实质性谈判。② 在此之前，我国缔结的国际投资协定从未接受准入前国民待遇。长期以来，中国对于准入前国民待遇持否定态度的主要原因是认为中国是处在经济转型的特殊时期的发展中国家，国民待遇在投资领域的全面实施可能在一定程度上不利于保护民族工业的发展，进而影响整体经济发展和产业布局。同意准入前国民待遇并不表明中国会在投资领域全面实施国民待遇，设置负面清单即为降低准入前国民待遇这一高标准的承诺，问题的关键在于如何设置高水平的负面清单以降低高水平投资自由化带来的监管风险。因此，负面清单作为中国外资管理体制改革的方向，虽有利于突破现行外商投资管理体制深化改革的"瓶颈"问题，进一步完善投资环境，但由于长期以来中国外资管理体制具有"重事前审批，轻事后监管"的倾向，事后监管的法律法规处于滞后发展状态。推进采用负面清单管理制的同时，需要不断完善这一创新制度设计，弥合因为现行政策法律修改与废除造成的监管空白与风险。成熟和完备的国内法制将最终决定我国能否既通过准入阶段的国民待遇帮助本国投资者击破他国的投资准入壁垒，又同时通过高水平的负面清单制定为本国的外资政策发展预留足够空间。③

---

① 席涛：《市场准入负面清单与产业政策、相关法律的修订与衔接》，《中国政法大学学报》2018 年第 3 期。

② 商务部网站：《商务部新闻发言人沈丹阳就中美积极推进投资协定谈判发表谈话》，2013 年 7 月 16 日，http：//english.mofcom.gov.cn/article/newsrelease/policyreleasing/201307/20130700200566.shtml，2018 年 5 月 14 日访问。

③ 韩冰：《准入前国民待遇与负面清单模式：中美 BIT 对中国外资管理体制的影响》，《国际经济评论》2014 年第 6 期。

五、机遇与前景：中国投资环境的进一步优化与完善

当前，在负面清单外商投资准入特别管理措施条目不断缩减的情况下，中国更为重要的是尽快落实改革开放的承诺。对已经被纳入立法的承诺，亟待积极采取具体落实措施予以兑现。结合前述当前中国投资环境与推进负面清单管理制改革中存在的问题，对于进一步优化与完善投资环境，提出以下政策建议。

（1）严格执法，加强执法监督。如前所述，中国现已制定了较为完善的外商投资法律法规体系，但在实践中一些法律法规在执行方面仍存在很多漏洞，因此仅有立法还不够，还必须建立起一套有力的监督检查制度来保证法律的贯彻执行，由此才能限制执法机关自由裁量权的扩大，确保执法活动不脱离法律的约束，遵照国际做法对内外资企业同等对待。严格执法作为改善投资环境的一项重要内容，需要持续落实与贯彻。

（2）秉持"开门立法"的态度，广泛征求与整合各利益攸关方的意见。国家相关主管部门在立法过程中，应广泛听取包括地方政府、企业、商会、行业协会、中介机构以及相关领域的专家等利益攸关方的关切、意见和建议。法律法规在实施中出现不一致，原因之一是对立法目的、背景缺乏必要的了解，如果能够"开门立法"，让更多利益攸关者，从相关法律制定时就参与进来，更有利于出台后法律法规的实施。并且利益攸关者的参与，也有助于从立法阶段就消除一些可能在未来引起歧义的法律法规出台。

（3）构建事前监管体系，完善外资准入国家安全审查制度。中国目前已初步形成以《中华人民共和国反垄断法》《关于外国投资者并购境内企业的规定》和《关于建立外国投资者并购境内企业安全审查制度的通知》等法律法规为主要内容的外资准入国家安全审查制度体系。但与美国、德国等发达国家外资准入的国家安全审查制度相比较，我国的国家安全审查制度还有待完善。例如，目前中国在外资并购安全审查工作方面，尚未有独立的常设机构，只是设有部际联席会议制度，具体承担并购安全审查工作。因此，为提高工作效率与国家安全审查工作的独立性，可以仿照美国设立外国投资委员会的模式，专门设立一个独立的、常设性的外国投资者准入安全审查机构。通过改革与完善外资准入国家安全审查制度体系，提高中国外资准入的风险防控能力。

(4)加强事后监管,将对外商投资企业的审查工作规范化与制度化。长期以来,中国外商投资管理中存在"重审批、轻管理"的问题。一些外资企业在经营过程中,违法违规经营、国内国外实行双重标准的事例时有发生,既损害了消费者的合法权益,也破坏了中国的投资环境。中国政府现已开始对外商投资企业的违法行为依据《反垄断法》等法律法规予以规制。但是在具体执法过程中由于经验不足与执法依据的不明确仍引发了社会的广泛争议。例如,中国的反垄断审查工作,有待于反垄断执法机构在严格执法、透明执法、公正执法与依法执法的基础上将工作常态化,即国家应在外国投资进入后运用法律手段并辅之以必要的行政手段对其予以规范化和制度化的监管。此外,在负面清单管理模式下,政府可以通过运用税收制度、严格执行劳工与环境立法、完善外商投资企业的投资报告与年检制度等措施加强对外商投资企业运营的监督,确保国内市场的有序运行。政府还可以通过发挥税收、融资、基础设施、签证等制度的杠杆作用,有效引导外资投向,积极利用外资为中国经济发展服务。

(5)完善人才培养机制。前述一些外国商会的调查结果表明,中国劳动力市场的现状与前景堪忧。随着中国经济的发展,劳动力成本低廉这一过去吸引外资的主要因素已为明日黄花,合格与高端人才的短缺成为中国劳动力市场未来发展的巨大挑战。因此,这需要国家在人才培养政策方面及时做出调整,以适应就业市场的需求。

开放发展是以习近平同志为核心的党中央提出的新发展理念的重要内容。对外开放40年的经验表明,利用外资是我国开放发展的重要途径与成功经验,不断完善投资环境才能使中国在当前国际背景下仍然具有吸引外商投资的比较优势并使之具有可持续性。负面清单管理制改革是推动中国投资环境持续优化的重要制度创新,应对负面清单管理制改革中出现的问题与挑战,需要牢记市场经济是法治经济。通过新一轮简政放权改革与完善中国外资管理体制的同时,应切实维护中国的国家安全与公平有序的投资环境,而这最终有赖于"顶层设计"与地方实践的密切结合。

第九章　发展合作：从受援国到援助国

改革开放40年来，中国的经济建设取得了巨大成就。在此过程中，随着中国经济实力的增强和发展水平的提高，中国在国际发展合作中的角色已经发生了重要变化。

首先，中国已经成为国际发展机构的重要合作伙伴，通过发展议程的讨论和协商，通过在发展机构中的股东国地位、援助国地位，中国发挥着越来越大的影响，成为连接南北合作的中坚力量。在2013年10月第68届联合国大会上，中国再次以全票成功当选经济及社会理事会会员。自1972年以来中国一直连任该理事会会员，随着国际影响力的扩大，中国通过理事会为南北合作桥梁的搭建做出了积极的贡献。

其次，通过多边、双边等渠道，中国在技术合作、知识合作等方面也推动了南南合作的发展。例如，通过中非减贫与发展基金、中国—东盟社会发展与减贫论坛等对话机制，中国与亚非拉的发展中国家分享减贫经验，为一些国家的发展规划设计提供帮助。此外，中国还在努力推动金砖国家开发银行、亚洲基础设施投资银行的筹备工作。

最后，更为突出的转变是：无论是从双边的角度，还是在多边的国际发展机构中，中国已经从受援国的角色，转变成为一个重要的援助提供国。一方面，中国通过双边机制向其他发展中国家提供的援助数量快速上升。2015年9月，习近平主席在联合国大会上的主题演讲《谋共同永续发展　做合作共赢伙伴》中指出，中国改革开放40年以来，在自身基本实现了千年发展目标的基础上，同时也积极帮助他国，向166个国家和国际组织提供了近4000亿元人民币援助，并派遣了60多万名援助人员。

同时，从多边角度来看，中国的角色也在发生变化。2007年，中国在世界银行国际发展协会的会议上宣布向世界最贫穷国家提供捐助和贷款。此后，中国不断通过联合国、世界银行、亚洲开发银行等多边机制，向其他发展中国家提供资金援助。例如，在没有正式机制向世界银行授予免息贷款的情况下，2013年中国向世界银行提供了10亿美元的硬贷款，此后，又向世

第九章　发展合作：从受援国到援助国

界银行提供了3亿美元的补助，通过这种渠道，为世界银行的贷款降低了成本，因此从本质上来说中国也开始向世界银行提供重要的软贷款支持。[①]

本章将从五个方面来阐述、分析改革开放40年以来，中国的这一角色转化。第一部分是对整体上国际发展援助趋势进行回顾与展望。在此背景下，第二部分进一步对中国对外援助在转变过程中的发展特点、面临的问题与挑战进行分析。第三部分是相应的中国对外援助战略转变与管理转变。第四部分与第五部分评估了中国对非援助是否发挥了"造血"功能。本章的分析是从是否提升了国际贸易的能力角度来进行讨论的，两部分分别聚焦于问题的提出和理论机制的分析，以及模型的设定和回归分析。

一、国际发展援助发展趋势和展望

考虑到新的国内外环境，依据国际发展援助已然存在的变化，我们可以从一个侧面窥探国际发展援助未来的发展方向和制度安排。

（一）援助理念

1. 援助目标逐渐从MDGs向SDGs转变

截至目前，实现MDGs一直是国际发展援助的政策导向和根本目标。2015年是MDGs的截止年，届时大部分国家将在很多指标方面取得显著进展，加之近年来愈演愈烈的经济危机等经济问题、环境问题、收入不平等社会问题，原有的MDGs将不再适合继续作为全球发展的目标导向，因此很多国家呼吁应在MDGs的基础上，着手制定2015年后全球发展议程。2012年联合国可持续大会提出将制定一套以可持续发展为核心的可持续发展目标（SDGs），并指出SDGs将以MDGs为基础并与联合国2015年以后的发展议程相一致。

MDGs主要适用于贫穷国家，标准相对较低，而且在此进程中发达国家仅仅为贫穷国家提供资金和技术援助而无须承担其他国际责任。然而，SDGs将为所有国家设定适合的发展目标，这些目标将在MDGs的基础上提出更高标准和更为全面地涉及现有的发展问题，并惠及当代以及后代。[②] 举例来讲，

[①] 肖恩·唐南：《世行针对中国10亿美元贷款展开内查》，（英国）《金融时报》，http://www.ftchinese.com/story/001060496，2015年3月25日。

[②] Jeffrey D. Sachs, From Millennium Development Goals to Sustainable Development Goals [J]. The Lancet, 2012, 379: 2206-2211, 2012.

MDG 1~MDG 6 对收入、教育、男女平等和医疗等指标的要求都只是基本水平；MDG 7 虽然关注环境可持续性，却忽略了经济和社会的可持续发展；MDG 8 仅在事后增加了全球公共产品指标，但未提供具体的量化指标。此外，现有的 MDGs 还忽略了全球治理、安全、收入和机会不平等等问题。SDGs 将汲取 MDGs 的长处，尽可能地弥补 MDGs 的不足，以更好地符合全球和各国发展的现实，实现全球可持续发展。① 2015 年以后，SDGs 无疑替代 MDGs 成为各国制定发展政策的核心依据，因此，国际发展援助政策的制定和援助目标的设置也必然由参考 MDGs 逐渐过渡到 SDGs。

2. "援助有效性"与"发展有效性"并重

《巴黎宣言》所倡导的"援助有效性"理念在发达国家较为盛行，其设定的 12 项指标是发达国家衡量其援助效果的主要参考；而《釜山宣言》提出的"发展有效性"理念是为了确立符合新兴援助国的援助地位和责任的援助规范，因而在新兴援助国较为普及。"发展有效性"和"援助有效性"并不是相互矛盾、相互替代的，相反，两者之间是相互补充、相互促进的，"援助有效性"侧重于援助本身的操作方法和程序的有效、科学，"发展有效性"侧重于援助实施后对受援国的经济增长、减贫等的促进作用，而两者对提高援助的有效性都不可或缺，因而未来的援助或许会考虑将两者结合起来，不断改善衡量援助有效性的方法和指标。

（二）援助管理

对外援助管理的总体框架包括援助的法律和政治基础、援助一致性（协调）、组织机构设置、执行、监督和评估等诸方面的内容。

1. 一致性

一致性包含以下几个层次：①发展合作政策内部的一致性；②一国（施受双方）内部援助与非援助政策的一致性；③不同援助方之间援助与非援助政策的一致性；④援助国、受援国之间发展政策目标的一致性。自《巴黎宣言》签署以来，援助一致性有所增加，但为了提高援助的有效性，援助的一致性将进一步提高。在发展政策方面，未来发展中国家都将依据千年发展目标等国际目标制定系统、适合且可操作性的发展战略，而援助国也将依据受

---

① Nicole Bates-Eamer et al., Post-2015 Development Agenda: Goals, Targets and Indicators [EB/OL]. The Centre for International Governance Innovation (CIGI), p. 4, http://sustainabledevelopment.un.org/content/documents/775cigi.pdf, 2012.

援国的发展战略制定其援助方案。在援助的支付系统方面,为了确保援助的有效性,《巴黎宣言》《釜山宣言》都强调受援国要具备有效的制度和政策。鉴于未来更多的援助将通过受援国的体制和制度来开展,因而受援国完善的政治、经济体制以及良好的政策和公共治理能力将受到更多重视,并可能成为一个至关重要的影响援助决策特别是援助分配的因素。在援助国之间的协调方面,援助国之间将使用更多统一的援助安排,开展更多的联合任务,并增加方案援助的比例。与此同时,不同援助国当地的办事处之间的信息交流和经验共享将逐渐增加,并开展更多联合培训和建立更多联合实践小组,也可能出现类似于世界银行学院的全球性的交流和学习平台或国家性、区域性的协作平台。

2. 组织机构设置

对于援助国而言,其援助机构和援助活动的独立性将进一步增强,因而未来将有越来越多的援助国设立专门机构来管理其发展援助活动;与此同时,援助国将更加明确各援助部门的职能和分工,并逐渐减少项目执行单位(Project Implementation Unit,PIU)的数量;援助部门与其他政府部门之间的协调机制也将进一步增强。随着国际发展援助管理分权化趋势的日益加强,一些援助国当地的代表处的自主权将越来越大,"基层导向型管理"可能成为未来的一种趋势,英国所实行的"集权与分权"的管理模式①,可能成为一种参考。但是,权力下放程度取决于很多因素,包括政治意愿、管理的复杂性(涉及的部门和执行机构数)、援助数量等,如何更好地权衡集权与分权之间的关系将成为一个非常重要的课题。

对于受援国而言,其现有的组织机构设置存在诸多问题,未来将面临一系列重大的改革。首先,有些受援国的援助是由某些政府部门兼管或多个部门同时管理的,这会导致援助资金分配和使用的分散化,而且常常因为不同部门之间的利益冲突而导致援助效率低下、援助成本高昂甚至滋生腐败。针对这一问题,受援国必须改善其行政管理体制,建立独立的对外援助组织机构。其次,缺乏与其他非政府部门协调与合作的机制。未来受援国在开展援助活动时将鼓励更多非政府部门参与到本国援助政策制定和执行的过程中,建立与这些机构的长效合作机制。最后,忽略对援助的监督和评估,缺乏有效的监督和评估机构。未来受援国将更为重视对援助的监督和评估,可能考虑逐渐建立相对独立的监督和评估机构,并不断提高信息公布标准、改善援

---

① 参见黄梅波、万慧:《英国的对外援助:政策及管理》,《国际经济合作》2011年第7期。

助信息的质量和获取方式。然而，由于可能受到国际因素的影响和国内利益团体的阻碍，受援国援助体制和相应的行政体制改革的阻力必然很大。受援国的援助体制改革必将是一个缓慢的、循序渐进的过程，需要各方的广泛参与和积极推进。

3. 执行

在未来执行援助时，结果导向型管理将更加受到重视，且施受双方都将建立系统的结果导向型管理框架。在初始阶段，施受双方的结果导向型管理框架可能是相互独立的，较少考虑对方的评估指标和程序，但随着合作的进一步深入，双方在进行结果导向型管理特别是评估指标设定时将更多基于受援国的发展战略，并兼顾双方的需求和具体国情。到一定阶段，双方将合作建立统一的、规范化、制度化的结果导向型管理体系，并在整个援助过程中共同遵循和执行这一体系。

4. 监督和评估

对援助结果的监督和评估在未来将受到更多重视。国际发展援助评估未来的发展方向主要包括以下几个方面：第一，早期的评估政策只关注援助机构的管理和绩效，未来的评估政策则更加关注相互问责以及受援国的评估能力建设。第二，为了提高评估的效果，将有越来越多的援助国设立相对独立的评估机构，评估政策的独立性将不断增强。第三，未来将有更多的市场主体参与到援助评估的过程中，越来越多的国家将聘请外部咨询专家和指导小组指导本国的评估。因此，评估过程将更为透明，这也对援助信息的公布和获取提出了更高的要求。第四，将有更多的援助国开展联合评估，且受援国的参与度将不断提高。第五，未来的评估将越来越重视对评估结果的反馈，以及对评估反馈和建议的实施，从而使评估真正发挥作用。因此，未来将有更多国家建立管理层评估应对系统。

（三）援助战略

1. 援助规模：短期可能缩减，中期将增加，长期将减少；发展中援助国的援助将不断增加

自2007年以来，全球经济接连受到金融危机、经济危机、债务危机的冲击，现今存在陷入衰退的迹象。因此，在接下来的几年内，国际发展援助的资金总量可能出现缩减。不过，从中期来看，随着全球经济的逐渐复苏，以及新的援助融资方式作用的日益显现，援助规模将再次回升，并不断扩大。从长远来看，援助资金将逐步缩减，直至不再有援助发生。这主要是因

为，随着受援国经济的发展，其对援助的需求将逐渐减少，直到没有任何国家依赖援助。从援助的相对量即援助占 GNI 的比例来看，与援助总额的变动趋势相一致，短期内该占比可能会出现小幅下降；中期将持续增加并普遍达到其至超过 0.7% 的承诺，而且该标准存在上调的可能；在长期中，随着援助总量的减少，该占比也将逐渐下降，并最终下降为 0。但是，在整个援助过程中，随着发展中援助国经济影响力的不断上升，其对外援助增长速度也将不断加快。

2. 援助方式：多边援助的作用有待加强，知识合作将愈加重要

多边援助机构不仅是提供发展援助资金的主要渠道，而且是政策咨询、技术服务及发展研究的核心机构，同时也是国际发展援助协调工作的核心部门。[①] 但是从过去 40 年的发展趋势来看，近 10 年多边渠道提供的援助净额占比，较之前 30 年总体呈下降趋势，而通过双边渠道提供的援助净额占比

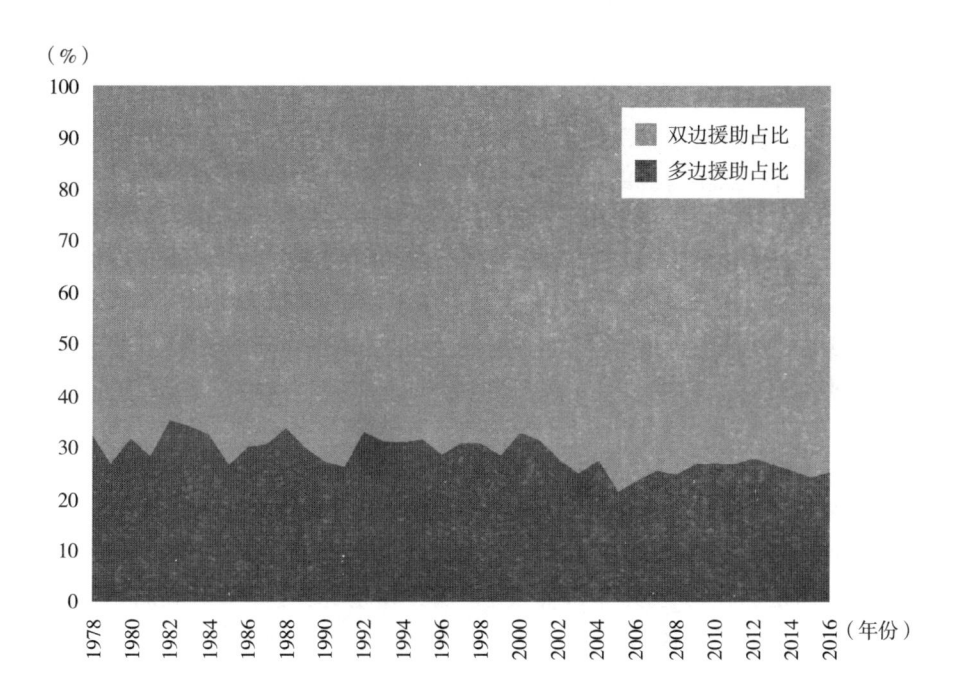

图 9-1　国际援助中双边和多边援助的占比

资料来源：OECD. StatExtracts.

[①] 孙鸿藻：《国际多边援助的发展趋势》，《经济研究参考》1993 年第 2 期。

则呈上升趋势（见图9-1）。各方普遍认为，要实现经济、社会与环境的可持续发展，就必须在国家、区域和全球层面上加强协调，形成合力。[①] 可以预见，在以后的国际发展援助中，多边援助额占比及其作用将进一步上升，对双边援助的影响也将增大。不过，资金援助在双边、多边援助中的作用将日益下降，未来多边援助将主要侧重于知识合作。特别是联合国系统和世界银行在知识合作中的作用将进一步凸显。不仅如此，知识合作在双边援助中的占比也将继续增加，且以能力建设和技术援助为主要方式。

考虑到具体的援助方式，一方面，双边ODA中赠款占比将越来越多，而贷款形式的援助将不断减少，债务减免的力度将进一步加大，"南南合作"将在国际发展援助中发挥更重要的作用，成为现有援助的重要补充；另一方面，方案援助的比例会持续增加，而项目援助的比例将进一步减少。

3. 资金来源渠道：更多新型融资机制将产生，援助成为贸易与FDI的催化剂

传统的公共援助资金与实际的援助需求存在很大缺口，因而援助国必将不断探索新的援助资金来源渠道。未来官方发展援助（ODA）占比将呈下降趋势，非政府组织将为援助提供更多资金，以弥补公共资金的不足。与此同时，新的融资方式将不断产生，创新性融资会越来越多，但始终是传统融资的补充，不会替代传统融资的主体地位。在各种已经或将要被采用的新型融资方式中，SDR因为融资潜力较大、融资速度较快、可预测性和可持续性较好，因而被采用的潜力最大。[②] 目前是否采用SDR作为新型融资方式正被热议中，未来SDR极有可能被用于发展融资，并成为新型融资最为重要的方式。

4. 援助领域：向千年发展目标集中

由于实现千年发展目标是国际发展援助的预期目标，因而援助方在确定援助领域时，必然会参考这些目标和指标。联合国千年发展目标共设定了8个总体目标、19项具体目标及68项具体指标，这些目标和指标以消除贫困和关注弱势群体为中心，以关注人的生存和发展权利为重点，以整合经济、社会、环境的可持续发展为前提，涉及削减贫困、教育、性别平

---

① 沙祖康：《通向里约之路——2011年中国可持续发展论坛开幕式致辞》，《中国人口·资源与环境》2012年第1期。

② 关于各种援助融资方式的探讨详见黄梅波、陈岳：《国际发展援助创新融资机制分析》，《国际经济合作》2012年第4期。

等、环境可持续性等问题。况且早期的援助主要投向受援国的经济基础设施和服务部门以及生产部门，到援助中后期，这些部门的发展步入正轨，社会基础设施和服务领域及跨部门问题成为受援国经济进一步发展的制约因素。正因如此，未来国际发展援助中社会基础设施和服务部门及跨部门问题的受援比例必将进一步上升，具体包括教育、医疗、人口、环境保护等问题。而这些问题显然都是千年发展目标重点关注的，因而未来援助将向 MDGs 集中。

二、中国对外援助的特点和面临的挑战

（一）中国对外援助的发展特点

近年来，中国等新兴援助国的对外援助数额大幅增长，在国际援助体系中开始发挥越来越重要的作用。与此同时，它们坚持不同于传统援助国的原则和做法，凸显了现存国际援助体系的缺陷，推动了国际援助体系的改革。具体来讲，中国对外援助的特点及其对国际发展援助体系的影响主要体现在援助理念、援助原则、援助主体、援助领域、援助方式、援助体系构建等方面。

1. 援助理念、援助原则

自《巴黎宣言》签署后，发达国家一直以"援助有效性"理念为依据开展和评估其对外援助，而新兴援助国则以"发展有效性"理念为依据开展其对外援助活动。中国等新兴援助国影响力的逐渐显现已经使国际发展援助理念由"援助有效性"开始向"发展有效性"转变。"发展有效性"与"援助有效性"的相互配合，将从实际操作和最终结果两方面提高援助的效果。

在传统的援助体系中，施受双方的地位是不对等的，发达国家始终处于主导地位，受援国的主事权并未受到应有的重视和尊重。在提供援助时，发达国家总是在援助中附加种种条件，其中最为典型的即为"民主"和"良治"，试图在对外援助的同时向受援国输出自己的价值观念和国家制度。而处于从属地位的受援国为了获取发展资金不得不接受苛刻的附加条件，甚至违背本国的发展战略。这种不对等的关系很大程度上影响了援助的有效性，并引起受援国的不满和抵触。与此相反，中国等新兴援助国的对外援助是在"南南合作"的框架下展开的，以"平等互利、共同发展"作为援助的根本

原则。这一政策导向超越了施援与受援的关系,对传统的以发达国家为主导的援助关系造成了极大的挑战。中国等新兴援助国的参与迫使国际社会重新考虑施受双方的关系,倡导构建各援助主体之间平等协作的伙伴关系,在该关系中,受援国对本国的发展享有充分的自主权,援助国必须尊重这种自主权并帮助受援国提高发展能力。

2. 援助主体

近年来,中国等新兴援助国的发展壮大客观上削弱了发达国家在国际援助体系中的主导地位,成为国际发展援助体系中具有重要影响力的一极。对受援国来说,中国作为援助国角色的出现和发展使国际发展援助的数额不断增加、渠道更加多样化,受援国在援助类型和援助国方面不再像以前一样仅限于在"标准化"的 DAC 援助国范围内进行选择。更重要的是,中国也曾面临过与受援国当前所面临的相类似的发展问题,在减贫和经济发展方面,有许多可以与受援国分享的经验。[①]

3. 援助领域

在提供对外援助时,中国等新兴援助国主要关注经济基础设施和服务部门及生产部门,以期在较短时间内给受援国带来急需的经济增长和就业,减少贫困人口;而传统援助国的援助则侧重于社会基础设施和服务部门。两者都是以 MDGs 为依据,但适用于不同发展水平的国家。经济较为贫困的国家急需的是尽快提高其经济发展水平,因而中国的援助领域相对更为适合;而中等低收入水平的受援国急需的是良好的经济和社会发展环境,因而传统援助国对民生领域的关注更为合适。

4. 援助方式

中国等新兴援助国的对外援助是以"南南合作"的方式开展的,这种方式不仅为合作伙伴(指受援国)提供发展所需的资金,更重要的是发展知识的交流和共享。在对外援助中,新兴援助国往往会通过提供政策咨询和建议、研讨会、人员培训等方式,与受援国分享其在减贫和发展方面的经验。尽管发达国家也有一些发展经验可以与受援国分享,但由于其与发展中国家在经济、历史、文化等方面存在较大差异,其发展经验和知识不一定适合后者的需要。

发达国家拥有雄厚的援助资金和丰富的发展援助经验,而新兴援助国拥

---

① 刘爱兰、黄梅波:《非 DAC 援助国与国际援助体系:影响及比较》,《国际经济合作》2011年第 11 期。

有更符合受援国实际需求的发展经验。三方合作具有把新兴援助国和传统援助国各自的力量和经验结合起来的潜在优势,是增强新兴援助国、传统援助国和受援国合作以提高援助有效性的重要手段,新兴援助国的参与也使三方合作的形式更受青睐。

5. 援助体系构建

从国际援助体系的具体规范的构建方面来看:一方面,传统援助国将加强与新兴援助国的对话与合作,调整其现行对外援助规范,以兼容新兴市场国家的对外援助理念;另一方面,随着新兴援助国对外援助的发展,它们也会借鉴国际经验不断完善自身对外援助管理,形成一套具有该类国家特色的对外援助体系。在长期内,两种援助规范必将不断地相互借鉴、取长补短。

(二) 中国对外援助面临的挑战

自开展对外援助以来,中国的援助活动取得了良好的效果,受到了当地政府和人民的广泛好评。[①] 但随着我国援助活动的进一步深入,一些问题也逐渐凸显,影响了中国对外援助的效率和效果。中国必须理性看待和积极应对这些挑战,而在国际发展援助体系中争取主动,并发挥更重要的作用。

1. 对外援助缺乏完整的理论指导

开展援助活动需要科学的援助理论做指导,而我国至今没有形成完整的对外援助理论。一方面,我国的对外援助长期以来不重视对国际发展援助的研究,对外援助的理论与实证研究都十分不足,对该领域最新的变化和趋势也把握不够;另一方面,我国缺乏一批熟悉国际援助规则和惯例的专家学者,导致我国至今尚未形成一套较为完整的、有中国特色的、适合中国国情和经济发展水平的对外援助理论体系。

2. 管理体系不完善

对外援助管理的总体框架包括援助的法律和政治基础、援助一致性(协调)、组织机构设置、执行、监督和评估等诸方面的内容。[②] 在法律和政治基础方面,到目前为止,我国对外援助尚无统一的立法,现有援外制度体系主

[①] 王蕊:《国际发展援助经验对我国援外工作的借鉴》,《国际经济合作》2012 年第 8 期。
[②] 黄梅波、郎建燕:《主要发达国家对外援助管理体系的总体框架》,《国际经济合作》2011 年第 1 期。

要以部门规章为主体,包括一系列规范性的文件和内部规则。① 在援助一致性和组织机构设置方面,整体来讲,我国对外援助活动的一致性程度较低,组织机构设置不合理。具体来讲:在内部协调方面,我国没有独立的对外援助管理和执行部门,对外援助一直是由商务部、财政部等多个部门共同管理和执行的,各部门之间的协调难度和协调成本较大。而且我国一直没有整体性的发展援助方案,援助政策之间、援助政策与非援助政策常常会产生冲突,严重影响援助政策的实施效果;在外部协调方面,我国的对外援助活动很少与其他援助国以及多边援助机构合作,有时可能会与其他援助方的援助活动相矛盾,对外援助的有效性也因此大打折扣。在执行方面,由于我国对外援助由多个部门执行,因而难免出现重复执行或权责不明确等问题。在监督和评估方面,我国尚未建立科学系统的援助监督和评估体系,独立、透明的监督和评估体系的建设迫在眉睫。

3. 援助方式和资金来源有待进一步优化

从宏观方面来讲,我国的对外援助主要采取双边援助方式,多边援助占比较小,多边渠道还未得到充分的重视。从援助的具体方式来看,一方面,双边援助中赠款占比较小,贷款援助的比例虽有所下降,但仍是我国对外援助的主要方式,且政府优惠贷款的优惠程度较低;另一方面,援助方式以项目援助为主,② 而项目之间相对独立,缺乏系统性的前期规划,这在一定程度上影响了援助的效果。

另外,我国的对外援助主要是由政府实施的,因而援助资金也主要来源于政府的财政支出,非政府机构的作用非常有限。然而,仅仅依靠政府提高对外援助预算以增加援外资金是远远不够的,潜力有限,而且也会因经济波动受到影响。

4. NGOs 在援助中的作用未得到有效发挥

NGOs 往往规模庞大,具有很强的政治影响力,在官方发展援助中纳入 NGOs 的参与,可以适当缓冲和"稀释"官方发展援助的政治性,有时更容易被受援国国民接受。③然而,中国的对外援助一直由政府主导,私人部门和民间社会团体等 NGOs 的作用尚未得到重视。

---

①③ 黄梅波:《中国对外援助机制:现状和趋势》,《国际经济合作》2007 年第 6 期。
② 国务院新闻办公室:《中国对外援助白皮书》,2011 年,www.scio.gov.cn。

三、中国对外援助战略与管理变革

(一) 中国对外援助的战略变革

1. 坚持"发展有效性"与"援助有效性"相结合

中国在对外援助过程中,需要兼顾"发展有效性"和"援助有效性",才能真正提高援助的效果。不过,实施"发展有效性"和"援助有效性"均会存在一些困难,将两者结合起来难度更大。具体来讲,实施"发展有效性"往往需要很多援助主体的参与,协调难度较大,且衡量"发展"的指标体系除了可测量的经济指标,可能还涉及文化、道德等方面的指标,主观性太强,会产生不真实、片面的评估结果。而实施"援助有效性"原则将使一国面临政治、政策和实施等方面的挑战,如需要重新分配援助资源、改革援助实施程序等,这往往与该国的政治目标、某些利益集团的利益相悖,从而可能对援助本身乃至本国政治、经济造成不良影响。因此,我国在考察援助的效果时,必须根据本国的援助实践,适当参考"发展有效性"和"援助有效性"评估框架,建立符合自身实际情况的援助有效性评估体系,以切实提高援助的效果。

"发展有效性"在评价援助效果时主要以 MDGs 为标尺,2015 年后则将转向 SDGs。一方面,中国等新兴援助国在实现 SDGs 的过程中起到关键作用,这显著提高其在援助领域的地位和影响力;但另一方面,由于 SDGs 追求更高的发展标准,其对中国等新兴援助国自身发展和对外援助的要求也提高,这无疑给这些国家带来极大的内外部挑战。中国应当努力把握机会,积极应对挑战。首先,与其他发展中国家特别是新兴市场国家紧密合作,争取在开放工作小组 (Opening Working Group, OWG)① 和 SDGs 的制定过程中拥有更多话语权,以使 SDGs 尽可能符合本国国情和各国应尽的国际责任。其次,对于 SDGs,我国在对外援助时应以为受援国削减贫困为主要目的,而无须比照某些发达国家侧重于环境可持续性的方式,并结合本国和受援国的实际适度参照 SDGs 的标准,绝不能将 SDGs 作为提供发展援助的先决条件。最后,从根本上来讲,中国只有加快自身经济发展,尽快实现本国贫困削减

---

① 联合国可持续发展大会 (Rio+20) 提出成立一个 30 人的 OWG,用于制定 SDGs,该小组于 2013 年 1 月 22 日通过联合国大会决议成立,很多国家共享一个职位。

等发展目标,才能更好地应对 SDGs 可能带来的挑战。

2. 对外援助要尽力而为,量力而行,合理配置资源

《釜山宣言》和联合国可持续大会都曾强调"共同但有区别的责任",这是国际发展合作的基石,也是我国对外援助应该牢记的原则。鉴于此,我国在对外援助过程中应该尽力而为、量力而行。一方面,我们应该清醒地认识到,我国仍然是发展中国家,国内依然面临着贫困、资源、环境等可持续发展问题,而发达国家的综合国力普遍强于发展中国家,且拥有成熟的援助管理体系和丰富的援助经验。所以,发达国家在国际发展援助体系中应该承担主要责任,应尽快履行其援助承诺,而我国要以提高本国的可持续发展能力为主线,坚持消除国内贫困便是为世界可持续发展做贡献的理念。另一方面,作为负责任的大国,未来中国的对外援助要适应我国对外战略需要和财力增长,在可承受的范围内适度扩大援助规模。我国可以考虑每年拿出 GDP 的一个固定比例用于对外发展援助,但无须比照 0.7% 的标准。但是,鉴于援助资金在短期内不能迅速增加,合理地配置对外援助资金更加重要,我国对外援助资金投放必须有方向、有重点、有原则,尽可能地提高援助的有效性。中国的对外援助,重点在周边国家和非洲国家,兼顾其他地区和国家,适当向最不发达国家、重债穷国和战略上、外交上有特殊需要的发展中国家倾斜。在选择援助对象时,除了考虑受援国的贫困程度和减贫需求,同时还要结合其援助效果,适当减少对援助有效性低、政府治理能力差的国家的援助。

3. 注重知识合作,增加无偿援助占比,试行方案援助

对受援国而言,中国不仅是一个援助资金提供者、发展项目建设者,还应是发展知识和经验的提供者和传播者,因而我国应逐渐增加知识援助的比重。知识合作是研究工作、经济和部门调研及能力建设等的有机结合。在合作初级阶段,我国可主要以举办研讨会、合作调研和政策建议为主,帮助受援国更好地了解其经济发展的优劣势,便于政策制定;之后则可以具体项目为载体,以开展技术援助为主要方式,并通过技术援助和人才培养不断增强受援国的发展能力;最后,逐步将双方知识合作制度化、规范化。

从宏观方面来看,我国要科学调整无偿援助、无息贷款、优惠贷款的结构和比例,新增对外援助资金应尽量以无偿援助为主。同时,要增加人道主义援助特别是对动荡国家和遭受自然灾害的国家的援助,加大债务减免的力度。从援助的具体方式来看,我国有必要根据受援国的需求和我国的实际情况,进一步革新援外方式。其一,试行方案援助。目前,我国的援助方式以

项目援助为主，而项目之间相对独立，缺乏系统的前期规划，这在一定程度上影响了援助的效果。因此，可参考发达国家的做法，实施方案援助，具体包括一般预算援助和部门方案援助。一般预算援助主要用于一般发展目的，没有设定具体的援助部门，对资金的具体使用也基本没有限制；部门方案援助主要是对受援国某一具体的援助部门，如农业部门、工业部门、教育部门等进行援助，并不与具体的项目相联系。其二，发挥科研机构的作用。目前我国的培训和交流项目主要由政府主导，科研机构之间的联系相对较少。政府应当进一步加大对科研机构的资金和政策扶持，鼓励其他发展中国家更多的青年学生和科研人员来华交流和合作。

4. 资金来源渠道的多元化

目前，我国的援助资金主要来源于政府的财政支出，无法满足受援国对援助资金的需求，而且会因经济波动受到影响。因此，必须创新融资方式。发达国家受援国和国际组织已经开拓了多种新的融资机制，可为我国推动援助资金来源和方式的多样化提供借鉴。目前发达国家正在运行的创新融资方式中，融资效果比较明显的主要有机票团结税、IFFIm、AMC、碳交易税和（RED）产品，我国可以适当参考这些方式，增加援助资金来源。

5. 以千年发展目标为参考，合理确定援助领域

我国与传统援助国的援助领域存在很大差异，但不存在孰优孰劣的问题。我国在确定援助领域时需要综合考虑各方面因素，无须完全跟从传统援助国侧重于民生领域的模式。从理论上来讲，我国在确定援助领域时，必须以千年发展目标为依据，以实现 MDGs 为大方向。由于 MDGs 所关注的领域主要是民生领域，因此，我国的对外援助也应当侧重于社会基础设施和服务部门。但是，在具体实施对外援助时，我国也需要考虑受援国的实际情况，因地制宜地确定援助重点支持领域。由于极为贫困国家急需的经济基础设施，而经济基础设施建设是中国的比较优势，[1] 因而应该侧重于援助其经济基础设施和服务部门，促进其经济发展，为减贫奠定坚实的基础；而对于中低收入国家，则应当侧重于援助其社会基础设施和服务部门，因为它们已经具备了一定的经济基础，有一定的能力关注并改善这些领域，为经济的进一步发展营造良好的社会环境。此外，在确定援助领域时还要考虑具体的援助方式。例如，无偿援助和无息贷款主要用于援建社会公共设施等项目，提供一般物资、进行人道主义救援和能力建设等，而优惠贷款主要用于有经济效

---

[1] 金玲：《对非援助：中国与欧盟能否经验共享》，《国际问题研究》2010 年第 1 期。

益的生产型项目、资源能源开发项目。①

6. 尊重受援国的主事权，提高受援国的参与度

援助有效性标准的两个核心问题是受援国的参与程度和援助的条件性。国际发展援助效果一直低下的一个重要原因就是缺少受援国的参与。所以，我国在提供援助时，应充分尊重受援国在制定和实施发展战略上的自主权，确保受援国切实参与援助活动。尊重和发挥受援国的主事权应当贯穿在整个援助过程中。在项目的准备阶段，我国需与受援国的各利益相关方密切沟通，深入、全面地了解其发展需求，以进行项目的可行性分析；在项目执行阶段，要确保受援国的企业和相关人员真正参与到项目执行中，通过项目的实施提高受援国独立开展项目规划、实施和管理的水平；在项目评估阶段，受援国的参与度尤为重要。我国可以与受援国开展联合评估，并确保受援国的利益相关者能获得同等、及时的信息。《巴黎宣言》和联合国可持续大会都明确提出，要切实避免附加条件的援助，因此，我国在提供对外援助时应尽量减少附加条件的援助。

（二）中国对外援助管理的变革

1. 增加援助的一致性

从整体上来看，我国对外援助的一致性、协调性程度较低。中国的对外援助要想获得预期的效果，就必须顺应国际发展援助的趋势，加强援助的内外部协调。首先，尽早制定一部总括性且可操作的援助法案，系统地规定中国对外援助的战略和政策，用于指导我国中长期的对外援助工作。其次，考虑进行发展援助组织机构改革，建立独立的对外援助机构，统筹我国的对外援助活动，同时要建立援助部门与其他相关政府部门之间的协调机制。最后，加强与其他援助国、多边机构的协调与合作，但要采取不同的合作战略。例如，在与发达国家合作时，既要坚持我国的基本原则和自主权，也要考虑和运用发达国家有益的援助经验。在与新兴援助国合作时，主要采取"南南合作"形式，彼此之间可以在联合融资、联合监督和评估、减贫经验共享等方面相互协商与合作，增强发展援助的联合效能，树立"南南合作"的典范。在与多边援助机构合作时，要充分发挥不同多边机构的比较优势。IMF 的援助职能与贫困国家的减贫相关性较小，且受西方发达国家的控制，

---

① 国务院新闻办公室：《中国对外援助白皮书》（第二条），2011 年，第 3 页。

第九章 发展合作：从受援国到援助国

因而不应作为我国对外援助合作的对象；[①] 世界银行也在很大程度上受到西方发达国家的控制，但考虑到其在全球减贫方面的贡献和与我国长期的合作关系，可以适度增加对世界银行的援助资金；发展中国家在联合国的地位相对较高，且其援助全部为无偿援助，所以中国可以优先考虑增加对联合国的援助资金以争取更多主动权。不过，联合国系统机构繁多，存在管理不善、效率低下等问题，其整体援助活动备受责难，[②] 而联合国开发计划署的援助则广受发展中国家的赞誉，其知识合作特别是受援国的能力建设援助效果尤为突出。因此，我国可着重加强与开发计划署的合作，增加对其援助资金投入。此外，我国还可增加对亚洲发展银行的援助，以增强在亚洲的影响力。在与多边机构合作时，我国要及时向其呈报本年度的援助预算报告，便于多边援助机构对援助资金进行合理的分配和使用；与其他援助国合作，共同开展对多边援助机构援助活动的评估，以敦促其提高援助有效性；充分发挥多边机构在知识合作方面的比较优势，并加强与其在知识合作方面的学习和交流。

2. 建立系统的组织机构框架

除了设立专门机构来管理发展援助活动，我国应在受援国当地建立办事处或委托大使馆管理和执行各项具体的援助活动；与此同时，更加明确各援助部门的职能和分工，并尽量避免和减少 PIUs 的数量。考虑到国际发展援助管理分权化的趋势，我国也需要适当增加受援国当地的代表处的自主权，可以考虑实施"基层导向型管理"和"集权与分权"的管理模式。在援助的监督和评估方面，我国一直缺乏系统的援助监督和评估体系。因此，建立独立、透明的监督和评估体系迫在眉睫。完整的监督和评估体系应当包括内部和外部的监督和评估两方面。机构内部的监督和评估最重要的就是建立一个独立于援助决策和执行部门的监督和评估部门；而外部监督和评估，一方面可通过加大宣传，发挥公众对援助政策和活动的监督作用来实现；另一方面可聘请专门的外部委员会来进行，该外部委员会由来自高校、民间社会团体和部分援助部门的专家构成。

3. 实施"结果导向型"管理

在政策执行方面，可考虑实施"结果导向型"管理，以更好地管理整个

[①] IMF 的职能主要在于维持国际货币体系稳定和各国国际收支平衡，因而在援助方面主要提供用于应对危机的紧急贷款，贷款条件十分苛刻。

[②] 吕博：《多边援助的现状和前景》，《国际经济合作》1992 年第 10 期。

援助进程。具体来讲，首先，通过事前的项目可行性调查和分析，合理确定援助的目标和进程。这可以通过与受援国的政策对话、实地调查等方式来实现。其次，以确定的目标为导向和标准，随时监控援助项目的实施状况，适时、适当地调整援助活动和进程，以求最终达成预期的援助目标。最后，在援助实施后，针对援助的结果进一步分析，并在各援助机构中交流结果，总结经验教训，为以后的援助规划做准备。

4. 重视对援助活动的监督和评估

从决策制定到最终项目完成，在整个援助过程中，监督和评估对确保资金的有效利用和项目的顺利进行无疑发挥着至关重要的作用。然而，我国一直不太重视对援助效果的监督和评估，且缺乏完善的监督和评估机制。在建立独立、透明的监督和评估体系后，我国在执行援助监督和评估时应当：第一，尽可能地确保监督和评估职能的独立性以及监督和评估过程的透明性，这就要求我国援助信息的公布和获取要尽量符合相关的国际准则。第二，监督和评估政策应该更加关注相互问责以及受援国的能力建设。同时，要重视对评估结果的反馈，建立管理层监督和评估应对系统，从而使评估真正发挥作用。第三，我国要积极参与区域性、全球性的监督和评估体系的构建，增强与其他援助方的相互监督和评估，并开展更多联合监督和评估，尤其是要增加受援国的参与。

5. 坚持以政府为主导，同时重视私人部门和民间社会团体的作用

我国的对外援助一直由政府主导，私人部门和民间社会团体的作用未得到重视，这与发达国家的状况恰好相反，也与联合国可持续发展大会的原则相悖。由于政府在筹资、对外沟通、政策配套等方面具有比较优势，因而国际发展援助应坚持以政府为主导。然而，私人部门和民间社会团体等非政府组织在资金成本管理、人才培养、民间交流等方面具备更多优势，因此，引入非政府组织参与发展援助势在必行。我国应积极推动本国甚至受援国非政府组织的发展。首先，从法律层面肯定非政府组织在援助中的重要地位和作用，并出台相关的扶持政策（如融资方面），为其参与援助营造有利的环境；其次，增加对非政府组织的资金支持，为其援助活动提供坚实的物质基础；再次，与非政府组织联合开展援助活动，相互交流援助经验和信息；最后，敦促和帮助非政府组织加强自身的能力建设，尽快形成统一的管理机构，协调和管理其对外援助活动。

四、中国对非援助的贸易能力提升评估：问题的提出及理论机制

（一）问题的提出

2015年9月第70届联合国大会一致审议通过了后2015年发展议程，自2016年起，其将取代2000年的千年发展议程，成为未来指导全球和各国可持续发展的纲领性文件。为帮助其他发展中国家落实全球可持续发展议程，在此次联合国系列峰会上，习近平主席代表中国做出了建立中国—联合国和平与发展基金、设立"南南合作援助基金"、免除部分国家的政府间无息贷款债务、设立国际发展知识中心等多项实质性的承诺，充分展示了负责任的大国形象。近几年来，随着中国国际地位的日渐提升，及其在国际发展领域影响力的日益扩大，国际社会对中国承担更多国际发展合作责任的期望也越来越大，中国对外援助的实践也开始备受关注。尤其是，中国一直强调将援助与贸易、投资密切结合，共同推进受援国的经济增长和减贫；在国际会议上，中国也多次倡导并增加"促贸援助"，但其有效性却备受争议。这一方面是因为中国的对外援助原则和实践与传统发达国家援助国差别太大，另一方面也是因为中国一直缺少有力的回应。那么，中国对外援助与受援国的国际贸易之间的作用机制是什么？其实际效果究竟如何？对这些问题的研究不仅能够应对国际上对中国对外援助的诟病，而且能够为其进一步的改进提供参考。

目前，关于中国对外援助的研究，主要是描述性的，侧重于分析中国对外援助的现状、管理体系等，鲜有文献探讨中国对外援助的效果，关于中国对外援助与受援国国际贸易之间关系的研究更是屈指可数。这主要是缘于中国对外援助数据的缺失。实际上，由于中国等新兴援助国援助数据的缺失，国内外学者多研究发达国家援助国的官方发展援助对受援国国际贸易的影响效应，主要涉及援助与出口总额、援助与出口多样化等。在援助与出口总额方面，Munemo（2006）、Legmann等（2013）采用援助总额数据实证研究发现，援助对受援国的出口总额没有明显的积极影响，甚至可能减少其出口。有学者选用了一些与贸易密切相关的援助类别，探究了"促贸援助"对受援国对外贸易的影响。例如，Pettersson和Johansson（2013）实证检验得出，整体"促贸援助"可以增加受援国的出口总额；Cali和Velde（2011）、

Helble 等（2012）、Vijil 和 Wagner（2012）、Hühne 等（2013）考察了整体"促贸援助"及其项下的经济基础设施援助（Economic Infrastructure Aid）、生产部门援助（Production Sector Aid）及贸易政策和管理援助（Trade Policies & Regulations Aid）对受援国出口总额的影响，发现整体"促贸援助"、经济基础设施援助及贸易政策和管理援助可以增加受援国的出口总额，生产部门援助对出口总额的影响则不显著。

在援助与出口多样化方面，有学者指出，单一的外贸结构会使一国贸易极易受到国际市场价格波动的影响，导致贸易条件恶化，阻碍一国贸易甚至经济的稳定发展（Pacheco & Pierola，2008）。因此，出口总额的增加不能视为受援国贸易能力的提升，出口多样化结构的优化才是其贸易能力提升的真正体现。在实践中，出口多样化也被认为是防止一国遭受"资源诅咒"（Resource Curse），保持国际收支平衡的重要政策手段。鉴于此，越来越多的学者开始关注援助与受援国出口多样化之间的关系，散见的文献有 Osakwe（2007）和 Munemo（2011）。Osakwe（2007）运用动态面板系统 GMM 方法检验发现，援助会显著提高受援国的出口多样化水平。Munemo（2011）通过实证研究得出：当援助总额占 GDP 的比重低于 20% 时，援助将显著促进受援国的出口多样化；但当该占比超过 20% 时，则会阻碍受援国的出口多样化进程。

（二）理论机制的探讨

根据众多学者和援助机构对"促贸援助"的界定（Bourdon et al.，2009；Cali & Velde，2011；OECD & WTO，2009，2013 等），并结合中国对外援助的部门分配情况，我们将中国的"促贸援助"划分为四类，即与贸易相关的基础设施援助（Trade-related Infrastructure Aid）、生产部门援助（Production Sector Aid）、贸易政策和管理援助（Trade Policy and Regulations Aid）、贸易发展援助（Trade Development Aid），分别通过贸易成本效应、需求结构效应、贸易自由化效应、贸易环境效应作用于受援国的国际贸易。除了援助之外，还有其他因素会影响受援国对外贸易的发展。图 9-2 可以更为直观地展示援助及其他影响因素与受援国国际贸易之间的关系。

1. 基础设施援助与贸易成本效应

开展对外贸易除需承担与生产相关的各项成本外，还要确保商品顺利运出本国，到达最终消费者手中，因此还需承担相应的运输费用等贸易成本。与贸易相关的基础设施援助主要就是通过影响受援国内部的贸易成本来影响

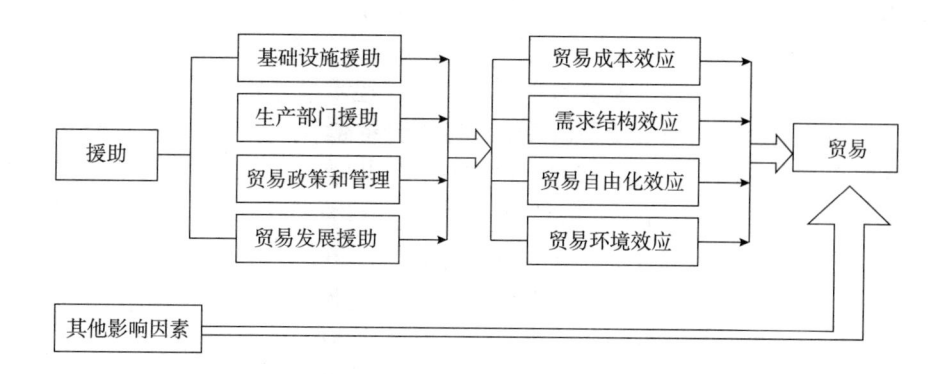

第九章　发展合作：从受援国到援助国

图 9-2　援助与贸易之间的理论机制

资料来源：笔者依据"促贸援助"的内容自行制作。

其对外贸易。具体而言，基础设施援助主要用于支持受援国的经济基础设施建设，不断完善其运输、仓储、装卸等条件，从而直接降低受援国与贸易相关的固定和可变成本，增加其在国际市场上的成本优势，最终增加出口总额。

Melitz（2003）、Eaton 等（2004）、Helpman（2006）等基于异质性企业模型得出，一国贸易成本降低可以创造出新的盈利机会，生产率较高的厂商将开始进入出口市场，而生产率较低的厂商则退出，最终的结果是该国出口多样化程度会提高。基于上述分析，我们认为，中国对外基础设施援助总额的增加将同时提高受援国的出口总额和出口多样化水平。

2. 生产部门援助与需求结构传导效应

生产部门援助直接投向受援国具体的产业和部门，如农业、工业、新兴产业等，旨在帮助受援国制定产业政策、开展产业技能培训等，以培养和增强受援国的生产能力。生产能力的构建不仅能够提高受援国的出口供给能力，而且能够改善出口产品的质量和种类，从而更好地满足进口国对差异化产品的需求，进而增加受援国的出口总额和出口多样化程度。因此，我们认为，中国生产部门对外援助总额的增加将同时提高受援国的出口总额和出口多样化水平。

3. 贸易政策和管理援助与贸易自由化传导效应

贸易政策和管理援助主要用于推进受援国的贸易自由化进程。它为受援国提供资金和技术支持，帮助其政府部门提高贸易政策制定、贸易谈判和争端解决能力，推进受援国的区域贸易一体化；提供电子商务、通信等方面的技术，简化出入境程序，提高出入境效率，使对外贸易更加便利化、低成本化；支持受援国政府展开海关、税务、检验检疫等方面的改革，改善其海关、商检设施条件，减少关税和非关税壁垒，逐步推进贸易一体化进程等。贸易自由化最直接的结果就是降低受援国的贸易成本，贸易成本的降低又能够同时增加受援国的出口总额和出口多样化程度。Feenstra 和 Kee（2007）、Felbermayr 和 Kohler（2009）等讨论了贸易自由化对一国出口的影响，均发现关税降低、进入自贸区、开放市场准入条件等贸易自由化措施将会促进该国出口总额的增加和出口多样化水平的提高。因此，我们认为，中国贸易政策和管理援助即援助总额的增加能够同时提高受援国的出口总额和出口多样化水平。

4. 贸易发展援助与贸易环境效应

贸易发展援助以技术援助为主要形式，施受双方一般通过具体项目的合作，帮助受援国推行电子商务，完善信息网络，为出口企业提供市场和风险等贸易相关信息；为出口企业提供资金融通和融资担保等，便利贸易融资；构建公共—私人部门网络，为出口企业提供技术创新、市场拓展等方面的商业扶持和服务等。可见，贸易发展援助可以优化受援国内部的贸易发展环境和条件，鼓励更多企业开展对外贸易，同时可以降低运输成本、分销成本等，并最终通过贸易成本传导效应，改善受援国的出口额及出口多样化。当然，技术援助往往不是独立发挥作用的，而是贯穿于其他援助方式之中，共同起到促进受援国贸易发展的效果。基于上述分析，我们认为，中国贸易发展援助总额增加将改善受援国的对外贸易（包括出口额和出口多样化）。

五、中国对非援助的贸易能力提升评估：模型设定及回归分析结果

（一）模型设定和使用的数据

基于前文的理论分析，本节的具体模型设定如下：

$$\ln(Export)_{it} = \alpha_i + \gamma_1 \ln(Aid)_{it} + \beta_1 \ln(GDP)_{it} + \beta_2 \ln(CPI)_{it} + \beta_3 \ln(Corr)_{it} + \beta_4 \ln(Tele)_{it} + \beta_5 \ln(Land)_{it} + \varepsilon_{it} \quad (9-1)$$

$$Div_{it} = \mu_i + \gamma_2 \ln(Aid)_{it} + \delta_1 \ln(GDP)_{it} + \delta_2 \ln(GDP)_{it} + \delta_3 \ln(CPI)_{it} + \delta_4 \ln(Corr)_{it} + \delta_5 \ln(Tele)_{it} + \delta_6 \ln(Land)_{it} + \nu_{it} \quad (9-2)$$

其中，i 和 t 分别表示受援国和时间。$Export$ 和 Div 分别表示受援国的出

口总额和出口多样化；Aid 表示中国的对外援助额；CPI 为受援国的消费者物价指数，替代汇率指标；GDP 为受援国实际人均 GDP，表示人均收入水平；Corr 为受援国的腐败指数，表示其制度质量；Tele 是每百人拥有的电话数，表示受援国的基础设施质量（Francois & Manchin，2007；Munemo，2011）；Land 为受援国可耕地的数量，代表资源禀赋（Munemo，2006，2011）；α_i、μ_i 为不可观测的国家固定效应；ε_{it}、ν_{it} 为随机误差项。

援助对受援国对外贸易的影响可能存在"门槛效应"，即当援助超过/低于某一临界值时，可能会阻碍受援国出口总额或出口多样化水平的改善，因此，我们将在回归方程（9-1）和回归方程（9-2）中引入援助的平方项，以考察援助的"门槛效应"。

以下是本章分析所使用的数据：

1. 出口总额和出口多样化

衡量受援国贸易绩效的指标有两个，即出口总额和出口多样化，出口总额来自 UNCTAD 数据库，是用 GDP 平减指数折算后的实际值。我们用赫芬达尔—赫希曼指数（Herfindahl-Hirschmann Index，HHI）来衡量受援国的出口多样化水平，该指数也来自 UNCTAD，计算公式如下：

$$HHI_i = \sum_{j}^{n} \left(\frac{x_{ij}}{\sum_{j}^{n} x_{ij}} \right)^2 \quad (9-3)$$

其中，HHI_i 表示 i 国的 HHI 指数，x_{ij} 表示 i 国第 j 种出口商品，n 表示 i 国所有出口商品的数目。HHI 指数用于表示一国出口产品的集中度，采用一国出口的 SITC-3 计算得出，取值在 0~1 之间，数值越接近 1 表示产品多样化水平越低，HHI=1 表明仅出口一种商品，随着出口产品数目的增多，HHI 会逐渐下降。一般来讲，HHI≤0.05，表示出口高度多样化；0.05<HHI≤0.1，表示出口轻度多样化；0.1<HHI≤0.4，表示出口轻度集中；HHI>0.4，表示出口高度集中。

2. 援助指标

一直以来，中国政府都不对外公布其对外援助总额，更不用说具体的地区和国家分布数据。2012 年，美国一所发展融资研究机构 Aid Data 公布了中国对部分非洲国家的援助额。它采用基于媒体的方法（Media-Based Approach）汇总了媒体所公布的中国 2000~2011 年援助的 51 个非洲国家的 1673 个援助项目，据此能够核算出中国对一些非洲国家的援助额。考虑到 2001 年中国加入世界贸易组织后，对外贸易可能出现较大的波动，并结合援助及其他指标的数据完整性，最终，本节选用的、相对较为完整的数据为 2002~2011 年非洲 16 个受援国的援助数额。对于个别年份援助额为零（或接近零）的情况，我们参考 Wagner（2003）、Cali 和 Te Velde（2011）的做法，采用 $\ln(\max\{1, Aid_{it}\})$ 形式解决。

3. 腐败指数

衡量制度质量的指标有腐败、法律体系、民主和问责、政治风险评级等，根据数据的可获得性，并参考 Elbadawi（1999），这里选取腐败指数作为制度质量的代理变量，其数据来自透明国际（Transparent International，TI），取值为 [0，10]，得分越高表示一国公共部门越清廉。

4. 其他指标

CPI 来自世界银行发展指数（World Bank Development Indicators，WDI）数据库，以 2005 年＝100 作为基准。这里选择 CPI 而非实际有效汇率作为经济风险的衡量指标，主要是因为：其一，很多受援国实际有效汇率的数据缺失较多；其二，援助本身会通过影响实际有效汇率来影响对外贸易（Wijnbergen，1985），如果引入汇率指标可能会导致严重的多重共线性。实际人均 GDP、总人口、每百人拥有的电话数、可耕地占比均来自 WDI 数据库，实际人均 GDP 利用 GDP 平减指数折算得到。表 9-1 显示了主要变量的统计特征。

表 9-1 主要变量的统计特征

	均值	标准差	最小值	最大值	样本	来源
$\ln(Export)$	13.08	2.27	4.99	18.19	160	UNCTAD
Div	0.42	0.26	0.11	0.97	160	UNCTAD
$\ln(Aid)$	9.44	5.77	0	17.46	160	OECD CRS
$\ln(GDP)$	1.77	1.17	−0.60	4.24	160	WDI
$\ln(CPI)$	4.72	0.28	3.35	5.35	160	WDI
$\ln(Corr)$	1.08	0.29	0.34	1.70	160	TI
$\ln(Popu)$	16.86	1.11	14.01	18.91	160	WDI
$\ln(Tele)$	0.63	1.49	−1.57	3.40	160	WDI
$\ln(Land)$	2.31	1.04	0.36	3.78	160	WDI
$Libe$	3.84	1.14	1	6	160	Freedom House
$Affinity$	0.87	0.06	0.65	0.97	160	ErikVoeten

（二）回归结果分析

当存在异方差时，如果直接采用普通最小二乘法（OLS）来估计，估计结果虽然是无偏且一致的，但不是有效的。所以在回归之前，这里首先进行了异方差检验，检验结果强烈拒绝"组间同方差"的原假设，表明存在组间异方差问题。因此，我们将使用稳健标准差解决该问题。

1. 援助与出口总额回归结果

表9-2第（1）列和第（2）列为中国对外援助与受援国出口总额之间的回归结果。从第（1）列可以看出，当不考虑"门槛效应"时，援助对受援国出口总额的影响系数为正，且在1%水平下显著，说明中国的对外援助能够显著增加受援国对中国的出口额。具体地，中国对外援助额提高1%，会带来受援国对中出口总额上升0.03%。这符合我们之前的预期，也证实中国所坚持的"促贸援助"方式对非洲地区的贸易促进效应是非常明显的。

与此同时，我们可以看到，在所有影响因素中，受援国的人口对其出口总额的促进作用是最大的，其次为自然资源，两者每上升1%，分别会引起受援国的出口总额增加高达14.77%和2.54%，远高于其他因素的影响效应。这在相当程度上符合当今非洲各国的发展模式和贸易模式。对于落后的非洲地区而言，丰富的劳动力和自然资源仍然是其比较优势的重要来源，也是其经济增长和对外贸易的核心驱动因素，这就从根本上决定了这些国家出口资源密集型和劳动密集型初级产品的贸易模式。幸运的是，丰富的自然资源并未在这些国家产生"资源诅咒"现象，这与Sachs和Warner（1995）、Hausmann和Rigobon（2002）的观点不一致。他们曾指出，自然资源丰富的受援国往往倾向于生产和出口资源密集型产品，由于资源密集型产品受国际市场价格波动的影响相对较大，从而其出口额也会随之起伏较大，甚至不断下跌；同时，一个国家的对外贸易越是集中于资源密集部门，其实际汇率的不稳定性越大，这会严重阻碍本国其他出口部门（如制造业部门）的扩张。

从表9-2还可以看到，人均收入水平对受援国出口额的系数是显著为正的，表明高收入水平在某种程度上确实意味着较好的供给和出口能力。CPI的系数是负向的，且通过了1%的显著性水平检验，这与理论预期是相符的。受援国内部的通货膨胀率越高，则其汇率风险越高，实际汇率升值，出口总额下降。腐败指数和基础设施的系数都是正向的，但在统计上都没有通过10%显著性水平检验，说明受援国制度效率提高、基础设施改善对增加出口总额的促进作用并不显著。

表9-2第（2）列考察了援助对出口总额是否存在"门槛效应"。可以看出，援助及其平方项估计系数的符号由正转负，且至少通过了10%的显著性检验，这表明中国对外援助对受援国出口总额的影响确实存在倒"U"形"门槛效应"，即援助的增加起初会提高受援国的出口总额，但过了拐点之后，则会起到阻碍作用。基于估计结果和（带平方项的）回归方程可以计算得出，对受援国总体而言，当中国对某一受援国的援助额超过约358.49百万美元（准确来讲是e^{22}）时，才会对其出口额产生负面效果。这提醒我们，中国在提供对外援助时要把握一个适当的度，避免援助潜在的贸易阻碍效应。

表9-2 回归结果

	（1）ln(Export)	（2）ln(Export)	（3）Div	（4）Div
ln(Aid)	0.03*** （3.06）	0.11** （2.12）	0.001* （1.68）	0.001 （0.42）
ln²(Aid)		−0.005* （−1.63）		−0.001 （−0.04）
ln(GDP)	1.01* （1.68）	0.97* （1.74）	0.18*** （3.30）	0.18*** （3.26）
ln²(GDP)			−0.03*** （−2.62）	−0.03** （−2.57）
ln(CPI)	−1.54*** （−2.83）	−1.60*** （−2.87）	0.04* （1.70）	0.04* （1.66）
ln(Corr)	0.17 （0.26）	0.27 （0.44）	−0.01 （−0.33）	−0.01 （−0.20）
ln(Popu)	14.77*** （5.12）	15.50*** （5.11）	−0.38*** （−2.78）	−0.38** （−2.66）
ln(Tele)	0.28 （1.34）	0.22 （1.00）	−0.01 （−1.10）	−0.01 （−1.07）
ln(Land)	2.54* （1.83）	2.43* （1.70）	0.08 （0.98）	0.08 （0.95）
F值	115.07	101.29	838.03	795.65
R²	0.90	0.90	0.98	0.98
样本量	160	160	160	160

注：*、**、***分别表示通过10%、5%、1%的显著性水平检验，括号内为估计参数的t值或z值。所有回归都采用了稳健标准差解决异方差后的结果。

2. 援助与出口多样化的回归结果

表9-2后两列显示了援助与出口多样化的回归结果。可以看出，当不考虑援助的"门槛效应"时，援助对出口多样化的估计系数显著为正，即中国对外援助数额越多，受援国的出口多样化指数越高，出口结构越集中。由于非洲地区受援国的出口结构中初级产品占比极高，使其在国际市场上居于非常不利的地位，而中国的对外援助进一步恶化了这种不利的局面。这意味

着，虽然中国对外援助可以增加受援国的出口总额，但却会阻碍受援国的出口多样化进程，从长期来讲，这对受援国的贸易发展是不利的，也是中国对外援助需要认真反省的地方。实际上，在中国的对非援助中，经济基础设施援助占比较高，经济基础设施援助会降低生产和贸易成本，从而吸引更多企业进入市场，丰富产品结构。不过，大部分非洲国家的企业生产和出口的均是同质化非常严重的初级产品或劳动密集型产品，引致其出口有数量无结构，出口结构更加单一，最终导致中国经济基础设施援助的增加反而恶化了其贸易多样化程度。有学者证实，生产部门援助可能会提高受援国的出口多样化水平，这暗示我们，中国对非援助应该调整援助的部门结构，适当减少经济基础设施援助，增加生产部门援助。

受援国的人均收入水平及其平方项的估计系数出现了先正后负的变化，且均通过了5%的显著性检验，表明经济增长对出口多样化的作用呈现先降后升的"U"形趋势，即当受援国的人均收入水平低于某一临界值时，经济增长反而会阻碍其出口多样化水平的提高。进一步地，根据回归方程（9-2）和表9-2第（3）列的回归结果计算可得，当受援国的实际人均GDP高于56116.66美元左右时，一国的经济发展会改善其出口多样化；当低于56116.66美元后，则会阻碍其出口多样化水平的提高。需要指出的是，Imbs和Wacziarg（2003）曾采用韩国、中国香港和OECD等中高收入国家和地区的样本实证研究得出经济增长与出口多样化之间的倒"U"形关系；Carrère（2007）采用全球159个国家样本同样得出两者之间的关系曲线呈"U"形的结论，这与本章的倒"U"形结论在方向上恰好相反。我们不禁猜测，一国的经济增长与出口多样化的关系可能会经历三个阶段，即反向、正向、反向，中间会出现两个拐点，低收入水平的发展中国家处于第一个拐点左右的第一阶段和第二阶段，中高和高收入水平的国家处于第二个拐点左右第二阶段和第三阶段。正因为这里所采用的是非洲地区较为落后的发展中国家样本，因而得出的是"U"形关系，而其他学者选用的多是中高收入国家样本，所以得出的结论与本章相反。

人口因素对HHI的估计系数在5%的水平下显著为负，即丰富的人口资源会提高受援国的出口多样化水平，与前文的理论预期是一致的；更重要的是，人口系数的绝对值相对大于其他变量，这说明受援国的劳动力资源不仅是决定其出口总额增长的主要因素，也是决定其出口多样化程度的主要因素。腐败指数和基础设施的系数都是反向的，但都没有通过10%显著性水平的检验，说明受援国制度效率提高、基础设施改善虽然能够提高其出口多样化水平，但这种促进作用并不明显，与出口总额的回归结果类似。同样，CPI 的正向促进效应也不显著；丰富的自然资源可能会降低受援国的出口多样化程度，但这种阻碍作用在统计上也不显著。

表 9-2 第（4）列为引入援助的平方项后的回归结果。显然，无论是援助本身还是其平方项的估计系数都是不显著的，更没出现符号上的变化，表明中国对外援助对受援国出口多样化的影响不存在"门槛效应"。其他变量的回归系数几乎是不变的，说明我们的回归结果稳健的。

此外，F 值检验证实上述所有模型在整体上都是显著的，R^2 显示所有模型的解释力都在 90% 以上，说明用本章模型来解释受援国的对外贸易问题是合适的。

（三）结论及政策建议

为了推进后 2015 年发展议程，落实中国在第 70 届联合国大会及其系列峰会的诸多承诺，中国的对外援助效果及其改进必须引起应有的重视。本节利用非洲 16 个受援国 2002~2011 年的面板数据，研究了中国对外援助与受援国对外贸易之间的关系，得出了以下结论：①中国的对外援助能够显著增加受援国对中国的出口总额，且其影响存在倒"U"形"门槛效应"；②中国的对外援助会降低受援国的出口多样化水平；③与援助相比，非洲地区受援国的经济发展水平、人口、自然资源仍然是其对外贸易发展的主要决定因素，且人均收入水平对出口多样化的影响呈现明显的倒"U"形态势。

上述结论具有重要的政策含义。第一，中国坚持以"促贸援助"促进受援国的贸易和经济增长的援助方式是非常有效的，这不仅证实了 WTO 所倡导的"促贸援助"理念的合理性，也应成为其他援助国特别是发达国家提供援助的重要参考。中国可以继续坚持"促贸援助"方式并逐渐增加对外援助，同时要在国际上宣传中国对外援助的有效性，以阻止国际舆论对中国对外援助的诟病。第二，本章的分析证实，中国的对外援助并不以受援国的制度因素为条件，也不追求所谓的政治利益，说明中国等国家所倡导的无条件援助有其合理性，无须参照传统援助国一味强调的有条件援助。第三，受援国可以借助援助对其贸易和经济增长的外力作用，但从根本上来讲，受援国应该发挥自主权，基于自身的资源禀赋和优势，不断提高自身的发展能力和发展水平。需要注意的是，中国对外援助会阻碍受援国出口多样化水平的提高，对出口总额的影响也存在"门槛效应"，所以在提供对外援助时，中国要把握一个适当的度，避免援助潜在的贸易阻碍效应；同时要适当调整对外

第九章　发展合作：从受援国到援助国

援助的结构和分配，以期提高受援国的出口多样化水平，优化其贸易结构。

当然，我们的分析仍然存在一定的不足。例如，由于数据可得性等原因，本章对中国对外援助数据的核算可能不太准确，从而影响回归结果的可靠性；同时由于样本数较少，我们也无法分析中国对外援助对不同收入水平受援国影响效果的差异性。我们将进一步收集中国对外援助的相关数据，进一步丰富样本数，以期更准确、更全面地考察这一问题。

第十章　金融开放与金融安全

2008年全球金融危机之后，国内外对于金融开放与金融稳定、金融安全之间的相互关系，有很多研究、探讨甚至争论。与此同时，我国在政府的推动下，迈出了新一轮的金融开放步伐，其中既有成功的经验，也面临着诸多挑战。

一、金融开放对金融安全的影响：理论分析与国际经验

（一）理论分析

1. 定义与内涵

从狭义角度来看，金融开放可以定义为：是否对国际资本和外资金融机构存在着直接行政限制，若存在，则表示不完全金融开放；若不存在，则表示完全金融开放。

金融开放的内涵，可以分两个部分：其一，资本账户开放，即允许跨境资本自由流动，允许国际资本和国内资本以直接投资、证券投资和其他投资方式自由进出；其二，金融机构或金融业务开放，即允许外资金融机构以独资、合资或并购等方式在本国从事银行、证券和保险等业务，同样地，允许本国金融机构以独资、合资或并购等方式在他国从事银行、证券和保险等业务。

关于金融安全，学术界尚无公认的定义，学者大多从金融体系稳定、金融业务或操作以及国家金融主权等角度定义金融安全。综合学者从体系、业务和国家层面对金融安全内涵的阐述，本章采用《国际政治与金融安全报告》对金融安全的定义（张宇燕、冯维江，2018）：一国金融环境、金融市场和金融机构及其构成的金融体系和国家金融主权相对处于没有危险和不受威胁的状态，并且国家其他利益处于免受金融手段或金融渠道所致危险威胁

的状态,以及保障持续国家金融安全状态的能力。

《国际政治与金融安全报告》进一步从安全的目标或规范意义上何为理想安全状态的角度,将金融安全划分为相对金融安全和绝对金融安全(张宇燕、冯维江,2018)。其中,相对金融安全的内在含义是,追求有限度的、具备局部优势的能力所保障的金融安全状态。换言之,相对金融安全并不追求完全清除内外潜在威胁甚或以压倒性地威胁他者的以攻为守、先发制人的方式来实现自身金融安全。绝对金融安全则不然。追求绝对金融安全的目标,是希望通过全面且无限扩大自身对其他利益主体的力量优势,来确保自身处于不受威胁或免予危险的状态。

在一个国家的实际治理当中,绝对金融安全是无法实现的。各国应根据自身的经济发展阶段以及国内的政治、法制与社会状态,追求相应的金融开放程度,不断提高金融体系的效率与监管水平,以寻求保障国家的相对金融安全。

2. 金融开放与金融安全的关系

金融开放是否会影响金融安全?如果会,那么是正向效应还是负向效应呢?大量学者对两者之间的关系进行了研究,主要可分为三种观点。

第一种观点认为,没有确切证据表明金融开放会导致金融不安全。Shen 和 Hsieh(2000)利用跨国数据进行比较研究发现,并无证据显示国际资本流入会导致一国银行体系的不安全,资本流入对一国银行体系稳定性与安全性的影响取决于该国宏观经济的稳健性。第二种观点认为,金融开放会正向影响金融安全。首先,金融开放能够增加投资机会,从而分散风险(Stulz,1999;Henry,2000);其次,取消资本管制、实施金融开放可以对外释放本国金融稳定的信号,从而吸引资本流入(Laban & Larrain,1997);最后,金融开放可以使开放国学习世界先进经验,提高金融市场的运行效率和监管水平。第三种观点认为,金融开放会带来金融风险,甚至威胁一国的金融稳定与安全。首先,金融开放会增加风险来源,可能带来新的风险(程定华,1999);其次,金融开放会加速金融风险的国际传播与扩散,加大金融监管的难度(王元龙,2003);最后,金融开放会导致开放国对外部冲击更为敏感,金融系统的脆弱性增加(Weller,1999)。

本章认为,金融开放是把"双刃剑",既存在有利于金融安全的因素,也存在增加金融不确定性的因素。

一国在实施金融开放的过程中,需要最大化利用有益于金融安全的因素。概括而言,金融开放正向作用于金融安全,主要有三条路径。首先,经济增长路径。金融开放可以扩大本国的融资来源与渠道，提高资金的配置效率和分散融资风险，促进实体经济的发展，这是金融安全的基石。其次，金融发展路径。金融开放可以让本国金融机构借鉴更发达国家的发展经验，促使其迫于竞争压力不断提高国际竞争力，同时优化资本配置效率和提升信息透明度，这是金融安全的保障。最后，制度落差弱化路径。各国金融制度与信用制度的落差加剧了风险的国际传播。金融开放有利于一国加速接轨国际最先进的金融与信用制度，从而降低因制度落差而遭受外源性金融危机的可能性，这是金融安全的制度基础。

当然，各国在享受金融开放带来的收益的同时，也面临着一系列新的风险，主要表现为三种形式。首先，国际资本流动与金融安全问题。金融开放会带来更频繁的国际资本流动，而国际资本流动在方向和规模上的不确定性会严重干扰一国的金融稳定与安全。大规模的资本流入会催化开放国的资产泡沫，而大规模的资本流出则可能导致开放国陷入流动性困境并引发金融恐慌。大量研究也证实，国际资本大规模的频繁进出会严重威胁一国的金融稳定与经济安全。其次，金融机构国际化与金融安全问题。金融开放会带来金融结构的国际化，既包括外资金融结构"走进来"，也包括内资金融结构"走出去"。外资金融机构"走进来"，会加大开放国与国际金融市场的关联，可能会对国际金融风险传播起到桥梁的连接作用；此外，外资金融机构"走进来"还会加剧国内金融业的竞争程度，可能加大国内金融机构的内在不稳定性与脆弱性。内资金融机构"走出去"，意味着将面临更为复杂与不确定性的外部环境，导致经营风险的增加。最后，金融业务国际化与金融安全问题。金融业务国际化在催化很多新业务的同时，会产生很多新的金融风险触发点，而且大量的金融工具创新会加大一国金融体系的脆弱性。此外，跨国业务与金融工具创新还会加大金融监管的成本与难度。

此外，关于金融开放与金融安全之间的辨析关系，仍需关注两点。首先，金融安全并非仅与金融开放相关。研究证实，影响金融稳定与安全的因素可以分为国内和国际两大类。国内因素主要包括实体经济及其结构、金融体系及其结构、外汇储备水平、货币政策以及监管水平等；国际因素主要包括外汇管制程度、货币国际化程度、汇率制度、国际资本冲击等。显然，金融开放只是影响金融安全众多因素中的一个。其次，金融开放与金融安全之间的关系是可变的。从横向来看，金融开放对发达国家和发展中国家的金融稳定与安全状态的影响存在差异。一般而言，发达国家比发展中国家更可能从金融开放中获益,这主要是因为在国家金融秩序的构建和国际金融市场的占有率等方面,发达国家皆优于发展中国家。从纵向来看,同一国家在不同的阶段,金融开放对其金融稳定与安全的作用也可能发生变化。在早期阶段,一国的制度建设与配套监管措施可能跟不上金融开放的步伐,从而出现金融稳定与安全状态一定程度的恶化。然而,随着金融开放进程的推进,相应制度不断完善,监管水平不断提高,金融开放带来的金融风险逐渐可控在适应范围内,金融稳定与安全状态改善。

3. 在维护金融安全的前提下推进金融开放

(1) 金融开放的次序。金融开放本质上是一种经济规则或制度体系全球化的过程,这不是一个一蹴而就的过程,多数学者认为,稳健而有序的开放次序显得非常重要。1998年亚洲金融危机前,由于在固定汇率制度下,东南亚国家过早地实行了资本自由流动,结果助推了金融危机的爆发。

关于金融开放的次序,一般认为,汇率自由应先于资本项目全面开放;资本项目开放应循序渐进。此外,利率市场化应先于资本项目自由化;贸易自由化应先于资本项目自由化;长期资本自由化应先于短期资本自由化。

(2) 国内金融改革。国内金融改革是金融对外开放的重要保障。国内金融市场体制建设与法律制度的完善,是金融开放的制度保障;国内利率市场化改革是资本项目开放和汇率自由化的前提条件。只有国内金融市场不断改革与完善,才能保证开放后金融体系能够较好地与国际市场接轨,发挥市场的价格出清与资源配置的作用。此外,只有稳步推进国内金融机构的改革,增加其定价能力、盈利能力和风险管控能力,才能在金融开放过程中生存和壮大。

(3) 宏观审慎监管。金融开放与金融监管是一对矛盾统一体,金融开放并不是否定金融监管,反而是不断强化金融监管的基础。金融监管是金融开放的前提与保障,但金融开放也会对现有的金融监管体制产生冲击。随着经济全球化与金融一体化的深入,各国经济与金融相互交织,而原有的微观监管体制难以满足日益复杂的国际金融环境。微观审慎监管主要关注个体金融机构的安全与稳定,但2008年金融危机的爆发,暴露了微观审慎监管无法对金融体系的系统性风险进行有效监管的缺陷。为此,各国纷纷推出自上而下的宏观审慎监管框架。

宏观审慎监管与微观审慎监管在监管的目标、对象和内容方面存在显著的差异:在监管目标上,宏观审慎监管的目标是防范系统性风险,维护金融系统的稳定,防止经济大幅波动,而微观审慎监管的目标则是控制个体金融机构或行业的风险，保护投资者的利益；在监管对象上，宏观审慎监管的对象侧重于系统重要性金融机构和整个金融系统，而微观审慎监管则更关注于个体金融机构或行业；在监管内容上，宏观审慎监管主要关注系统重要性金融机构的行为和金融系统的整体风险，以及影响宏观经济稳定的因素，而微观审慎监管则更关注个体金融机构的合规与风险暴露情况。

（二）国际经验

由于历史因素、政治经济体制和发展阶段的不同，各国采取的金融改革与开放策略存在系统性差异，其成效也迥然不同。本章分别选取"激进式"开放的代表——阿根廷和"渐进式"开放的代表——韩国，通过对它们金融开放的实践与成效进行分析，以事例来说明金融开放对金融安全的影响。

1. 阿根廷的金融开放

由于长时间对经济进行强有力的干预以及低效率的国有企业在经济与金融等领域占比过大，阿根廷的经济陷入了长期停滞的困境。为扭转经济颓势，阿根廷先后进行了多轮经济和金融领域的改革与开放。

（1）第一轮金融开放：1977~1989年。为迅速扭转经济增长颓势，阿根廷采取了"激进式"的金融改革与开放策略。为配合经济改革与金融开放，阿根廷首先对国内金融进行了改革：将国有商业银行进行私有化，并允许成立私人金融机构，放松银行设立新分支机构的限制；取消对银行业的信贷控制，实现银行业自由化经营，并大幅度降低法定存款准备金率；实行利率全面市场化。

与此同时，阿根廷在金融开放方面也进行了大刀阔斧的改革：取消对外资银行进入的限制，积极引进外资银行；取消资本管制，基本实现了资本项目的可自由兑换；放弃固定汇率制度，实行货币贬值政策以刺激出口。

然而，从成效来看，阿根廷的本轮金融开放实践是失败的：①从经济增长率来看，阿根廷有一半年份的经济增长率为负；②从通货膨胀率来看，阿根廷经历了恶性通货膨胀，1977年的通货膨胀率已高达176%，但至1989年竟攀升至3079.81%；③从外债余额来看，经常账户持续恶化，外债余额/GNI从1977年的20.14%上升至1989年的92.93%。

（2）第二轮金融开放：1989年以后。随着经济的崩溃，阿根廷不得不暂停金融改革与开放，一定程度上恢复了金融管制。但金融抑制并未使阿根廷的经济与金融状况好转，为此，阿根廷重启了第二轮经济自由化改革和金融改革与开放。

阿根廷在金融开放方面仍采取了"激进式"措施：确立了外资金融机构的国民待遇，吸引外资银行进入；进一步推进证券业的自由化与对外开放；实行类似货币局制度的"自由兑换计划"。

阿根廷的金融改革与开放措施在治理恶性通货膨胀及吸引外资方面取得了成功，并在短期内刺激了经济增长。1994年，阿根廷的通货膨胀率下降至4.18%，外债余额/GNI下降至29.47%，经济也保持了持续4年的正增长。但是，阿根廷的经济与金融基础仍十分脆弱，1998年开始，阿根廷爆发了金融危机，经济与金融状况再次恶化。

（3）经验与教训。阿根廷的金融开放只是拉丁美洲国家20世纪八九十年代金融开放的一个缩影。阿根廷的金融开放实践虽然在短期内曾取得了一定程度的绩效，但整体而言产生了诸多问题，甚至多次爆发金融危机。

阿根廷金融开放实践不成功的原因主要在于"激进式"的开放策略缺乏经济与金融基础。首先，在国内企业缺乏国际竞争力的前提下，"激进式"的对外开放导致经常账户迅速恶化；其次，在缺乏有效的金融监管体制和市场机制的前提下，"激进式"的对外开放导致金融市场功能紊乱，国内金融机构纷纷破产；最后，由于经济和金融改革失败，金融开放缺乏强有力的国内经济和金融基础，结果反而催化了国内经济和金融的脆弱性。

2. 韩国的金融开放

与拉丁美洲国家"激进式"的金融开放策略不同，韩国实行的是更加稳健的"渐进式"开放策略。

（1）第一轮金融开放：1982~1997年。韩国的金融体制特征主要表现为政府主导和间接融资为主。为配合政府主导型的经济模式，韩国的金融体系也由政府主导和支配；同时，韩国的金融结构为银行导向型，其中国有银行又占据主导地位，并受政府的管制。

随着市场经济体制的改革，韩国政府对其金融体系也制定了"一揽子"改革与开放计划。金融改革措施主要表现为：通过公开招标的方式出售国有银行的普通股，对国有银行进行私有化改革；放松金融管制，降低金融业的进入门槛，减少政府对银行信贷的干预；采取"渐进"的方式逐步实现利率市场化。

在金融改革的同时，韩国在金融开放方面也做出了一系列的努力：逐步放宽外资银行的设立限制，谨慎引入外资银行；渐进地开放资本市场，逐步推进本国股票和债券市场的对外开放；实现经常项目的可自由兑换，逐步放松对外商直接投资的管制。

韩国的金融改革与开放取得了积极成效。由于金融体系效率的不断提高，韩国在通货膨胀稳定的同时，实现了经济的持续高速增长，经常账户也不断改善。

（2）第二轮金融开放：1998年以后。1997年，东南亚金融危机爆发，韩国也未能幸免。虽然存在金融危机的连锁反应效应，但也暴露了韩国金融改革与开放的一些失措：由于政府过度干预，导致韩国金融体系相对脆弱；在固定汇率制度下，却过早实现了资本的自由流动。

金融危机的爆发，并没有改变韩国金融开放的决心。在重新调整国内金融结构和对金融机构进行兼并重组后，韩国进一步加大了金融开放的力度：实行浮动汇率制度；在实行浮动汇率制度的基础上，再逐步对外开放国内货币市场和资本市场；进一步开放资本账户，基本放开所有的资本账户交易。

稳步而有序的金融改革与开放策略，大大提高了韩国的金融体系效率，促进了韩国金融业的发展。与此同时，韩国也迅速从东南亚金融危机中恢复，并重新回到中高速经济增长的轨道。

（3）经验与教训。虽然韩国在金融开放实践的过程中也存在一些教训，比如在未实现汇率自由浮动的情况下，贸然开放资本账户，这是助推其金融危机爆发的一个重要因素。但是，与拉丁美洲国家不同，韩国的金融开放实践整体而言是成功的。

韩国金融开放实践成功的主要原因在于实行了符合其自身特征的"渐进式"的开放策略。首先，韩国是出口导向型经济体，出口企业具有较强的国际竞争力，金融开放是其经济开放的内在需要，因此，金融开放具备较好的经济基础；其次，国内有序的金融改革为金融开放奠定了良好的市场基础；再次，合理有序的"渐进式"金融开放策略使国内金融机构拥有充分的时间调整和学习经营策略，以面对国际同业竞争；最后，逐步完善的监管法律、独立的监管机构以及有效的市场机制，是金融开放的制度保障。

二、金融开放新举措及其对我国金融安全的影响

本部分从银行体系、资本市场、保险市场和外汇市场四个方面，在梳理2008年金融危机以来我国金融对外开放新举措的基础上，系统分析金融开放对我国金融安全的影响。

（一）银行体系

1. 银行体系开放新举措

自改革开放以来，我国银行业对外开放可大致分为三个阶段。第一阶段是 2001 年加入世界贸易组织（WTO）之前。为配合国民经济发展和外商投资，银行业开放从小范围"试点"逐渐向全国扩展。这一时期颁布的《中华人民共和国外资金融机构管理条例》为规范外资银行的管理奠定了基础。

第二阶段是加入 WTO 后至 2008 年金融危机前。我国履行加入 WTO 的承诺，逐步放松对外资银行在华经营业务范围的限制，允许外资金融机构以战略合作者身份入股中资银行。2006 年国务院发布了《中华人民共和国外资银行管理条例》，在持续扩大银行业对外开放的同时，加强和完善对外资银行的监督管理。

2008 年国际金融危机后，我国银行业对外开放进入第三阶段。危机后，为维护国内金融市场稳定，银行业开放在一段时间内有所放缓；但是随着国际金融市场的恢复，我国又加快推进银行业开放步伐。2014 年 12 月，《国务院关于修改〈中华人民共和国外资银行管理条例〉的决定》公布，为外资银行的设立和运营提供了更加宽松、自主的制度环境。2017 年以后，我国银行业开放更进入快车道。第五次全国金融工作会议强调稳步扩大金融业双向开放，银监会发布了一系列政策法规以适应开放需要。当年 11 月，我国取消了对中资银行的外资单一持股不超过 20%、合计持股不超过 25% 的限制，实施内外一致的银行业股权投资比例规则。2018 年，正值我国改革开放 40 年之际，银行业开放又迎来了更多新举措。2018 年 2 月，《中国银监会关于修改〈中国银监会外资银行行政许可事项实施办法〉的决定》发布，统一中外资银行市场准入标准并简化相关审批程序。2018 年 4 月，央行行长易纲在博鳌亚洲论坛上提出要在 2018 年 6 月底之前取消银行的外资持股比例限制，并允许外国银行在我国境内同时设立分行和子行；年底之前还将鼓励在信托、金融租赁、汽车金融、货币经纪、消费金融等银行业金融领域引入外资；对商业银行新发起设立的金融资产投资公司和理财公司的外资持股比例不设上限；大幅度扩大外资银行业务范围。2018 年 6 月，银保监会决定废止《境外金融机构投资入股中资金融机构管理办法》，以及现有行政许可规章对外资入股中资银行股比限制的条款。

2. 银行业开放对我国金融安全的影响

2008 年以来我国不断推出的银行业开放新举措，为我国金融业的健康发展创造了良好环境,但是也不可避免地引入了一些风险。一方面,银行业开放能够促进我国内资银行综合能力的提升,推动银行业金融创新并提升银行业金融资源的配置效率,改善银行业监管,从而全面提升中国银行业的竞争力,增强金融韧性,保障金融安全;另一方面,对外开放也可能给国内金融安全带来隐患。外资银行大举进入所加剧的国内竞争可能给内资银行造成冲击,外资银行深入参与国内市场也可能给监管带来挑战。

(1) 正面影响。

1) 促进内资银行综合能力提升。金融开放新举措促进外资银行在我国扩大业务和投资,使国内商业银行有机会接触更多有关治理结构、合规经营、风险管理等方面的先进理念和技术。我国许多银行机构就通过引入外资银行作为战略投资者实现了"质"的飞跃。例如,北京银行在引入荷兰 ING 集团作为战略投资者后,其在财务报告、公司治理和重大事项等方面的披露都更加规范,顺利推进了上市进程。而且外资银行注重合规经营,能够在参差不齐的国内银行市场树立良好榜样。如图 10-1 所示,外资银行的许多安全性指标均优于中资银行,相对中资银行而言更加专注于对公业务、资金托管业务和高端客户财富管理,形成了扎实稳健的经营风格。与此同时,外资银行进入所带来的竞争压力,也会促使国内银行机构提升自身业务能力(Levine,1999)。外资银行进入东道国数量和程度的增加,有助于打破本土银行的垄断地位,提高本土银行的盈利能力、降低营运成本,促进银行体系总体效率的提升,从而使国内金融安全得到巩固(Claessens et al.,2001)。

2) 推动银行业金融创新并提升银行业金融资源的配置效率。银行业开放新举措消除了外资银行在中国的业务限制,使外资银行有机会将更多金融业务和产品引入中国,提升国内金融资源的配置效率。凭借悠久的经营历史和开阔的国际视野,外资银行在中间业务和混业经营等方面积累了大量经验,在绿色金融、金融科技等新兴领域也占得先机。它们将这些优势带入国内银行体系,有助于推动内资银行的金融创新。《2017·径山报告》就指出,我国第一家村镇银行是中国香港上海汇丰银行设立的,无抵押信用贷款则由渣打银行首先推出。随着国内银行与外资银行在创新合作与交流方面的机制不断完善,外资银行有望对我国银行业创新发挥更大作用。2017 年 6 月,上海市银行同业公会组织召开了"中外资银行业务创新合作同业交流会",共有 13 家中、外资银行结成 8 对,就创新试点合作意向签约。这些创新业态和产品的推出,将促使我国银行体系更好地服务于实体经济,提升金融资源的配置效率,推动国内金融体系的稳健发展。

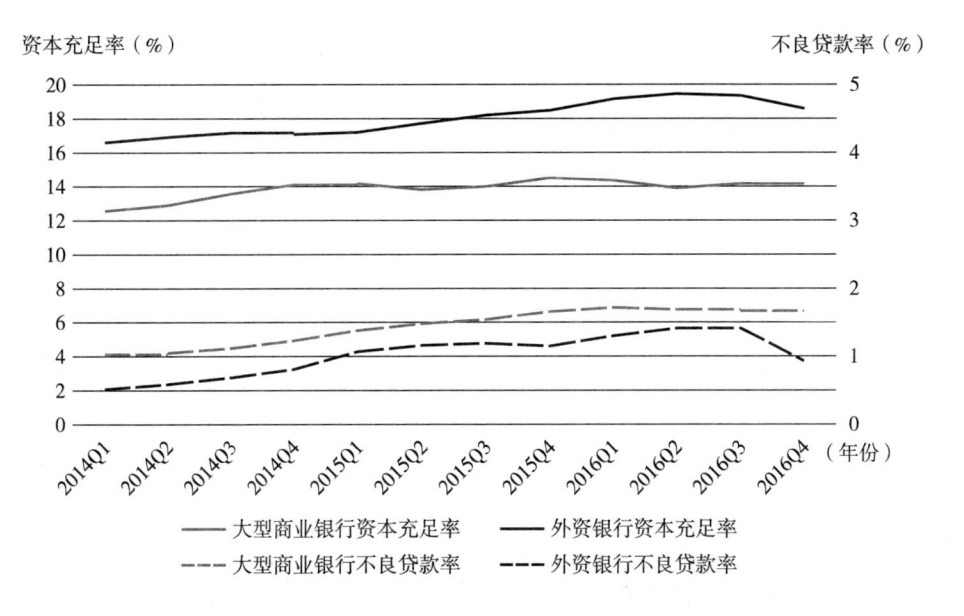

图 10-1　外资银行和大型中资商业银行的不良贷款率和资本充足率

资料来源：银监会。

3）促使监管制度完善。银行业开放新举措还促使监管当局不断完善国内银行业的制度环境，以维护国内金融市场的健康平稳。为了配合外资银行市场准入和经营范围的放松，监管当局出台了一系列政策措施以规范外资银行管理。例如，2014年9月，为规范银监会及其派出机构实施外资银行行政许可行为，中国银监会公布了《外资银行行政许可事项实施办法》，从机构设立、机构变更、机构终止、业务范围、董事和高级管理人员任职资格等方面对外资银行的经营活动及相关行政管理做出规定。同时，针对国内商业银行规范运营的监管规定也更加明确和细化，以加强内、外资银行的经营活动和风险管理。2009年，银监会出台了有关商业银行声誉风险、流动性风险、利率风险等一系列管理指引；此后又陆续发布有关商业银行资本充足率监督、杠杆率管理、公司治理、内部控制、内部审计等方面的政策规定。这些监管措施的出台推动了银行体系的规范运转和风险控制，有助于维护国内金融安全。

（2）潜在风险。

1）外资银行可能对中资银行产生竞争冲击。银行业开放程度的加深使中资银行不得不面对更多来自外资银行的竞争。来自实力雄厚、技术先进的外资大银行的竞争，可能会导致国内银行市场势力和利润的减弱（Stiglitz, 1993），从而对国内金融安全产生不利影响。在我国，外资银行凭借高端服务理念和高额薪资水平，往往能争取到更多优质客户和优秀人才，由此导致中资银行利润下降、风险上升（杜群阳、朱佳钰，2010）。未来一段时期高净值客户将成为内、外资银行争夺的重点，而外资银行凭借在一对一顾问、装修设计、服务环境等方面提供的优越客户体验，以及比内资银行品种更丰富、上市速度更快的理财产品，将更容易在这场竞争中占据先机。同时，外资银行在中国的扩张还会增加对优质人才的需求，由此可能引发中资银行人才流失。由于外资银行通常起薪更高、业绩激励更充分，因此一些业务能力强、积极创新、勇于挑战自己的人才更倾向于进入外资银行工作。可见，银行业扩大开放给外资银行创造了更充分利用自身优势的空间，却也同时给内资银行的经营带来更大的压力和不确定性，从而可能造成国内银行体系的动荡。

2）金融监管面临挑战。银行业扩大开放使国内监管体制面临的问题集中显现，外资银行的大举进入加大了我国监管当局实施监督管理的难度。首先，随着外资银行进入和混业经营的趋势化发展，部门分割的监管体制和传统的分业监管模式将很难再满足监管需要。在现行体制下，各个监管机构目标不同，信息沟通协调不畅，缺乏达成一致的决策和执行机制，不利于宏观审慎管理与微观审慎监管相统一。其次，外资银行推动的跨境资本流动、金融业务交叉运行、金融信息在不同市场间快速传递，使国内、国际银行体系呈现更加复杂的网络特征和联动关系，也给传统的监管模式和手段带来挑战（胡洁，2016），并对国际监管协调与合作提出新要求。当前，我国的货币政策与审慎监管相分离，宏观审慎政策框架与金融监管缺乏政策协同性。央行难以全面获得跨业务、跨市场的统计数据和监管信息，很难充分发挥宏观审慎政策框架在减缓由金融体系顺周期波动和跨市场风险传播对宏观经济和金融稳定造成冲击中的作用。

（二）资本市场

1. 资本市场开放新举措

我国资本市场可具体分为债券市场、股票市场和期货市场，2008年以来我国对这三类资本市场的开放举措均获得了明显进展。

债券市场是我国资本市场开放的前沿阵地。早在2005年，央行批准泛

第十章　金融开放与金融安全

亚基金和亚债中国基金进入银行间债券市场,就拉开了债券市场开放的序幕。2008年金融危机后,我国债券市场开放进入稳步推进阶段。在资本账户未完全开放的情况下,央行首先打通了境外机构投资国内债券市场的通道。境外人民币清算行等三类机构、人民币合格境外机构投资人(RQFII)和合格境外机构投资人(QFII)分别于2010年8月、2011年12月和2012年7月被允许在获批额度内投资银行间债券市场。与此同时,境外发行人在银行间债券市场发行熊猫债的限制也不断放松。2010年,央行修订了相关法规,允许发行人将发债筹集的资金购汇汇至境外。2015年以后,债券市场开放进入加速阶段。2015年5月,债券回购交易开始向境外机构放开,且回购资金可调出境外使用。2015年7月,境外央行、国际金融组织、主权财富基金等机构在银行间市场的额度限制和投资范围大幅放开,并将审核制改为备案制。2016年2月,中国人民银行发布公告,进一步放开了境外机构投资者投资我国银行间债券市场的范围,取消了额度限制,简化了管理流程。2017年7月,中国香港与内地"债券通"上线运行,拓展了境外投资者投资内地银行间债券市场的机制。

股票市场紧随债券市场步伐,对外开放举措也在近些年层出不穷。实际上,早在2003年7月合格的境外机构投资者(QFII)就登上我国证券市场的舞台,2006年合格的境内机构投资者(QDII)的推出意味着对境内机构投资境外资本市场的闸门也打开了。2008年金融危机后,中国继续扩大股市对外开放。2011年12月,符合条件的基金公司、证券公司香港子公司被允许作为试点机构开展RQFII业务。2014年11月,联通上海证券交易所和香港联合交易所的沪港通机制正式启动。2016年12月,联通深圳证券交易所和香港联合交易所的深港通机制也开通了。在2018年金融开放的大潮中,股票市场开放更是成为重中之重。2018年4月,央行行长易纲在博鳌亚洲论坛上宣布在上半年落实的6项金融开放措施中就包含4项涉及股票市场的举措,包括将证券公司、基金管理公司的外资持股比例上限放宽至51%,三年后不再设限;不再要求合资证券公司境内股东至少有一家是证券公司;为进一步完善内地与香港两地股票市场互联互通机制,从2018年5月1日起把互联互通每日额度扩大4倍。2018年下半年将进一步落实的举措还有不再对合资证券公司的业务范围单独设限,内外资一致。此外,"沪伦通"也将争取于2018年内开通,成为中国首个境外股市联通计划。

期货市场由于风险较高,因此目前还处于对外开放的起步阶段。2018年政府工作报告中提出,推动期货市场发展,放宽或取消期货公司外资股比限制。在推动期货市场发展方面,我国的开放举措包括推出国际化期货产品和引入境外交易者。2018年3月26日,按照"国际平台、净价交易、保税交割、人民币计价"设计的合约和规则制度,"中国版"原油期货在上海期货交易所的子公司上海国际能源交易中心挂牌上市。2018年5月4日,大连商品交易所的铁矿石期货正式实施引入境外交易者业务,成为国内首个已上市期货品种实现对外开放。同时,郑州商品交易所选择以PTA期货为试点,目前引入境外交易者相关配套规则制度已基本完成。在放宽期货公司外资股比限制方面,我国也已经开始采取措施。在2018年6月公布的新版外商投资准入负面清单中,期货公司的外资股比被放松到不超过51%,并将于2021年取消外资股比限制。这些举措意味着我国期货市场正在朝着国际化方向扬帆起航。

2. 资本市场开放对我国金融安全的影响

2008年以来资本市场扩大开放的新举措,推动我国资本市场向着更有活力、更有韧性的方向发展,但是也将一些风险因素引入我国。一方面,资本市场开放新举措有助于促进我国的相对金融安全。扩大开放使更多境外机构进入国内资本市场,有助于推动国内资本市场投、融资人结构合理化,促使监管当局改善制度环境并与国际接轨。另一方面,开放新举措也可能给国内金融市场带来风险。资本市场开放将驱动资本账户逐渐放开,跨境资金流动规模和频率的增加将造成资本市场波动、助长资产价格泡沫,资本市场各细分市场间相互溢出和来自国际金融市场的溢出效应则会给国内监管措施实施带来难度。

(1) 正面影响。

1) 改善投资人结构。开放新举措的推出使更多境外投资者进入我国资本市场,有助于改善国内资本市场的投资人结构,引入国际上成熟、规范的投资理念和范式。在债券市场方面,境外投资者的参与能够在调节市场流动性、平稳价格波动等方面发挥积极作用(Glen,1994)。巴曙松和姚飞(2013)研究发现,2004年6月到2012年12月,我国银行间债券市场现券交易、质押式回购和买断式回购的月均换手率[1]分别从20%、36%和1%上升到29%、54%和2%;HH比率[2]的月均值则从2002年的0.36降至2012年的

---

[1] 即"现券交易的年度金额/年底债券的托管存量"。

[2] Hui-Heubel比率,即"价格的相对变化/成交量的相对规模",具体参见巴曙松和姚飞(2013)。

0.03。由此表明，我国银行间国债现券市场的流动性提高，成交量对价格的冲击明显减弱，促进了国内金融市场的稳定性。在股票市场方面，境外机构参与度的提升也有助于改善我国股市长期以来个人投资者和一般法人占比过高的局面，推动我国股市的规范运作和效率提升。2015年末，上海证券交易所机构投资者持股市值占比仅为14.49%，远远低于个人投资者和一般法人；同期美国市场上专业机构投资者的比重则高达45.83%，以共同基金、养老基金和保险公司等机构为主。因此，资本市场开放新举措将鼓励更多专业性的国际机构投资者进入，增强国内资本市场的流动性，强化长期投资和价值投资理念，促进我国资本市场的稳健发展。

  2）改善融资人结构。资本市场开放也将更多境外融资人引入国内，不仅有助于资本市场融资人结构优化，还可推动整个金融市场融资结构合理化。当前我国债券市场上的融资人普遍评级较高，但是实际情况确实良莠不齐，近年来违约事件时有发生。而前来我国市场发行债券的国际机构和跨国公司基本都具有AA以上的国际信用评级，有助于改善我国债券市场的融资人结构，降低市场的总体违约风险。截至2016年6月，已先后有包含国际开发机构、政府类机构、金融机构和非金融企业在内的18家境外机构在银行间市场发行了24单熊猫债，总规模为等值人民币456亿元。在股票市场，不少国内发行人做实业的意识淡薄，只想尽快在资本市场上套现。以创业板为例，从2013年初到5月底，在总共355家创业板上市公司中已有超过300家出现了股东减持的情况，加剧了市场的动荡不安。如果未来能有更多优质境外企业在国内上市，将为国内发行人做出榜样和示范，带领国内上市公司的素质整体提升，改善当前因融资人质量参差不齐而给国内资本市场带来的隐患。

  从更广阔的视角，资本市场开放还将推动整个国内金融市场融资结构的转型，缓解社会融资过度集中于银行贷款所造成的风险隐患。如图10-2所示，银行贷款一直是我国社会融资的主要方式，2016年我国社会融资存量中银行贷款的占比高达70%；与成熟经济体直接融资份额达到70%的情况形成鲜明对比。直接融资不发达的局面造成了银行风险的逐步积累，影响金融体系的稳定；也不利于金融市场在广度和深度上的拓展与延伸，限制了市场功能的发挥和市场效率的进一步提高（吴晓灵，2008）。相比于银行贷款，债券融资和股票融资等直接融资通常信息透明度更高，有助于缓解地方政府和大型国企在获取银行贷款过程中所存在的信息不对称问题；而且能够有效降低过度货币化，通常直接融资较发达的国家货币供应与GDP之比要明显低于间接融资占主导的国家。因此，资本市场开放将促进国内金融市场融资结构的合理化，避免信用风险过于集中在银行体系，因此对于国内金融市场安全具有正面意义。

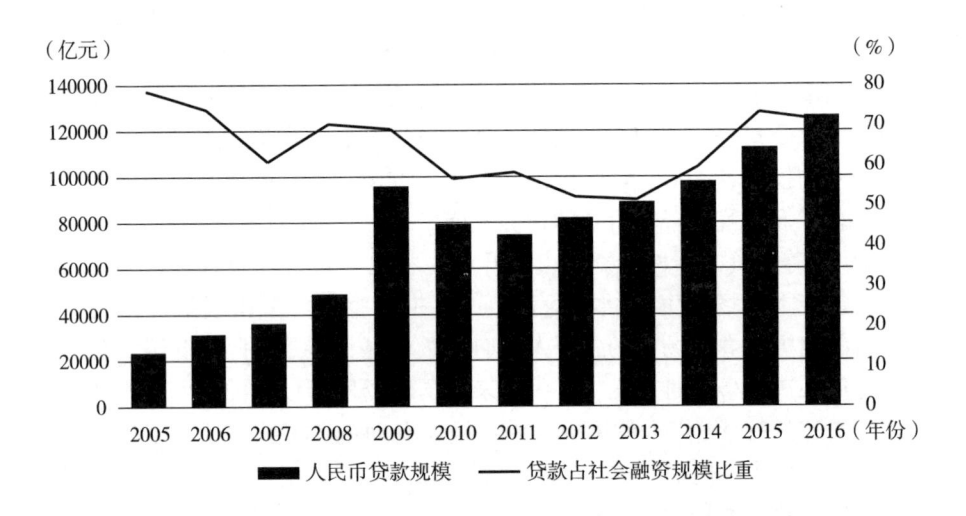

图 10-2　2005~2016 年人民币新增贷款规模及其占社会新增融资规模的比重
资料来源：国家统计局。

3）推动监管改革。资本市场扩大开放给监管当局造成了改革监管制度的压力，将促进监管体制和环境的完善。外资金融机构在国内资本市场参与度的提升和国内、外资本市场的联通都要求我国尽快弥补相关法规、标准的空白。在过去的开放历程中，我国许多资本市场制度已经得到完善。例如，新三板市场引入的做市商制度就是我国监管当局借鉴国际先进市场制度，促进国内资本市场融资功能和配置效率的典型案例，大大提高了新三板市场的交易活跃程度，迅速扩大了市场规模，如图 10-3 所示。对于银行间债券市场改革，近年相关部门也密集出台了一系列政策规定，涉及加强债券市场的审慎管理、规范信用评级、建立大数据平台、健全保障类条款等。可以预见，随着资本市场更多开放举措的实施，未来监管当局还将在强化资本市场的内生约束机制、建立与国际接轨的行业标准、完善税收制度等方面不断加强法律法规建设，促使市场中隐含的风险得到释放和抑制，从而有利于我国金融安全。

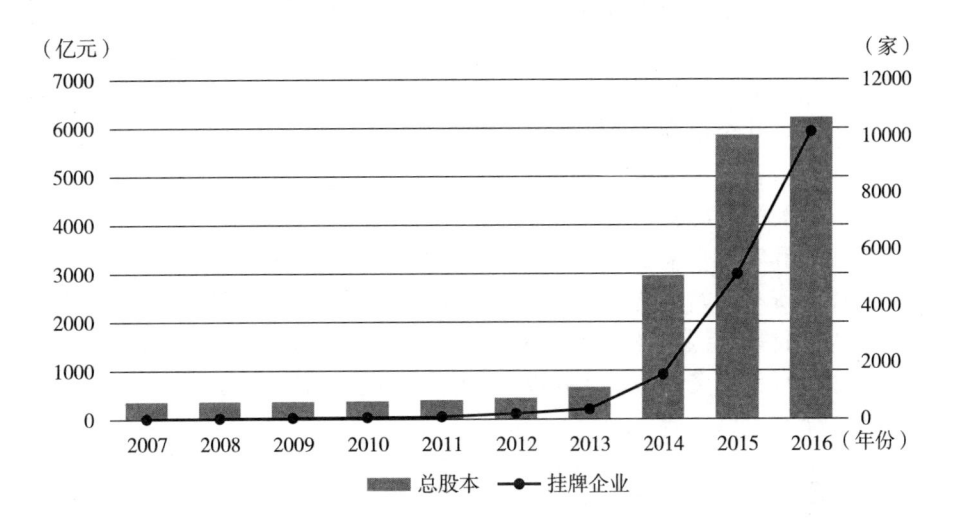

图 10-3　2007~2016 年新三板挂牌企业数量和总股本

资料来源：Wind。

(2) 潜在风险。

1) 助长短期跨境资金流动。在资本市场扩大开放的大背景下，资本账户放开将成为长期趋势。资本账户开放将使一国在短期内更易遭受资本流动波动与外部市场冲击，甚至有可能造成整个国家的经济萧条（Agenor，2003；Kaminsky & Schmukler，2008）。当国内宏观经济表现良好时，境外资金将大量涌入我国资本市场；而国内经济形势转弱时，国际投资者迅速撤出大量资金则将严重冲击国内金融市场，甚至对国家经济造成不利影响。许多采取"激进式"开放的拉丁美洲国家都曾遇到过这类问题，如墨西哥在20世纪80年代末就曾遭遇外资大量涌向证券投资，并在20世纪90年代初大量抛售，最终导致墨西哥陷入财政困境。另外，资本账户开放还可能导致经济增长偏离潜在稳定增长水平，从而造成经济动荡。Krugman（1994）就指出，东亚一些新兴市场国家放开资本账户以后，投资骤然增加，出现投资驱动型的高速增长。由于实际投资增长超过合理水平，而投资效益没有相应提高，不可持续的增长必然引致经济剧烈波动，甚至导致经济危机。

2) 增加监管当局管理和干预市场的难度。资本市场扩大开放还会增加监管当局管理和干预市场的难度。由于跨境资金流动更频繁，央行的货币政策和外汇政策无疑都将受到干扰。而且，资本市场开放还会强化债券市场、股票市场、外汇市场和货币市场等细分市场间的溢出效应。由于不同金融资产之间存在替代效应、财富效应、资产组合效应和交易效应等复杂联系，因此证券价格与汇率、利率均存在较强且不确定的双向影响。这就使监管当局必须统筹考虑几个市场的目标制定政策，而且各细分市场监管层也必须加强协作，否则来自资本市场的冲击会迅速波及整个金融市场。此外，资本市场开放还导致我国更易受到来自国际金融市场的溢出效应，因此也给国内监管政策的制定和实施带来了难度。2013年上半年，市场预期美国要退出量宽政策后，国际资本开始从新兴国家资本市场撤离，以中国为代表的新兴国家股市波动加大且呈走低趋势，而这些国家监管当局所能采取的平稳市场的手段却很有限。可见，资本市场开放增加了监管难度，给监管当局维护国家金融安全稳定带来更多挑战。

（三）保险市场

1. 保险市场开放新举措

保险业属于我国金融行业开放较早，但推进谨慎的领域。20世纪80年代，外国保险公司获准在华设立代表处，拉开了我国保险业对外开放的序幕。加入世界贸易组织后，我国保险市场进一步开放，除不能经营法定险种之外，外资保险公司业务范围与内资保险公司几无差异（马倩，2018）。2008年以后，我国仍继续放宽外资保险公司准入和业务范围，但是力度有限，外资保险公司发展缓慢。自2008年初开始，符合条件的中国香港、澳门保险代理公司被允许在内地设立独资保险代理公司。2012年2月，保监会发布了《关于调整外资保险公司部分行政许可项目有关事项的通知》，将外资保险公司部分行政许可项目的审批权下放到相关保监局。同年3月，《国务院关于修改〈机动车交通事故责任强制保险条例〉的决定》发布，交强险市场正式向外资财产险公司开放。2018年，一系列保险业开放新政出台，推动我国保险业进入全面开放阶段。2018年4月，央行行长易纲在博鳌亚洲论坛上宣布，2018年上半年会将人身险公司外资持股比例的上限放宽到51%，三年后不再设限；允许符合条件的外国投资者来华经营保险代理业务和保险公估业务；放开外资保险经纪公司经营范围，与中资机构一致。这些措施已经在2018年6月发布的《外商投资准入特别管理措施（负面清单）（2018年版）》和保监会发布的一系列规范性文件中得到落实。2018年底之前，我国还将全面取消外资保险公司设立前需开设2年代表处的要求。

2. 保险市场开放对我国金融安全的影响

长期以来保险业的稳健开放使外资保险公司在国内市场份额有限，尚不足以对国内金融安全产生显著影响。不过，随着保险业进入全面开放新阶段，外资保险公司将在我国发挥越来越重要的作用。从正面来看，外资保险公司大规模进入国内市场能够促进国内风险的全球分散，提升行业竞争效率，使内资保险公司有机会学习先进的经营管理经验和产品创新技术，推动国内保险业监管体制的完善并加强国际监管合作，从而更好地保障金融安全。但是，保险业深入开放也可能对内资保险公司造成冲击，并给行业监管带来挑战，从而对国内金融市场稳定产生负面影响。

（1）正面影响。

1）促进国内风险的全球分散。保险业扩大开放有助于更大范围地分散国内风险。目前，我国保险市场正处于快速发展阶段，但是主要市场份额仍被内资保险机构占据，外资保险公司在市场中的作用非常有限。2017年，外资保险公司原保险保费收入为2140.06亿元，市场份额仅为5.85%。如果继续保持现有开放力度，则我国不断增长和积累的保险业风险，如自然灾害风险、人口寿命风险、重大疾病风险等，仍将大部分由内资保险公司承担。这意味着当前国内的风险因素将持续占用我国大量社会资本，难以达到真正实现有效分散风险的目的。因此，保险业扩大开放有助于将更多外国保险资本引入我国市场，在提升国内保险业资本存量的同时也促进了国内保险业风险在全球范围内分散。

2）提升国内保险业竞争效率。保险业扩大开放能够改善我国保险业的垄断格局，增强保险业竞争活力，提高资源配置效率。实际上，在我国加入WTO后，保险业开放已经带动行业集中度呈下降趋势。马倩（2018）指出，2002年我国财产保险和人寿保险的市场集中度（CR4）分别高达95.38%和98.11%，而到2016年该两个保险市场的集中度已下降到73.73%和50.21%，基本完成了从寡头垄断向垄断竞争的转变。外资保险公司的进入将竞争压力引入国内市场，并为内资保险公司提供了更高的竞争平台，促使后者在压力下不断学习新的业务知识，提升自身的专业能力，并积极与国际保险公司开展合作、交流。扩大开放推动的内、外资保险机构良性竞争将提升行业效率，使我国经济体系内更多风险得到有效保障。

3）引入先进经营经验和创新产品。外资保险公司在国内扩展业务的同时，也带来了先进的管理技术和积极的创新理念。外资保险公司注重稳健经营、价值成长和风险防控，这些都值得内资保险机构学习。如在风险管理方面，许多国际保险巨头在上百年的经营历程中已经形成了成熟的风险管理理念和体系化的风险管理技术，许多还设有独立的风险管理子公司。同时，外资保险公司还具有丰富的产品创新经验，能够带动国内保险机构提升研发创新能力。越来越多样化的保险产品将提升我国保险市场的产品差异化和产品结构的均衡化。可见，外资保险公司将国际先进的经营理念和产品技术引入我国，不仅推动内资保险机构的规范经营和能力提升，而且带动整个保险行业的健康成长。

4）推动监管体制改革和国际监管合作。保险业持续扩大开放推动监管当局优化监管体制，促进保险市场的有序竞争，使保险业风险得到更加有效的防范。近年来，监管当局坚持以宏观审慎框架为监管的主基调和基石，不断完善相关举措以监管市场中的不当行为，去除市场当中的无序竞争。同时积极借鉴其他国家在宏观审慎监管方面的先进经验，改革现有的监管制度，适应市场化条件的发展。而且，为了配合保险业开放，监管当局还加强完善风险防控体系和安全保障体系，特别是强化了外资保险机构完善内控体系和公司治理结构的要求。另外，监管当局还越来越重视和加强国际监管合作。自从2000年加入国际保险监督官协会（IAIS）后，中国一直积极参与相关活动，包括国际资本要求相关活动、保险监管标准相关活动以及全世界范围内的保险经营方面的活动等。

（2）潜在风险。

1）给内资保险机构带来竞争冲击。随着保险市场开放的加速和自由化程度的提升，外资保险公司的竞争优势将逐渐显现，可能给内资保险机构带来竞争冲击。长期以来，内资保险公司在市场保护下缺乏危机意识，虽然规模不断发展壮大，但是仍存在创新能力弱、服务意识差的问题。相反，许多外资保险公司历史悠久，在国际市场上经过激烈竞争成长起来，已经形成了技术领先战略、产品差异化战略和聚焦战略等成熟的战略体系。一旦中国放开对出资比例和投资选择等方面的限制，外资保险公司在设计创新产品、提供优质服务、管理公司利润率以及管理超额资本等方面的优势将迅速显现。特别是在近年成长迅速的健康、养老、巨灾保险等细分市场和刚刚放开的保险经纪领域，外资企业凭借丰富的经验、高素质的人才和专业化的服务，将在与内资企业的竞争中占得先机。随着一些经营效率低、专业性差的内资保险机构被挤出市场或被外资收购，中国保险市场格局将发生较大变化，从而可能对国内金融安全产生不利影响。

2）给保险监管体系带来挑战。保险业开放力度持续加大也使保险监管体系面临更多挑战。随着外资保险公司的进入，中国保险市场上的竞争主体不断增加，市场参与者的成分愈加复杂，既有内资保险公司，又有外资保险公司，还有各种中介服务机构，对保险业监管提出了更高的要求（郭金龙、董云云，2018）。当前我国保险市场的信息不对称问题还比较严重，市场信息的阻隔和失真妨碍了保险监管机构的正确决策。而随着内、外资保险公司竞争日趋激烈，则可能驱使处于竞争劣势的保险公司为避免亏损而进入高风险投资领域，进而也增加了保险业的风险程度和监管难度。此外，外资保险公司还可能带动混业经营业态的进一步发展。银监会和保监会合并是我国在金融混业监管方面迈出的重要一步，未来如何协调银保监会与证监会的监管机制，进而打破不同监管部门之间的监管真空与监管套利，提高监管效能，仍是我国金融监管部门面临的重要问题。

（四）外汇市场

1. 外汇市场开放新举措

我国外汇市场一直致力于加大市场开放程度，加快国际化步伐。继2004年中国银行（香港）成为首家银行间外汇市场境外会员和2005年外资银行被获准成为中国银行间市场做市商之后，近年来外汇市场又陆续推出了多项开放新措施。在境外机构准入方面，2015年9月外汇市场向境外央行（货币当局）和其他官方储备管理机构、国际金融组织、主权财富基金等境外央行类机构直接开放，参与外汇即期和各类外汇衍生品交易。2016年1月，银行间外汇市场向符合条件的人民币购售业务境外参加行开放，参与境内银行间外汇即期、远期、掉期、货币掉期及期权交易；2016年9月，银行间外币拆借市场也开始向境外机构开放。同时，外汇市场上人民币直接交易币种不断丰富，交易服务不断完善。近年来银行间外汇市场先后实现了人民币对日元、英镑、澳元、新西兰元、欧元等20余种货币的直接兑换。此外，为便利境外机构交易，银行间市场外汇交易时间也进一步延长。自2016年1月起，银行间市场外汇交易时间延长至北京时间23时30分，覆盖欧洲交易时段。

2. 外汇市场开放对我国金融安全的影响

近年来一系列开放新举措的实施，促进了外汇市场的蓬勃发展，也在一定程度上增加了市场面临的风险。就金融安全而言，外汇市场开放的正面影响主要体现在将更多先进的国际经验引入国内市场，推动市场上外汇产品的创新，促进汇率机制自由化和外汇管理制度改革，从而有助于市场机制的完善和市场韧性的提升，促进国内金融安全。但是，外汇市场开放也可能有损内资机构业务和监管政策效果，外汇衍生品创新还可能给外汇市场带来风险，从而不利于国内金融安全。

（1）正面影响。

1）引入先进的国际经验。更加开放的外汇市场有助于引入国际先进的市场经验和技术，建立与国际接轨的市场基础设施（曹向华，2010）。我国外汇市场的做市商制度就是从西方发达国家市场引入的，而外资银行在此过程中发挥了重要的作用。2005年5月，我国正式启动外币做市商交易制度，在首批9家做市商机构中有7家是外资银行。在它们的支持下，我国外汇市场顺利引入了美元兑港元、欧元兑日元等8个新的外汇交易品种。近年来，在我国外汇市场引入人民币对欧元、日元、澳元等货币直接交易的过程中，也不乏外资做市商的身影（孙杰，2014）。此外，我国近年来也加大了对银行间外汇市场会员机构的开放力度，引入更多先进的外汇投资和风险管理理念。截至2017年6月，境外机构和外资银行在人民币外汇即期会员中的占比已超过20%，在远期和掉期等衍生品市场会员中的比重更是超过了50%。

2）推动外汇市场产品创新。更多境外主体参与我国外汇市场带来了多元化的市场需求，促使我国外汇市场上产品更趋完备。这有助于提升外汇市场的流动性，增加外汇市场的深度和广度（管涛，2015），也便于市场参与者更加有效地管理货币风险。我国外汇衍生品的发展明显落后于西方国家，不过随着近年来更多境外机构的进入，我国外汇衍生品的多样性和流动性都有所提升。2014年，我国外汇掉期交易的规模已经超过即期交易，如图10-4所示。2015年，外汇衍生品交易继续保持增长势头，特别是"8·11汇改"后交易额明显提升，在一定程度上体现出这些产品在市场波动时所起到的套期保值和投机套利的作用。目前，我国外汇市场与国际市场相比仍存在外汇远期和期权交易占比过低的结构问题，不过相信随着外汇市场开放程度的深入和参与主体的多元化，未来我国汇率风险管理工具的运用将越来越合理化。

3）促进汇率机制自由化。汇率机制的自由化是许多境外投资者在进入一国外汇市场时考虑的重要方面，我国近期在对外汇市场的改革开放中也加强了相关举措。从长远来看，汇率机制自由化有助于增强货币政策的独立性，并提升外汇市场抗击风险的能力，因此有益于国内金融安全。由于资本账户开放是未来的长期趋势，根据蒙代尔不可能三角，要想保持国内货币政策的相对独立性，只能实行浮动汇率制度。当外部冲击来临时，浮动汇率实

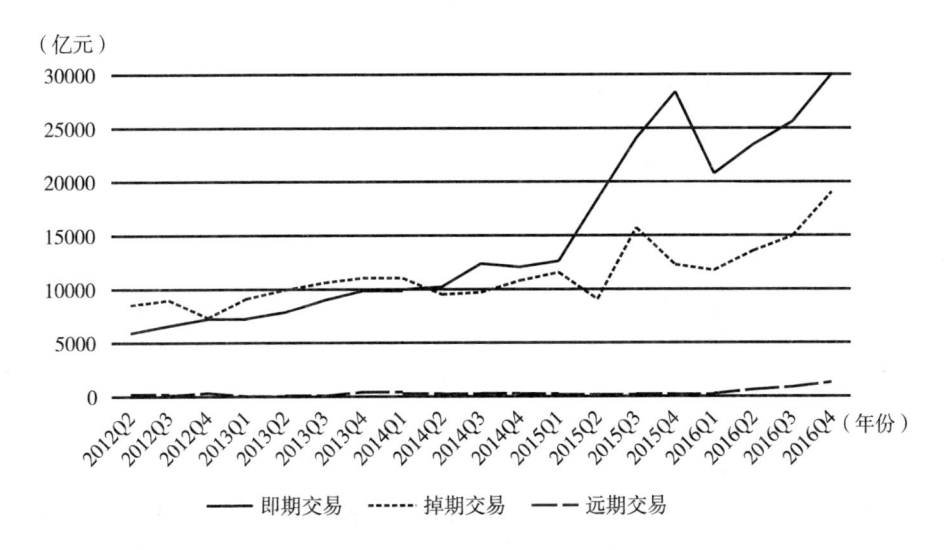

图 10-4　2014 年以来人民币外汇即期、掉期和远期交易规模的变化趋势
资料来源：Wind。

际上起到缓解国际经济冲击和调节国内经济状况的作用，美国在此次金融危机后的应对措施就提供了充分的经验。相比之下，一些实行固定汇率的国家在面临金融冲击时，却缺乏有效的货币政策工具加以应对，最终演变为金融危机，如 20 世纪 90 年代的墨西哥金融危机和亚洲金融危机。因此，人民币国际化战略所驱动的汇率制度自由化改革在长期是有利于中国金融安全的。

4）推动外汇管理制度改革。越来越多外资机构参与我国外汇市场还促使国家外汇管理局（以下简称国家外管局）不断改进监管，并加强宏观审慎管理。为了适应外汇市场开放和发展的需要，2009 年以来国家外管局已宣布废止和失效近 900 件外汇管理法规文件。同时，政府也在针对市场上涌现的新需求及时出台外汇管理的规范性文件，并且不断细化现有政策中监管不到位的地方。值得一提的是，"8·11 汇改"以来国家外管局进一步加强了本外币一体化监管，重点关注境外投资等业务的真实性背景。此外，外汇市场开放还对审慎监管提出更高要求。在一整套监管标准的基础上，更多地通过审慎指标管理市场主体的经济活动，以及利用宏观审慎的逆周期调节手段（管涛，2014）。可见，随着监管当局不断规范市场环境、深入实施宏观审慎管理，跨境资金的流动风险将得到有效防范，外汇市场也将更加平稳有序地发展。

(2) 潜在风险。

1) 可能有损内资机构业务和监管政策效果。凭借全球布局和国际经验，外资银行在市场上可能挤占内资银行的业务空间，部分跨境业务则可能给监管带来难度。外资银行具有国际外汇市场的丰富经验和良好声誉，一旦国内政策限制放开，它们能够立即针对中国市场制定出具有竞争力的外汇管理方案，从内资银行抢走大批客户。同时，外资银行的部分跨境业务还可能造成监管障碍，从而使金融部门不稳定性增强。特别是当外国银行以设立分行的形式进入时，国内分行与境外母行的资金往来有可能造成外汇市场的波动。虽然外国银行的分行原则上受到东道国和母国的双重监管，但是却常常因受母行控制太深又不具备独立的法人地位，而使东道国难以实施有效监管。

2) 外汇衍生品创新可能给外汇市场带来风险。外汇衍生品的不当交易也可能给外汇市场带来风险隐患。由于我国许多金融机构和企业缺乏运用外汇衍生品的专业知识和经验，内控机制也尚未建立起来，在开展风险管理活动的初期难免出现失误。虽然目前这类风险事件在我国外汇市场还鲜有发生，不过已经有一些企业在国际外汇市场上经历过惨痛的教训。例如，2008年中信泰富购买的澳元累计外汇期权合约（Accumulator）就因复杂的定价机制和对冲机制使缺乏经验的中信泰富蒙受了100亿港元的巨额亏损。可见，如果市场各类参与者的风险意识和内控机制不能及时跟上，外汇市场开放所带动的产品创新将可能有损国内金融市场的安全。

（五）总结

以上从银行体系、资本市场、保险市场和外汇市场四个方面总结了金融开放对我国金融安全的影响。总体上，金融开放对国内金融安全而言是把"双刃剑"。一方面，金融开放可以通过引入国际先进经验，促进国内市场竞争，改善市场参与者结构，带动金融产品创新，完善市场机制和推动监管改革等途径，更好地支持经济增长，推动国内金融发展并弱化制度落差，从而有利于国内的金融安全；另一方面，金融开放也会对内资机构产生竞争冲击，将高风险衍生产品引入市场，助长短期跨境资本流动，增加监管当局管理和干预市场的难度，从而对国内金融安全产生不利影响。因此，金融开放需要与金融市场的发展程度相适应，需要宏观审慎监管与国内市场化改革的配合，才能真正做到开放与安全相得益彰。

三、我国在金融开放条件下增强金融安全的政策选择

（一）资本账户有序开放与宏观审慎监管框架

进一步融入全球开放经济体系是中国经济向更高阶段迈进的必然路径。随着经济的发展，国内经济主体对更自由的跨国金融交易和投资需求也越来越强烈。这也意味着资本账户开放将是一段时期内经济政策的一项重要内容。

当前中国面临的国际国内环境仍较复杂：国外方面，美联储先后加息，加大了中国资本外流的压力；同时，中国国内金融市场还不够成熟，缺乏广度与深度。因此，中国政府在有序推进资本账户开放的同时，应加强规范化的监管能力建设，建立健全风险防控体系和完善的宏观审慎体系。针对短期投机性资本流动加强金融监管；面对资本自由化可能带来的风险，政府应及时建立健全风险防控体系，全面监测资本跨境流动的信息；同时要建立完善的宏观审慎体系，宏观审慎政策工具作为稳定器可有效合理地防范系统性缺陷。

1. 资本账户开放的必然趋势

传统观点认为，资本自由流动可使全球资产配置优化，并帮助分散风险。资本账户开放可以给一国带来如下好处。第一，资本账户开放使资源在全球范围内更加有效地配置，对于资本项目的兑换管制限制了一国贸易的发展，损害了本国居民的福利。第二，资本账户开放有助于国家利用国际资本市场来抵御国内市场的波动冲击，分担投融资主体面临的风险，平滑商业周期波动而实现更稳定的消费。第三，资本账户开放将外国机构和个人投资者引入国内金融市场，有利于外国技术和管理专门知识的转移，提高本国金融部门的竞争力，本国通过更大量的资本流入和流出达到更高程度的金融一体化。第四，资本账户开放为全球经济可持续发展提供了新的增长动力。

20世纪90年代亚洲金融危机爆发后，国际学界意识到资本账户开放带来的金融自由化与金融危机的爆发存在重要联系（Stiglitz，2000）。资本账户开放后，跨境资本双向流动大幅加剧，客观上会增加发展中国家金融体系的脆弱性，降低在应对发达经济体货币政策溢出效应时的政策有效性。而现

实金融体系并非如理论假设那般有效率，资本大规模的跨境流动在有的案例中，不但没有消除资本流入与流出国之间收益率的差异，反而放大了发展中国家资产价格的波动性。

近年来学术界的理论研究也显示，国内资本市场开放对国内经济增长的促进作用非常微小，研究人员测算结果显示不会超过 5‰（Pierre-Olivier Gourinchas & Olivier Jeanne，2006）。即便加入了更现实的假设条件，这一作用仍不可观。而实证研究也支持这一理论判断，资本账户开放对经济增长和国家之间风险共担的促进作用也是微弱的。IMF 的研究也发现，资本账户开放并没有对一个国家消费的平滑性或者经济增长起到显著的正面作用。后续研究也发现，资本账户开放能在短时间内对经济增长起到显著的刺激作用，但从长期来看，这个促进作用会逐渐减弱（Kose M. A.，Prasad E. & Terrones M.，2007）。

虽然近年的学术研究中，资本账户开放对经济增长和风险共担并没有如早期设想般具有显著的作用，但很多国家仍出于政治及经济治理上更广泛的原因将资本账户开放作为改革的目标之一。

首先，国际投资者作为"监督者"会促使国内金融和政治体制提高纪律性，因此资本账户开放被很多国家作为国内金融体制改革的推动器。直接改革国内金融体制，面临既得利益的巨大阻挠。而通过逐步推动资本账户开放，在引入外部竞争和约束的同时，也将国内金融机构推向全球性舞台，一方面推动国内金融体制向更加透明、规范、公平的方向发展，另一方面也将锤炼本国金融体系与金融机构的竞争力。

其次，资本管制在长期之内会逐渐失效，套利的资本还会滋生很多"影子银行"和"地下钱庄"的活动。从长期来看，国际和国内套利资本的活动是很难被抑制的。如果在正常渠道被管制，这些活动就会转到地下，从而更难以监管。因此，从长期来看，资本账户的开放是一个国家选择开放发展路径后必然要经历的过程，而并非仅是一个可选项。

2. 中国在资本账户开放上的政策路径

2008 年国际金融危机以后，为推动人民币国际化，中国资本账户进程加快。当时在可兑换程度较低的背景下推进改革，资本账户开放的主要内容是减少对跨境资本交易和汇兑的限制，采取的方式则是渐进审慎可控的方式，体现为：先开放资本流入，再开放资本流出；先放开对中长期资本流动的管制，再放开对短期资本流动的管制；一级市场先于二级市场；债券类投资先于股权类和衍生品类；先试点推广再扩大范围。

目前，按照IMF《汇兑安排与汇兑限制年报》对资本项目交易的分类，在7大类40项资本项目交易中，对外直接投资ODI和外商来华直接投资FDI、大部分对外债权债务（如直接外债、跨境担保）等已实现基本可兑换，跨境证券投资资金也可以通过多种渠道进出中国。不可兑换项目仅剩3项，主要集中在非居民在境内发行股票、货币市场工具及衍生金融工具领域。中国资本账户的开放程度已经得到了相当程度的提高。

虽然相比发达经济体仍有不小的距离，但资本账户开放的目标并不是要在所有项目上都实现完全可兑换，即便是发达经济体，出于本国利益的考虑，对少量资本项目也实施着一定程度的限制。根本上，资本账户的开放要适应本国经济与金融体系发展的需求，超出发展需求的过度约束或过度开放都会带来成本或风险。目前我国在逐步推动资本账户开放的过程中，为防控风险仍更多采取的是数量型控制以及事前繁杂而不太透明的行政审批手续流程"掺沙子"的办法。在当前资本账户开放在法规文本上已达到相当水平时，应将重点放到建立宏观审慎管理新框架上来，逐步过渡到以市场化手段和事中事后管理手段为主、宏微观并重、本外币管理协调的体系。

宏观审慎监管的目标是防范系统性风险，维护金融系统稳定与国家金融安全。在全球金融一体化与中国资本账户开放加深的背景下，跨境资本流动在特定条件下也会形成正反馈循环和跨部门风险传染。然而当前的政策实践中，宏观审慎管理仍处于不断摸索与改进的阶段。借鉴美国学者早期提出的"托宾税"思想后，各国政策制定者逐渐发展出无息准备金等"类托宾税"系列工具。国际上目前针对资本流动的宏观审慎管理主要是通过征收额外税费（准备金）、延长汇兑时间、比例与总量限制等手段，也还尚未形成更为完整而成熟的做法。

我国目前已在探索宏观审慎管理新框架的建立。譬如，在外债管理方面，我国正在进行的多项试点改革，其基本思路是将微观个体的外债总量控制改为以资本或净资产为基础的比例自律，并研究通过逆周期参数等对该比例进行动态调整。在建立宏观审慎管理新框架的过程中，应当首先加强监测和风险预评，包括监控非居民持有的人民币资产存量、波动及相对规模，监测是否出现大范围单边预期，监测居民持有的可兑换头寸等。其次，应当根据不同类型的资本流动采取不同措施，核心是要阻断正反馈效应，不排除在危机时期启动应急熔断机制。最后也是更长期的应当是进一步扩大境内金融市场的广度与深度，完善市场层次结构，推进市场参与者多样化，从而增强国内金融体系对跨境资本流动的承受能力。

3. 处理好资本账户开放与更全面的金融改革的关系

在资本账户开放的过程中，一个重要的问题是如何处理好资本账户开放与其他金融改革之间的关系，最核心的是资本账户开放、汇率形成机制市场化改革、人民币利率市场化改革、金融市场建设等是按照一定的次序推进，还是协调推进？如果按照次序推进的话，前一改革环节需要完成到什么样的程度才可进入下一阶段？如果是协调推进的话，如何协调？这两种理论是不是对金融改革关系与过程的最佳描述？

国内外学者对这一问题发生过激烈交锋。根据金融次序论，加快资本账户的开放需要"先内后外"、遵循固定次序，即先完成利率自由化和人民币汇率形成机制改革后，国内金融市场基本实现对内开放后才能进行资本账户开放，否则国内金融体系可能孕育严重扭曲，并面临巨大风险。金融次序论的立论逻辑是不可能三角。如果在利率市场化和汇率形成机制改革完成前放开资本管制，跨境套利资本的大规模流动将加大经济波动，削弱货币政策效力。

而根据协调推进论，加快推进资本账户基本开放，不需要等待利率市场化、汇率形成机制改革完全成熟。该理论认为，不可能三角中的"三角"分别为资本完全自由流动（或完全管制）、固定汇率（或浮动汇率）和货币政策有效（或无效）。这些绝对状态并非常态。现实情况往往是资本不完全自由流动，或不完全管制，汇率也并非完全固定，或完全浮动，也就是存在中间状态。各国金融改革与开放，也往往是一个循序渐进、协调配合、由中间状态逐渐向前推进的过程。

虽然两个理论表现得针锋相对，但两个理论在资本账户开放和金融改革的大目标上并没有差别，分歧主要落在实际政策操作层面的判断：在一个特定的时点，应当是优先推动哪一项改革？对这个问题，在经济学意义上的回答与考虑了改革动力的政治经济学意义上的回答的确并不完全一致。从经济学理论上看，无疑金融改革次序论逻辑上更为自洽，而在实践中，金融改革次序论反对的是为资本账户开放而开放，同时拖延其他领域对于价格形成机制更为关键的金融改革。从政治经济学意义上看，各项改革面临的政治阻力是非常不同的，另外各项改革之间不能完全切割开，它们之间往往存在着有机联系。如果等待国内改革一项项完成，才能进行资本账户开放，很有可能最终还在原地踏步。在现实条件具备时先局部推动一项改革，同时控制好局部改革的超前量，使之在金融体系的风险承受范围，形成改革的动能后，同时推动其他环节的改革。这样可能才会最终走出一条渐进改革的实际道路。

因此，处理好资本账户开放与更全面的金融改革的关系，其实也正是在操作上协调融合上述两种视角各自的合理性。后者在发挥操作指引的过程中，必须紧紧融合前者的理论指引，才有可能在较低风险的情况下完成多方面、多层次的改革。

（二）国家资产负债表的管理

随着中国的金融开放（以及与金融开放密切相关的人民币国际化），我国的经常账户和资本账户将越来越多地与本国债务问题发生紧密的联系，而这三者可统摄在国家资产负债表的视角下。从国家资产负债表的视角来看，金融开放和人民币国际化的具体路径会形成不同的国家资产负债表结构和风险，从而影响金融安全。因此，我国在金融开放的过程中，必须重视它对国家资产负债表的影响方式，积极管控国家资产负债表的风险，并争取形成更好的收益结构和抗风险能力。

国家资产负债表是一个存量概念，它反映一国政府、居民、企业、金融机构等所有经济部门的资产负债信息，衡量一个国家和地区在某一时点资产负债总规模和结构以及国民财富的总体水平（李杨、张晓晶等，2012）。中国在金融开放的进程中，实体经济部门的开放度也在加深拓宽，外国投资者和融资者将更深入而广泛地融入中国金融市场和实体经济的发展过程中，中国总体面临的内生和外生风险将会上升。从全局层面入手对国家资产负债表进行积极的风险和收益管理就显得格外重要。

在国家资产负债表中，可以主要识别四类金融风险，包括期限错配、货币错配、资本结构错配以及清偿力缺失（李杨、张晓晶等，2012）。金融开放和人民币国际化的进程与方式会以不同渠道影响国家资产负债表中这四类风险的大小。

如果在金融开放的过程中，我国实体经济逐步增加了对境外的负债，且负债是以外币（美元、欧元等）形式存在的，则会形成债务的货币错配，这是相当一部分国家在金融开放后出现债务危机的主要原因之一。这就要求我国中央政府在金融开放过程中对以外币计价的外债规模进行审慎管理，防止国家资产负债表出现严重的货币错配问题。

如果人民币国际化不断推进，使我国形成以人民币计价的外债，则这些外债不存在货币错配的问题，这是一国在货币国际化当中获得的利益所在。

但是，经常账户层面的调整，依然有可能形成国家资产负债表的货币错配。如果人民币国际化是通过维持贸易顺差实现人民币的输出，即进口中人民币结算比率明显高于出口中的这一比率，则意味着进口使用美元结算更少，因此，相对而言美元流入更多，将进一步加剧我国国家资产负债表上的货币错配。

即使金融开放和人民币国际化能够降低国家资产负债表的货币错配风险，我们还需要应对金融开放可能带来的资本结构错配和期限错配的风险。以人民币的回流投资为例。境外所持有的人民币除部分留存在离岸市场，支持人民币离岸金融贸易活动以外，大部分为追求收益很可能回流至国内金融市场。人民币纳入 SDR 后，境外投资者开始积极将人民币资产纳入其资产组合，这一趋势随着中国经济持续以中高速增长还将保持较长一段时间。中国金融市场能否吸纳好这一新增的人民币资产需求。换言之，"用好这笔借款"，同时还能保持系统稳定性和抗风险能力，不仅需要强化宏观审慎监管，还需要提高中国金融市场配置资源的效率，不断拓展金融市场的深度和广度。其中要特别强调的是包括国债在内的债券市场的建设。功能完善、开放的金融市场依赖于一个高流动性和透明度的债券市场，这将大大改善中国国家资产负债表的资本结构错配风险，同时也将改善货币政策的利率传导渠道。中国国债在成为全球安全资产的过程中有巨大的发展空间，但当前国债二级市场流动性仍显不足，风险管理手段缺乏。需要通过建立更为规范严格的发行和再发行计划、活跃的定期回购市场、国债期货市场、更市场友好的监管会计及税收体系，来进一步促进中国国债市场的发展，以此形成具有市场可信度的基准收益率曲线。因此，金融开放之后，管理国家资产负债表不仅是识别风险，更基本的还是要建设好国内金融市场并完善金融产品市场定价机制，让金融市场更准确地对风险定价，更迅速地纠正错误定价。简言之，国内的金融市场化改革，是成功实现金融对外开放、保证国家金融安全的重要保障。

四、小结

金融开放是我国经济对外开放的重要环节。在改革开放 40 年中，中国稳步、渐进、持续地推动着金融开放，其成效是有目共睹的。尤其值得一提的是，我国没有因为金融开放而爆发金融危机，这是非常难能可贵的。

中国的金融开放尚未完成。中国要从金融大国迈向金融强国，要在全球

第十章 金融开放与金融安全

经济治理中发挥更加积极的作用,进一步的金融开放是不二的选择。因此,在未来一段时期,金融开放依然是我国对外开放的重点,也是一个难点。总体而言,深入全面、有序稳妥地推动金融开放,在金融开放的同时维护金融安全,通过金融开放提升金融安全,是我国新时期推进金融开放的战略方向。

第十一章 人民币国际化

　　国际金融危机爆发以来，国际货币体系正经历深刻的变革。一方面，尽管美元仍然占据核心地位，但非美元货币的作用有所提高，国际储备货币体系呈现多元化趋势；另一方面，为适应新兴市场经济体整体实力的提升，国际金融机构面临着改革。中国凭借其改革开放以来快速的经济增长和在全球经济格局中不断上升的地位和实力，积极参与了国际货币体系改革。这其中，人民币国际化成为中国重要的对外金融战略，在国际储备体系多元化进程中发挥重要作用。与此同时，随着人民币国际化进程的不断推进，中国对外金融开放和国内金融改革也不断深化。本章重点讨论人民币国际化进程和相关政策，其对国际货币体系变革的意义，以及对未来发展的展望。第一部分讨论人民币国际化的起源并阐述人民币国际化如何促进国际货币体系改革；第二部分总结人民币国际化的重要进展；第三部分分析人民币国际化下一步政策配套，最后是本章的结论。

一、人民币国际化的含义和背景

　　货币国际化并没有理论定义，也没有官方界定。通常，按价值储藏、交换媒介和计价单位这三项货币功能划分，如果一种货币能够在跨境交易中使用上述功能，则该货币就具备了国际货币功能。国际货币的使用又可以分为官方和私人使用这两个类别。比如用以价值储藏，国际货币可以作为其他国家官方拥有的储备资产，或者作为央行之间的互换货币。国际货币基金组织的特别提款权货币篮子中的五种货币——美元、欧元、英镑、日元和人民币是基金组织成员普遍使用的官方储备货币。私人交易中的银行存款也可以视为货币的价值储藏之需。作为交易媒介，中央银行若对外汇市场进行干预时使用某种货币，该货币就具备了国际货币的交易媒介职能。在计价单位方面，在贸易和投资中进行计价的货币便行使了计价职能。这其中，基金组织特别提款权使用可以行使计价单位的货币，因为特别提款权主要用于在基金组织与成员国中央银行之间的账户往来。然而，在实际交易中，上述职能划分存在相互交织的情形。比如，在贸易结算中，若出口商在签署合约之时用的是一种货币，但在执行合约进行交割时使用另一种货币，在这种情况下交易媒介和计价单位的功能便难以区分。Chinn 和 Frankel（2012）、Ito（2011）等对国际货币的职能进行了详细的分析。需要指出的是，以货币功能对国际货币进行界定并不严谨，但却可以作为评估货币国际使用程度的参考指标。

由哪些因素决定一个国家的货币能够成为国际货币？一般认为，首要条件是一国的经济规模在全球经济中占有绝对大的总量份额，并且该国是贸易大国。其次是该货币的发行中央银行要有公信力和独立性。此外，该货币具有内在价值的稳定性，而内在价值是由该国经济和政策的稳定性以及货币当局维护货币稳定性的能力的综合体现。从经济条件看，货币的国际使用需要该货币具有可兑换性，不存在获得和放弃该货币的限制，不存在进入该货币交易市场的限制，货币发行国要有足够大容量、高流动性和一定深度的发达的金融市场。从历史经验看，一国在国际上的政治、军事实力等非经济因素也在相当程度上决定该国货币的国际地位。在各项条件中，除去规模和非经济因素等，从技术层面看，货币可兑换性和资本项目开放是决定货币国际化程度的初期条件（Kenen，2012）。决定国际货币地位的另一个重要因素是"网络外部性"因素，或者是当一种货币已经在相当长时间行使国际货币职能，即便支持该货币的基础因素发生了不利的变化，由于存在一种惯性，首先放弃或者改变现有习惯的个体需要付出额外的成本，这便降低了采取行动的意愿。美元在过去相当长时间内之所以占据国际货币主导地位，与这一网络外部性有关（Eichengreen，2011）。

关于人民币国际化讨论，Gao（2018）给出了较为完整的阐述。从有关文献来看，讨论主要围绕如下几个方面展开。

一是从历史角度借鉴美元和日元国际化进程。Eichengreen（2011）从较长的历史视角，分析美元替代英镑的过程，认为在战后相当长时期中美元利用"嚣张的特权"（Exorbitant Privilege）维持了其国际货币地位。他认为，人民币的出现是有历史原因的，但人民币对美元国际货币地位形成实质性的挑战尚需时日。针对日元国际化的经验研究以及对人民币的启示，Takagi（2012）对1984~2003年日元国际化进程做了全面的回顾和分析。他的研究探讨了在20世纪80年代日美贸易纠纷以及汇率合作的过程，分析日本如何在来自美国的外部压力和国内真实需要之间进行权衡，解释了日元国际化的国内外政治、政策背景，以及在提出日元国际化目标之后日本决策当局如何遭遇国内金融市场发展方面的各种"瓶颈"。Kawai 和 Takagi（2011）则进一步从日元国际化经验来引申探讨人民币国际化的决定因素。他们重点考察总量因素在决定国际货币地位中的重要性，其结论是，尽管较大的经济规模有助于提升货币在国际货币体系中的地位，但其作用是有限的，一个国家的中央银行公信力、发达的国内金融市场以及资本项目开放度在很大程度上最终决定货币在国际市场上的使用程度。换言之，中国经济规模和贸易地位有助于提升人民币的地位，但不是决定人民币国际化的唯一条件。

二是针对人民币国际化的成本收益展开讨论。针对人民币国际化，通常认为其收益大于成本。主要收益包括：更多外贸和金融交易由人民币计价和结算之后，中国企业所承担的汇率风险将随之降低；因人民币国际业务的增加，中国的金融机构融资效率和国际竞争力也会相应提高，这反过来也会进一步推动中国金融服务行业的扩张；人民币国际化有助于中国的国际金融中心建设；人民币国际化便利了中国跨境贸易和金融交易，后者又会进一步推动中国的跨境贸易和投资的发展，人民币国际化和中国对外贸易、投资发展之间形成一个良性的互动。此外，货币的国际使用会为该货币发行国带来铸币税，尽管向世界收取铸币税并非货币国际化的初衷。人民币国际化还可以帮助中国维持其外汇储备的价值，或至少可以避免因受制于美元资产价值的变化而带来的资本损失。当然，人民币国际化并非没有成本。由于货币国际使用要求资本项目开放以及货币的充分可兑换性，在国内金融机构缺乏竞争力、国内金融市场发育不足以及存在金融体系脆弱性条件下，过快的金融开放会加大资本外流的压力，从而对金融稳定形成不利影响。在文献研究方面，Gao 和 Yu（2012）较早建立了人民币国际化必要性的分析性框架。

三是对人民币跨境流动所产生的效应分析。货币的跨境使用很可能对一国货币政策有效性产生影响。在这方面，Gao（2010）较早地进行了观念性分析，首先区分了货币的国际使用对国内货币政策产生影响的各种渠道，研究认为通过货币总量、国外货币替代、跨境套利交易等渠道，货币国际使用对国内货币政策有效性影响，其方向和强度取决于货币政策中间目标的设定，国内利率市场化程度以及国内金融市场深度和流动性等条件，货币国际化的效应会有所不同。此外，McCauley（2011）、Subacchi 和 Huang（2011）对人民币离岸中心建设、各个离岸市场之间的关系、在岸市场和离岸市场人民币汇率以及跨境人民币流动的动态监控进行了讨论。

四是针对人民币国际化配套的宏观政策时序讨论。在各项配套政策中，资本项目的开放程度和速度，汇率政策的灵活性程度，国内金融市场的发展以及国内金融改革的步骤之间如何协调，是决定人民币国际化能否顺利推进的关键。针对配套政策时序的讨论存在着争议，而争议的焦点是对解除资本管制风险的看法有所不同。一些对中国资本项目开放持相对激进的主张认为，只有资本开放和实现货币可兑换性才能实现人民币"走出去"的目的，而针对资本项目开放时序和风险的可控性方面，这一主张所持有的观点也相对乐观。在2012年中国加快资本开放时期，这方观点比较具有代表性（中国人民银行调查统计司课题组，2012）。而另一些经济学家则认为，资本项目较快速开放的同时，汇率制度改革和国内金融改革相对延迟，只会增加资本流动风险，甚至阻碍人民币国际化进程（张斌、余永定、张明，2011）。

五是人民币在亚洲区域的作用。人民币在亚洲区域的使用广受关注，其重要原因是人民币最早走出国门是通过与中国邻国的边贸、旅游和劳务交换等渠道实现的。因此，对人民币境外流动规模的估算在早期阶段颇受文献的关注。但是，由于缺乏可靠的数据，还因为统计口径差异，对人民币境外流动规模的估计结果差异较大。但无论如何，人民币在周边国家的流通在实际上构成人民币国际使用的初级形态。换言之，人民币国际化实际上始于人民币区域化（Gao & Yu，2012）。针对人民币在亚洲区域的使用情况，经验研究提供了一些动态结果。比如，Kawai 和 Pontines（2014）比较人民币和美元在亚洲区域的影响力，其研究发现，从2005年中国人民银行开始放宽人民币汇率波幅后，人民币汇率对于亚洲地区其他货币波动的影响力要大于美元的影响力。这一发现具有重要的政策含义，即人民币灵活性对人民币在亚洲区域使用是正向因素。另外，由于存在在岸和离岸两个市场，人民币不同定价和波动关联性，以及对其他亚洲货币的影响可以引申出人民币对区域货币汇率变动的影响力。在这方面，Shu 等（2015）研究了中国香港人民币离岸市场和人民币在岸市场汇率变动对亚洲其他货币均具有显著的影响。Ito（2017）采用新的数据从货币各项职能的角度验证人民币在亚洲区域的使用情况。他的研究表明，亚洲其他国家将人民币作为储备货币的程度呈上升状态。

六是人民币国际化对国际货币体系演进影响的讨论。Prasad 和 Ye（2012）列举了人民币成为国际货币具有潜力以及分析人民币国际化对国际货币体系多元化的影响。Prasad（2017）的研究认为，从制度性因素角度看，中国现存的国有体制和缺乏法律依据的制度机制，将在今后相当长时间制约人民币成为国际性的安全资产。Eichengreen（2017）从国际货币体系演进历史以及人民币的兴起，分析国际货币体系未来的走势，认为形成多元化的国际储备货币体系是很有可能的，而如果管理适当，多元化国际货币体系也可能是稳定的。

二、人民币国际化的国际背景

1971年，尼克松总统宣布美国不承诺按照既定挂钩平价将美元兑换为黄金。布雷顿森林体系摇摇欲坠。在与欧洲使团进行谈判时，当时的美国财政部长康纳利有句名言："美元是我们的货币，是你们的问题。"这句话此后被广为流传，成为美国不负责任的政策态度的真实写照。2009年，全球金融危机爆发不久，中国人民银行总行行长周小川提出"超主权货币"概念，主张建立与主权国家脱钩，并能保持币值长期稳定的超主权国际储备货币。周小川行长这一"超主权货币"主张，阐述了美元作为单一主权货币行使国际储备职能造成国际货币体系内在的不可持续性，同时也表明中国对美国不负责任政策态度的不满。

布雷顿森林体系瓦解以来的40年间，国际经济结构发生了重大的变化，中国经济的崛起是格局变化的重要力量。从经济总量看，中国的名义GDP于2006年和2007年分别超过英国和德国，2010年超过日本，跃居全球第二大经济体。与此同时，中美之间经济总量差距在缩小。2010年，以GDP衡量的中国经济总量为美国的41%；2017年，中国经济总量为美国的63%。从储蓄流向看，中国和一些具有较高储蓄率的国家总体处于顺差地位，这与具有较低储蓄率并且经常项目长期处于逆差状态的美国形成对照，从而决定了全球债权和债务关系：中国和顺差国家处于债权人一方；而美国处于全球最大的债务人一方。然而上述全球经济实体结构变化的同时，国际货币体系在较长时期仍然延续以美元为中心，以其他货币，尤其是新兴市场经济体货币为外围的国际货币格局（高海红，2015）。根据2018年第一季度的数据，在国际货币基金组织成员国手中持有的可明确币种的外汇储备中，美元占62.48%，欧元占20.39%，日元占4.81%，英镑占4.68%，人民币占1.39%，位居第五。在全球外汇市场交易中，交易量最大的为美元，占总交易量的一半，其次是欧元，占总交易量的1/3。可见，以美元为中心的国际货币体系与日益多元化的全球经济格局之间出现显著的不匹配。

第十一章 人民币国际化

（一）美国货币政策外溢性的负面效果

在现有国际货币格局下，美国的国内政策具有很强的外溢性。当美国货币政策发生调整时，国际外汇市场会迅速做出反应，美元汇率变动会带动其他国家的货币币值的相应变化。而由于息差的变化，其他国家货币当局面临货币政策的调整压力。更进一步，由于美元是国际货币，一些将美元作为主要货币锚的货币当局不得不对外汇市场进行干预。而对外汇市场的干预将损耗本国外汇储备，这对一些外部收支条件恶化，存在经常项目逆差的国家来说容易造成货币危机风险。一些国家借助资本管制阻止大规模的资本流动。但是对多数国家来说，资本管制是一项短期政策，常态下保持一定的资本开放对国内储蓄不足的国家尤其必要。面对美国货币政策或松或紧的变化，这些国家始终处于被动的应对地位。当资本大规模流入时，会加速国内资产"价格泡沫"。当资本大规模流出时，本国的银行会面对挤兑，加上本国货币贬值压力，资本外流与货币贬值形成联动作用，进而造成货币危机。在资本管制方面，这些国家更是处于两难境地：资本开放有危险，资本管制有成本。此外，更深层的问题是发展中国家存在的"原罪"问题和"美德悖论"。对发展中的债务国来说，这些国家通常对外拥有期限较短的美元债务，而对国内贷出的是期限较长的本币贷款，这在期限和币种两个方面出现双重错配。在双重错配普遍存在的情况下，银行体系面临严重的风险，政府不得不通过稳定汇率来实现对银行的担保。这一现象也可以解释发展中国家在汇率制度选择中存在的"浮动恐惧"现象。对于储蓄较多的发展中国家来说，存在着"美德悖论"，只要本国货币不是国际货币，为了保持出口竞争力，这些国家作为债权人仍存在浮动恐惧，仍受制于美元本位（McKinnon & Schnabl，2004）。上述现实的结果，是在缺乏全球性金融机构行使监控中央银行流动性创造的情况下，美联储在事实上是美元流动性的唯一创造者。这一独特位势将美元流动性与美国经常项目逆差挂钩，从而形成这样的局面：那些运行经常项目顺差、持有美元资产的国家在缺乏选择的情况下只能持续购买美元资产，美元资金因此回流至美国，这便构成了全球失衡的重要来源。由于美国没有承担美元汇率稳定的义务，美国的货币政策外溢性由其他国家承担，美国在吸纳全球资金流入的同时不需要担心资本流入带来的国内通胀压力。

储备货币的主要功能是通过保持足够数量的外汇，用以应对在发生外部冲击和危机时出现对外融资困难；用以提供偿还外债以及用外部资产提供本国货币支持；为政府提供应对外债以及应对国内自然灾害的手段。然而，为了保证上述功能的正常实施，适当的外汇储备管理十分关键。适当的外汇储备管理，一是确保适当的外汇储备规模；二是确外汇储备的流动性，控制外汇储备对市场和信贷风险的暴露；三是在中长期，在确保流动性和风险有效控制的前提下提供一定的营利性。然而，全球金融危机对外汇储备持有国的储备管理带来重大的挑战。由于美元一直以来是各国外汇储备中的主要货币，美元长期贬值使外汇储备保值成为各国面临的重要难题。美国经济学家克鲁格曼在《纽约时报》上撰文称其为"美元陷阱"（Krugman, 2009）。

（二）国际储备供给和全球安全资产短缺

在过去多年间，各国中央银行倾向于将级别较高的政府债券作为储备资产。特别是新兴经济体快速的经济增长，对国际储备资产的需求随之而迅速增加。对储备资产的需求需要具有财政清偿力担保的安全资产的供给来满足，而后者需要储备资产提供国政府不断发行政府担保的债券，从而不断累积债务。经常项目逆差仍是全球流动性的重要来源。与此同时，资本项下的资金流动成为一个更主要的流动性来源，而在其背后，预算赤字可以说是全球流动性供给的根源。在缺乏类似金本位所能施加的财金纪律的今天，发债变得相对容易，即使各国都存在预算约束，在特定时期也变得不具有约束力。以美国为例，从20世纪70年代中期以来，美国联邦债务法定限额不断上调。特别是从2008年金融危机开始，这一限额上调速度加快，幅度增高。在2009年，上限额度为12.1亿美元，2010年提高到14.29亿美元，2013年更是突破了16.39亿美元高限。大规模发债既满足了全球储备资产增加的需求，同时也破坏了储备资产所具备的特质：有信誉担保的较高清偿力。这就形成了一个悖论：储备资产需求增加，需要具有这种清偿能力的政府债券的发行增加；债券发行得越多，清偿率就会受到越大影响。

全球流动性概念在自20世纪70年代以来发生了很大的变化，流动性的变现途径已经多元化了，获取的便捷程度也得到了提高。在固定汇率下，美国政府是流动性的提供者；在浮动汇率下，流动性提供者是多元的，可以是政府，也可以是金融市场中的交易对手。由于渠道的多元化，这就使流动性概念变得难以把握。国际清算银行报告给出一个如何界定、量化全球流动性的框架。比如按主体划分，全球流动性包括官方流动性和私人流动性。官方流动性是只有货币当局才能创造和提供的流动性；私人流动性包括融资流动性、市场流动性、风险承受流动性，分别代表私人机构的融资能力、融资规模和金融杠杆程度。

金融危机以来，全球安全资产在供求结构、数量等方面发生了变化。一方面，新兴市场出于预防性需求的储备资产需求不断上升，另一方面，在供给方，主权债级别的降低导致合格的安全资产提供者减少。在过去十多年间，美国、德国和英国等主要国家的10年期国债收率呈现总体下降趋势，反映了较多的需求追逐有限供给。事实是，在危机爆发和金融动荡期间，投资者风险偏好降低，对安全资产需求激增的情况下，美元资产的避险功能相当明显。然而，由于资产的安全性需要受政府清偿能力的担保，这在公共债务持续增高的条件下，资产的安全性受到怀疑。至少在余永定（2014）看来，中国承受净投资负回报的同时，心甘情愿将外汇储备（存量和增量）投资于假设中的安全资产——美国国债。不考虑中国外汇储备累积中的政策原因，在这一看似"非理性"行为的背后，实则反映中国外汇储备配置中安全资产选择所面临的困局。在安全资产短缺下，人民币国际储备货币地位的提高将为全球安全资产提供一个选项。

（三）多重储备体系需要多重最后贷款人

浮动汇率下特里芬难题表现为美元作为单一储备货币与其币值稳定性之间存在矛盾，因而是全球失衡与金融不稳定性的来源之一。那么多重储备资产是否能缓解这一难题？这里要回答更根本的问题是，多极储备体系是否在稳定币值方面比单极体系更稳定？理论上，多极和单极都存在均衡状态，但是准确地说，国际货币体系处于非多极、非单极的过渡期。在过渡期内，由于储备结构调整的不确定性，特别是新兴货币具有较高的风险溢价，导致资本流动和外汇市场的剧烈波动。

金融稳定是一种公共产品。在缺乏机构框架来锁定职责的情况下，单个货币发行国缺乏承担最后贷款人、提供公共产品的动机。危机期间，美联储是最后贷款人，因为无论如何，短缺的流动性是美元。然而，最后贷款人一直是一个有争论的问题。争论的焦点有两个：一是可能产生的道德风险，因为任何担保和救助都会产生受援者对进一步救助的期望，这可能延缓他们针对危机根源采取整治行动，或者造成"搭便车"行为。二是救助的效率问题。由于流动性危机和清偿力危机两者有本质的区别，前者通过及时救助可以缓解，而后者的解决方案只有倒闭。在现实中很难对两者进行有效甄别，这无疑加大了救助效果的不确定性。然而全球危机爆发和随后各国和国际的救助政策实践，至少在如下问题上达成共识：最后贷款人的存在非常必要，而且它应该是多元化的，既包括公共部门，也包括私人部门；它也应该是多层次的，包括全球性的金融机构，如国际货币基金组织和世界银行，也包括区域性金融稳定机制，如清迈倡议多边机制（CMIM）、欧洲稳定机制（ESM）等；它还包括各国中央银行之间的双边合作，如货币互换。储备货币多元化从根本上讲是市场自然选择的结果，在缺乏全球性安排的条件下，多重最后贷款人是化解金融风险最可行的合作方式。在这样的背景下，人民币成为储备货币将对中国的中央银行承担全球最后贷款人角色提出新的要求。

三、人民币国际化进展

2009年以来，人民币国际化经历了两个时期：2009~2016年初期的快速发展时期；2016年之后的停滞时期。这两个时期的变化受多重因素的影响，其中，政策推动、央行合作、人民币汇率变动以及资本开放节奏决定人民币国际使用变化的进度。从总体使用情况看，作为储备货币，人民币于2016年10月正式纳入国际货币基金组织特别提款权，成为货币篮子。人民币在成员国外汇储备中的持有比率从初期的1.07%上升至2018年第一季度的1.39%。全球有约至少60个国家的中央银行将人民币作为储备货币。在交易货币功能中，根据国际清算银行每三年的统计，在全球外汇市场交易中人民币占全球交易额的比重从2004年的0.1%提高到2016年的4.0%，排名在同期从第35位上升至第8位（BIS，2016）。在国际支付体系（SWIFT）中，人民币从2010年的第35位上升至2015年8月排名第4的最高位，随后有所下降，但仍保持在第6~7位的水平。人民币也实现了与欧元、日元、美元、英镑、新西兰元和新加坡元等货币建立了直接交易；离岸人民币市场发展迅速，中国香港是最主要的离岸人民币中心。此外，伦敦、新加坡、首尔、纽约、中国台湾、巴黎、悉尼、法兰克福、卢森堡以及迪拜等地人民币业务也正在兴起。人民币清算行也几乎遍布亚洲、欧洲、美洲和大洋洲的主要国际金融中心。2015年，中国人民银行建成统一的人民币清算系统（CIPS）。金融基础设施的建设为人民币国际化在交易领域提供了极大的便利。表11-1为截至2018年初期，人民币国际使用的主要用途。

第十一章 人民币国际化

表 11-1　人民币国际使用的主要用途（截至 2018 年初期）

私人用途	官方用途
贸易结算	央行之间货币互换
贸易信贷	货币直接交易
银行存贷款	外汇储备（SDR 和部分国家央行）
债券市场	金融基础设施（清算系统）
股票市场	
直接投资	
银行间市场	
项目融资	
大宗商品和能源（如黄金和原油期货）	

资料来源：笔者编制。

（一）贸易结算和投资计价货币

人民币国际化初期主要是靠政策推动。这其中，在贸易结算和投资计价方面，中国积极放宽人民币交易限制，有意识地进行政策指导，这在人民币国际化最初阶段发挥了很大的作用。

人民币在周边国家的跨境使用是人民币贸易结算使用的前期形态。随着改革开放的不断推进，中国与周边一些国家的经济活动增加，边贸活动开始活跃，人员往来也不断增加。与这些经济活动相伴的是人民币开始流出境外，货币兑换所和一些钱庄开始经营人民币兑换业务，部分国家还可以用人民币作为支付手段。在内蒙古、越南、老挝、缅甸、柬埔寨和尼泊尔等与中国边贸密切的国家，人民币流通规模较大，一些国家政府也非官方地认可人民币在境内的流通；还有一些国家的商界也接受使用人民币进行交易（高海红和余永定，2010）。由于人民币在当时还不能在大多数邻国的银行体系中进行存款和贷款，人民币境外流通的数据很难获得，这在一定程度上促成了中国政府下决心将境外流通的人民币正式纳入银行系统，以便更准确地掌握人民币境外流动的规模。2004 年，中国香港特别行政区的银行体系正式获准，可以接受人民币存款业务。2009 年 7 月，国务院批准颁布《跨境贸易人民币结算试点管理办法》。根据这一措施，在包括上海市和广东省在内的四个城市开展人民币结算跨境贸易的试点。2012 年 3 月，上述措施在全国铺开，人民币结算跨境贸易的限制全部取消。受到政策鼓励，人民币结算跨境贸易额在初期快速上升，使用人民币进行贸易结算的企业数量也不断增加。

2009年，包括货物贸易和服务贸易在内的经常项目下的人民币收付年度金额仅为25.6亿元人民币。2015年经常项目人民币收付额为72343.6亿元人民币。随后受人民币贬值和临时资本管制措施的影响，人民币贸易结算功能有所收缩，2016年全年为52274.7亿元。到2016年底，人民币贸易结算占中国对外贸易总额的27%左右。人民币结算跨境贸易额的这一波动反映出人民币作为贸易结算货币的使用程度与人民币币值变动和资本管理措施的变化有较高的关联度：人民币升值以及较为宽松的资本管理环境鼓励人民币在跨境贸易的结算地位；而人民币贬值时期和相对收紧的资本管理措施会在相当程度上成为人民币发挥贸易结算功能的阻碍因素。

2011年1月，中国政府又颁布了《境外直接投资人民币结算试点管理办法》，解除了人民币对外直接投资的限制。随后以人民币计价的外商投资（RFDI）和以人民币计价对外投资（RODI）得到了发展。2011年，包括对外投资人民币收付和外商直接投资人民币收付在内的跨境人民币直接投资年度收付额为1272.7亿元人民币；2016年为24606.2亿元人民币。2011年以来，人民币计价的外商投资额一直高于以人民币计价的对外投资额。到2016年底，以人民币计价的对外直接投资占中国对外直接投资的10%左右。

（二）储备货币功能

人民币双边货币互换是以中央银行合作形式推动人民币成为储备资产的初期尝试。2008年，中国人民银行与韩国中央银行签署了1800亿元的双边人民币货币互换，这是全球金融危机后中国央行签署的首个此类互换。此后，央行之间的人民币双边互换协议成为央行货币合作的重点。截至2017年底，包括续签在内的人民币双边互换协议共签署了35项。从传统功能看，央行之间的双边货币互换是以为本国出现流动性困难的银行机构提供救助为目的。但诸多的人民币双边货币互换除了上述功能之外，增加了促进双边贸易和投资的功能，即在必要时伙伴国可以通过本国银行系统为与中国贸易投资业务有关的企业提供贷款支持。可以说，这些互换成为以中央银行合作的形式推动初期人民币国际化的重要途径。

在国际货币体系制度安排层面，2009年中国人民银行周小川行长提出建立"超主权货币"的主张，这是对未来国际储备体系建设的一个理论指引。在实践中，在全球层面，特别提款权改革正在进行。2015年，IMF对特别提款权的货币组成进行新一轮的评估。按照2011年修订的标准，成为特别提款权货币篮子的条件有两个：一是货币发行国贸易规模；二是成员国持有其储备货币的比重，后者要求该货币能够为成员国"自由使用"。2016年10月，人民币正式纳入SDR货币篮子。在新的货币篮子中，美元占41.73%，欧元占30.93%，人民币位居第三，占10.92%，日元所占比重为8.33%，英镑为8.09%。人民币成为特别提款权篮子货币，提升了特别提款权对全球重要的经济体的代表性，尤其代表了新兴经济体的重要性。与此同时，由于特别提款权中货币篮子是基金组织成员国持有的官方储备货币，这在一定程度上说明人民币储备货币地位的"官方地位"得到了国际金融机构的认可。更重要的是，人民币加入特别提款权有助于推动中国进一步国内金融改革和扩大对外金融开放，而后者与人民币储备货币地位的提升形成良性循环。

（三）人民币离岸市场

中国香港离岸人民币市场发展是人民币国际化进程中十分重要的组成部分。在改革开放之前，中国香港是外国资本进入大陆的"门户"或"脚踏板"。在1997年中国香港回归之初，曾担心将失去其作为金融中心地位的优势，因为随着内地金融业的不断开放，外国金融机构更愿意绕过中国香港直接与内地进行商业合作。然而实践证明中国香港在诸多方面仍具有竞争力，这要感谢其拥有的自由市场准则、充足的专业人才以及完善的金融基础设施。从内地角度看，由于资本项目开放是一个渐进的过程，人民币国际化需要在一个风险可控的程度上展开，同时又要有足够的岸外发展空间，中国香港因此成为人民币国际化"试验田"的理想之地。事实上，早在2004年中国香港银行体系开始接受人民币存款之前，因中国香港与内地的商业活动不断增加，以及内地赴香港人员流动的不断扩大，已经有相当数量的人民币在中国香港流通。在人民币存贷款正式纳入中国香港银行体系之后，特别是中国香港的总结算系统（RTGS）的建立，为人民币在中国香港离岸市场交易提供了极大的便利。中国香港已经成为最大的人民币存款所在地。

除了中国香港自身的金融中心优势，人民币升值预期是中国香港人民币离岸市场发展的重要因素，中国香港人民币存款的增长与人民币升值幅度之间存在很大的相关性。这是因为，由于存在人民币升值预期，金融机构愿意持有人民币资产。同时，由于人民币存款在中国香港与内地之间存在利差和汇差，人民币单向套利颇具吸引力。人民币套利活动刺激了市场对人民币流动性的需求，但同时也造成跨境短期资金的持续流入，助长了"热钱"对国内金融稳定所造成的不利影响。

继中国香港之后，伦敦、新加坡和中国台湾开始发展人民币离岸业务。随后，欧洲大陆的卢森堡、法兰克福和巴黎等地也出现了人民币清算和交易。在欧洲、美洲、中东和大洋洲等主要城市，中国人民银行指定中国的银行作为人民币清算银行，这为人民币业务的发展奠定了基础。人民币清算行这一"遍地开花"的势头，得益于政策推动，更重要的是市场需求的结果。这同时也为各个人民币离岸市场之间的关系提出了新的课题。比如，如何在不同市场、中心之间进行分工、合作，以及如何形成良性竞争关系。一种观点认为，如果与伦敦比较，中国香港将可能扮演人民币资金的集散地或中转站，而伦敦则成为真正的人民币国际交易离岸中心（Subacchi & Huang, 2012）。

与人民币离岸市场平行发展的同时，中国政府于 2013 年 9 月决定成立上海自由贸易区（SFTZ），目的是通过局部资本项目开放，在上海建设人民币在岸（Onshore）市场。在人民币可兑换性持续扩大、自贸区模式可复制，以及资本开放风险可控的原则下，上海自贸区成为人民币国际化新的"试验场"。特别是通过设立外汇交易账户（FT），在上海注册的机构可以享受最大的人民币自由可兑换程度。比如，注册机构可以以离岸市场、非官方干预的人民币汇率（CNH）从事兑换，不受结汇头寸的限制，母公司与子公司之间可以进行人民币资金的转移，等等。2015 年，上海自贸区模式已经扩展至天津、广东和福建。2016 年自贸区模式扩展至全国，这为人民币实现全面的可兑换性形成压力，也为国内利率市场化等金融改革提出了要求。

四、人民币国际化下一步政策配套

以人民币国际化倒逼资本项目的开放，以资本项目的开放倒逼国内金融体系的改革，通过这两个"倒逼机制"，人民币国际化已成为中国金融改革和开放的重要组成部分。从 2009 年至今，这种倒逼机制在实践中是相当成功的，而且中国做到了将资本项目开放与人民币国际化战略互动，也真正开始了国内金融体系改革的进程。在这样的背景下，如何将倒逼逻辑理顺，如何在资本开放的同时化解金融风险，如何通过发展国内金融市场促进国际货币的使用，是人民币国际化下一步的重要课题。

（一）扩大汇率灵活性同时避免汇率过度波动

亚洲金融危机的教训之一，就是资本项目过早开放和固定汇率的政策组合，是一个有毒的政策组合。一方面，当时一些过早和快速开放资本项目的国家经历了大量的资本流入，在这种情况下，大规模的资本流入加速了国内的资产价格，引发了通货膨胀的压力；另一方面，由于采取了固定的汇率制度，使汇率丧失了吸收外部冲击的功能。更重要的是，当时的固定汇率还导致了一定程度上的国内金融脆弱性。很多国家的中央银行实际上是通过固定汇率对本国银行提供一种担保，这种担保助长了这些银行大面积的双重错配，在外债不断累计的情况下，金融脆弱性不断增加。可以说，危机前普遍实行的资本自由流动与固定汇率组合，对危机爆发有不可推卸的责任。中国在当时以人民币严格钉住美元，是一种硬钉住制度。这一制度实际上是将人民币美元名义汇率作为货币政策的名义锚，这与当时多数亚洲国家所采取的汇率制度相似。所不同的是，在当时，中国资本大门仍然关闭。中国在1996年12月刚刚接受了IMF第八条款，承诺解除对经常项目下交易的汇兑限制。简言之，中国当时的资本管制与固定汇率的组合有效地将中国与世界市场隔绝，使中国免受危机冲击。

20年过去了，中国在不断融入世界经济，特别是人民币国际化战略的推进，让中国灵活的汇率制度和比较开放的资本项目的这种政策组合得更加清晰。在前几年，中国融入世界经济的进展很快，整个开放的进程与人民币国际化进程是相辅相成的。但是近年来人民币汇率的大起大落、资本流动的变化，尤其是资本项目管理政策措施的调整，出现了在汇率和资本管理强化的倾向，人民币国际化进程也相应受阻。

向灵活汇率制度转变是中国的长期目标。从2005年以来，中国央行采取了多项改革措施，包括采用参考"一篮子"货币的有管理的浮动，几次扩大汇率波动区间。这些措施使人民币汇率更加具有灵活性，更具有市场决定的成分。最大的也是最短命的一次改革是2015年8月11日，央行决定终止人民币中间价的干预。但是，由于随后大幅度贬值以及大规模资本外流，央行不久便恢复干预，并于2015年12月将中国外汇交易系统指数（CFETS）引入人民币中间价格的决定公式当中。这一新的制度具有独特性，兼具市场决定和政府干预。新机制之所以有市场决定成分，是因为这其中的CFETS指数是根据贸易加权，考虑了24种货币对人民币汇率变动，而这些汇率随市场而变动。另外，根据央行的解释，CFETS重新钉住"一篮子"货币，它应该具有稳定性的特征，但实际上从2016年7月到2017年5月底CFETS指数下降程度大于双边的人民币与美元的贬值程度。从2016年底至2017年7月初，CFETS下降了8.4%，而同期人民币对美元贬值了6.1%。有观点认为，人民币中间价格钉住 CFETS，并不是传统意义上的稳定性钉住（余永定和肖立晟，2017）。央行的干预成分更重要的是体现在汇率中间价形成公式中加入的"逆周期因子"。这一因子的引入使人民币中间价决定变得不透明，当然也为官方干预留出余地。

这样一种精心设计的制度反映了在汇率稳定与灵活之间央行的徘徊态度。没有一项汇率制度在所有时间适合所有国家，当前的选择自然有其合理性。但是，稳定汇率需要至少两个条件，第一个是充足的外汇储备，但问题是多少外汇储备是充足的？第二个是必须同时进行资本管制，问题是管制到什么程度才能够有效？实际上这也是一种测试，更重要的是政策"开倒车"的做法是危险的，原来开的门现在关上了，除非在危机爆发的极端情况，通常这可能对决策当局产生信用和承诺的不良影响。对人民币来说，由于存在两个市场和两个价格（CNY 和 CNH），使央行必须兼顾不同市场走势，甚至在必要时对离岸价格实行干预，因为离岸价格对在岸价格走势有预期作用。同时，人民银行总行还需要对跨境资本的套利活动进行有效监控。

缺乏灵活性的汇率制度拖延了汇率市场化这一长期目标的实现，有悖于人民币加入 SDR 篮子之前央行对汇率市场化的承诺。汇率灵活性不是货币国际化的必要条件。美元国际化进程经历了不同的汇率制度安排，这包括"二战"之后布雷顿森林体系下的美元黄金本位制度，也包括布雷顿森林体系崩溃之后的浮动汇率制度。对人民币而言，灵活的汇率为人民币可兑换和资本开放提供了更大的可能性，而后者是人民币可获性的重要条件。这也是为什么适当的汇率与资本流动政策组合具有意义。换言之，开放宏观经济中的政策"三难"选择仍然存在，即汇率稳定、资本自由流动以及货币政策独立性这三者之间，只能同时实现两项目标。中间解的存在是可能的，但都是不可持续的。对中国来说，汇率灵活性是提高资本自由流动同时确保央行货币政策关注于国内目标的合意选择。

（二）以宏观审慎措施管理资本流动

自 1998 年以来，在相当长的时期，中国资本流动呈现的是净流入状态。2015 年，形势出现逆转，当时正值人民币急剧贬值，国内增长放缓，美联储加息在即。前一时期快速的资本开放也为资本流动提供了便利。为了应对大规模资本流出，从 2016 年开始，央行采取了一系列收紧资本流动管理的措施。在特定时期，对资本流动采取微调式管理是必要的。更具体地讲，通过开放国内金融市场，鼓励资本流入用以平衡净流出局面。2017~2018 年采用的一些措施，如将股指纳入 MSCI、国内评级机构对外开放、实施债券通、提高对中国香港 RQFII 额度等，都是这样一种做法。这种非对称手段在短期内是有效的。但在收紧的资本管理形势下，人民币国际化进程放缓。更重要的是，最大的争论来自对前期开放政策的反思。金融开放作为一项政策承诺，写进中国的"十三五"规划，也是 2013 年中共十八届三中全会 2020 年规划的一项政策目标。

在常态下，宏观审慎措施应该是资本流动管理的常备手段。它有诸多的工具，包括对国内金融机构歧视性外汇政策，如外汇敞口限制、外币资产投资限制、外币贷款限制、外币准备金要求等；还包括减少系统性风险措施（Ostry et al., 2011）。宏观审慎措施对资本总流动规模管理尤其有效，因为总规模扩大容易导致金融风险，更具有易变性、顺周期、溢出和瞬间收缩的特征。在极端情况下，资本急停和资本外逃都是引发危机的重要导火索。

（三）深化以直接融资为主的国内金融市场

国内金融市场发育程度是影响该国货币国际使用的重要条件。经验表明，货币的国际使用，从根本上来说是其有没有市场的吸引力。从金融市场的角度看，市场吸引力大小有两个很重要的指标：一个是金融市场的深度和流动性，其特征是有足够多的参与者和多种交易产品。在交易规模足够大的情况下，该货币资产的买卖差价会大幅度收窄，价格波动性会大幅度降低。具有上述市场特征的货币通常受市场追捧，无论是居民还是非居民都愿意以交易为目的来持有该种货币资产。从股票市值来看，2017 年底中国股票市场市值占 GDP 的比重仅为 71.18%，而美国为 165.65%，日本为 128.25%。从债券市场看，尽管中国债券市场市值庞大，但以 GDP 比率看，中国仅有不到 70%，远低于日本（220% 以上），甚至低于亚洲的韩国和新加坡。换言之，中国资本市场的深度远远不足。

衡量国内金融市场发育程度的另一个指标是是否有完善的金融基础设施、统一的金融市场，特别是，是否有高效的清算体系。基础设施建设的好坏关系到金融交易成本，关系到使用货币进行借贷、投资或者进行风险对冲时的便利程度。从清算系统建设角度看，人民币跨境银行间支付系统（CIPS）的建立成为处理人民币境外交易的统一清算平台，这对人民币国际使用提供了极大的便利。

国内金融结构是否影响该国货币在国际上的使用是一个没有确定答案的问题。通常以直接融资为主导的金融结构，即在市场主导型的金融结构下，资本市场较为发达，该国货币具有较强的金融交易功能。美国是典型的市场主导的金融体系。如果国内金融结构以银行主导，则该国货币的国际使用程度相对较低。比如，日本和欧元区都以银行主导型的金融体系为主。银行业在中国国内金融资产中占大部分比重。近年来，银行业比重有所下降。2017年，人民币贷款占同期社会融资总规模的68.2%，而在2006年这一比重为82.0%。相比之下，包括企业债券和股票在内的直接融资比重从12.3%提高到14.3%。尽管如此，直接融资比重仍然较低。发展国内直接融资市场是进一步推进人民币国际化的重要步骤。

金融市场的发育程度直接影响货币的载体（Vehicle）功能。所谓载体货币，是能够行使第三方货币职能的货币，具体表现为使用该货币的交易双方都是非居民。在过去多年间，美元国际货币地位主要靠载体货币职能来支撑，在国际交易中成为最大的第三方货币。更重要的是，一旦一种货币被第三方使用，其功能很容易延伸至其他领域，比如，延伸为储备资产和锚钉住货币。目前，人民币的国际使用主要与贸易交易有关，而且主要是有本国居民（企业）参与的交易。上述分析的含义在于，载体货币职能不是靠双边货币互换来实现的，贸易规模对货币的国际使用也有局限性。载体货币主要依赖金融市场交易，因为金融交易量远远大于贸易交易量，而且金融交易不受地理限制。从这种意义上讲，未来金融市场的发展将对人民币载体货币功能的提升起到决定性作用。

（四）以"一带一路"倡议推进人民币国际化

2013年，中国国家主席习近平提出中国的"一带一路"倡议（BRI）。"一带一路"倡议被普遍认为是未来若干年全球化的中国版本，是中国参与国际市场，推动世界经济一体化，促进全球经济增长和发展的重要举措。事实上，"一带一路"倡议是一个多维度的国际合作倡议，其范畴涵盖战略和政策、基础设施和互联互通、贸易和投资、金融、文化和人文合作。

"一带一路"倡议的实施以项目为基础，需要大量的资金支持。从目前来看，"一带一路"倡议的融资渠道主要来自国家开发银行和四大国有商业银行。至2016年底，四大银行拥有1.5亿美元的未偿融资额，并额外获得了用于基础设施贷款、产能合作以及金融合作的2.5亿美元定向贷款额度。这其中，中国工商银行是最大的涉足"一带一路"融资的商业银行。丝路基金特别为"一带一路"融资而设立，已获得40亿美元贷款额度以及额外的1000亿美元的注资。此外，新成立的多边金融机构，如金砖开发银行和亚洲基础设施投资银行的投资项目从地域看也将与"一带一路"项目有所交集。一些双边的开发性基金,如中俄基金等也相应设立,将成为"一带一路"项目融资的组成部分。

随着"一带一路"倡议的不断推进,人民币的国际使用也会随之增加。首先是中国企业对"一带一路"国家的投资将增加企业对人民币项目融资贷款的需求。中国的银行机构将积极提供项目融资贷款,而人民币贷款将占绝大比重。其次是与"一带一路"国家贸易的扩大提升人民币结算比重,比如"一带一路"投资项目的实施需要中国企业提供的设备和产品所产生的贸易可以人民币进行结算。再次是在"一带一路"项目融资方面,中国公司将增加在境外发行人民币债券,外国公司也可以在中国境内发行人民币债券,都将扩大人民币债券发行与投资。此外,一些国际金融中心将增加与"一带一路"相关的人民币业务,或者发挥第三方融资中介的作用,以此便利不断增加融资需求。最后,随着贸易、投资和金融关联度的提高,中央银行之间的合作日益重要,"一带一路"国家将有意愿持有人民币,作为中央银行的储备货币,人民币在各国官方储备资产中的比重也将有所提升。

(五)实现人民币资本项下可兑换同时确保金融稳定

根据人民银行总行的设想,"人民银行将继续按照'成熟一项、推出一项'的原则,有序推进人民币资本项目可兑换,在风险可控的前提下,进一步提高人民币可兑换、可自由使用程度,更好地满足实体经济的需求。一是继续加快推动包括股票市场、债券市场和外汇市场在内的金融市场双向有序开放。二是进一步扩大合格投资者主体资格,增加投资额度。条件成熟时,取消资格和额度审批,将相关投资便利扩大到更多的境内外合格投资者。三是修改《中华人民共和国外汇管理条例》,并清理相关法律法规,将资本项目可兑换纳入法制框架。四是建立与国际金融市场相适应的会计准则、监管规则和法律规章,提升金融市场国际化水平。五是深入研究外债和资本跨境流动管理的宏观审慎政策框架,建立健全有效的风险预警和防控体系"(中国人民银行,2017)。由此可见,实现人民币可兑换的设想仍以渐进性为原则,这综合考虑了资本开放与金融稳定之间的平衡关系。

如何对一个开放的经济体进行有效的风险对冲,是下一阶段金融开放和人民币国际化所要应对的重要挑战。资本流动通常会产生两类风险,一类是宏观经济风险,另一类是金融风险。宏观风险是指资本流动会造成本国货币汇率变动,也会影响国内的通货膨胀。资本流动的金融风险主要涉及的是信贷市场、资产价格和不动产市场风险，以及金融机构和非金融机构资产负债表的风险。对抗宏观经济风险的措施包括宏观政策和汇率政策，汇率政策是非常重要的能够吸收外部冲击的手段。而宏观审慎政策是应对资本流动所带来的金融风险的常备手段。资本管制是非常极端情况下采取的无奈之举，因为它的成本太高，不仅会造成资源配置扭曲，甚至还会把正常的资本流出变成资本外逃，这样使监管当局对其监控更加困难。

五、结论

中国加入世界贸易组织的成就之一是通过引入外部竞争对国内改革形成"倒逼"机制。10年之后，人民币国际化也可以被视为在新时期中国为了在国际货币体系中的重新定位，以及为打破国内瓶颈、进一步促进国内金融改革的一项新的努力。

人民币国际化进展的重要标志是人民币发挥国际储备货币职能。而人民币成为国际储备货币需要中国经济实力的支持。目前，中国成为全球经济总量仅次于美国的经济大国，这为提升人民币在国际货币体系中的地位提供了基础性支持。同时，中国有意愿减少对美元的过度依赖，以避免本国较高的储蓄转化为美元资产，从而面临"美元陷阱"的困境。更重要的是，全球金融危机爆发证明了改革现有国际货币体系的急迫性。国际储备体系正走向多元化，尽管美元仍然是全球最主要的货币，但欧元、日元、英镑以及特备提款权等都在行使一定程度的国际货币职能。人民币是首个加入国际储备货币体系的新兴市场国家的货币。人民币的加入一方面改善了储备货币体系对新兴经济力量的代表性，另一方面也是储备体系多元化的重要组成部分。

人民币国际化需要一系列的条件。首先是政策配合是否适当。这其中关于中国资本项目开放的速度和时序仍存在争议，因为它关系到如何平衡好金融开放与确保国内金融的稳定性。它也关系到其他政策是否到位。比如国内的金融改革是否顺利推进，国内的各种要素是否有效配置，人民币汇率形成机制是否具有足够的灵活性，等等。人民币国际化的成败在相当程度上取决于国内金融改革和开放的成功与否。日元国际化进程提供了很好的借鉴。尽管日元在国际市场上的使用程度大大低于当初提出日元国际化时预期，但是在20世纪90年代和21世纪初期，日本成功地实现了国内金融改革和自由化，这与当初的日元国际化目标有密切关系。换言之，日元国际化的经验表明，货币国际化的过程远比结果更有意义。

第十一章 人民币国际化

未来人民币国际化将进入一个新的阶段。早期放松管制所带来的"政策红利"很快用尽，而人民币国际使用将主要靠市场来选择。这就需要人民币在交易功能方面有一个飞跃性的提升，一个具有高度流动性和具有相当深度和广度的金融市场将决定人民币能否进阶为主要国际交易货币的重要条件。与此同时，人民币流动性的主要提供者中国人民银行是否成为确立较高的可信度和具有较强的独立性，是人民币能否成为可接受的国际储备货币的重要因素。

人民币的兴起是中国在世界中经济实力的体现，是国际货币体系改革不可或缺的积极力量。人民币成为国际货币并不意味着取代美元在国际货币体系中的地位，而是与美元、欧元、日元、英镑等其他主要货币一道构成一个多元化的国际储备货币体系。

参考文献

Aghion, R., and P. Howitt. A Model of Growth through Creative Destruction [J]. Econometrica, 1992, 60 (2): 323-351.

Aitken Brian J., and A. E. Harrison. Do Domestic Firms Benefit from Direct Foreign Investment? Evidence from Venezuela [J]. American Economic Review, 1999, 89 (3): 605-618.

Alesina A. and D. Dollar. Who Gives Foreign Aid to Whom and Why? [J]. Journal of Economic Growth, 2000, 5 (1): 33-63.

Amiti, M., & Konings, J. Trade Liberalization, Intermediate Inputs, and Productivity: Evidence from Indonesia [R]. IMF Working Paper, 2005.

Anderson, J. E., & van Wincoop, E. Trade Costs [J]. Journal of Economic Literature, 2004, 42 (3): 691-751.

Arkolakis, C., Costinot, A., & Rodríguez-Clare, A. New Trade Models, Same Old Gains? [J]. The American Economic Review, 2012, 102 (1): 94-130.

Arkolakis, C., Demidova, S., Klenow, P. J., & Rodriguez-Clare, A. Endogenous Variety and the Gains from Trade [J]. American Economic Review, 2008, 98 (2): 444-450.

Auffray Cyrielle, and X. Fu. Chinese MNEs and Managerial Knowledge Transfer in Africa: The Case of the Construction Sector in Ghana [J]. Journal of Chinese Economic & Business Studies, 2015, 13 (4): 285-310.

Aw, B. Y., Chung, S., & Roberts, M. J. Productivity and Turnover in the Export Market: Microlevel Evidence from the Republic of Korea and Taiwan (China) [J]. The World Bank Economic Review, 2000, 14 (1): 65.

Aw, B. Y., Roberts, M. J., & Winston, T. Export Market Participation, Investments in R&D and Worker Training, and the Evolution of Firm Productivity [J]. The World Economy, 2007, 30 (1): 83.

参考文献

Balistreri, E. J., Hillberry, R. H., & Rutherford, T. F. Structural Estimation and Solution of International Trade Models with Heterogeneous Firms [J]. Journal of International Economics, 2011, 83 (2): 95-108.

Barro, R. J. Economic Growth in A Cross-section of Countries [J]. Quarterly Journal of Economics, 1991, 106 (2): 407-443.

Bernard, A. B., & Jensen, J. B. Exceptional Exporter Performance: Cause, effect, or both? [J]. Journal of International Economics, 1999, 47 (1)(2/1): 1-25.

BIS. Triennial Central Bank Survey of Foreign Exchange and Derivatives Market Activity, April 2016.

Blalock, G., & Gertler, P. J. Learning from Exporting Revisited in a Less Developed Setting [J]. Journal of Development Economics, 2004, 75 (2)(12): 397-416.

Blomström Magnus, and A. Kokko. Multinational Corporations and Spillovers [J]. Journal of Economic Surveys, 1998, 12 (3): 247-277.

Boone P. Politics and the Effectiveness of Foreign Aid, European Economic Review [J]. 1996, 40 (2): 289-329.

Bourdon M. H. et al. Aid for Trade in Developing Countries: Complex Linkages for Real Effectiveness [J]. African Development Review, 2009, 21 (2): 243-290.

Broda, C., & Weinstein, D. E. Globalization and the Gains from Variety [J]. The Quarterly journal of economics, 2006, 121 (2): 541-585.

Buckley Peter J. et al. The Determinants of Chinese Outward Foreign Direct Investment. In Foreign Direct Investment, China and the World Economy [M]. Palgrave Macmillan, London, 2010.

Burnside C. and D. Dollar. Aid, Politics, and Growth [J]. American Economic Review, 2000, 90 (4): 847-868.

Cadot O. et al. Export Diversification: What's Behind the Hump? [J]. The Review of Economics and Statistics, 2011, 93 (2): 590-605.

Caliendo, L., & Parro, F. Estimates of the Trade and Welfare Effects of NAFTA [J]. The Review of Economic Studies, 2015, 82 (1): 1-44.

Cali M. and D. W. Velde. Does Aid for Trade Really Improve Trade Performance? [J]. World Development, 2011, 39 (5): 725-740.

Cass, D. Optimal Growth in an Aggregate Model of Capital Accumulation [J]. Review of Economic Studies, 1965 (32): 233-240.

C. E. Weller. Financial Crises after Financial Liberalization: Exceptional Circumstances or Structural Weakness? [R]. ZEI Working Papers, 1999.

Chen Chunlai. Impact of China's Outward Foreign Direct Investment on Its Regional Economic Growth [J]. China & World Economy, 2018, 26 (3): 1-21.

Chen Chunlai, Y. Sheng, and C. Findlay. Export Spillovers of FDI on China's Domestic Firms [J]. Review of International Economics, 2013, 21 (5): 841-856.

Chinn, Menzie and Jeffrey Frankel. Will the Euro Eventually Surpass the Dollar as Leading International Reserve Currency? [R]. NBER Working Paper, No. 11510, 2012.

Chung-Hua Shen, Meng-Fen Hsieh. Capital Inflows and Banking Vulnerability: Across-country Comparison [J]. Journal of Financial Studies, 2000, 8 (3): 1-40.

Claessens S., Demirgüç-Kunt A., Huizinga H. How Does Foreign Entry Affect Domestic Banking Markets? [J]. Journal of Banking and Finance, 2001, 25 (5): 891-911.

Clerides, S. K., Lach, S., & Tybout, J. R. Is Learning by Exporting Important? Micro-dynamics Evidence from Columbia, Mexico, and Morocco [J]. The Quarterly Journal of Economics, 1998, 113 (3): 903-947.

Coe, D. T., & Helpman, E. International R&D spillovers [J]. European Economic Review, 1995, 39 (5): 859-896.

Cohen Wesley M., and D. A. Levinthal. Absorptive Capacity: A New Perspective on Learning and Innovation [J]. Strategic Learning in A Knowledge Economy, 2000, 35 (1): 39-67.

Costinot, A., & Rodríguez-Clare, A. Chapter 4 - Trade Theory with Numbers: Quantifying the Consequences of Globalization. G. Gopinath, E. Helpman, & K. Rogoff [M]. Handbook of International Economics, 2014.

Cozza C., R. Rabellotti, and M. Sanfilippo. The Impact of Outward FDI on the Performance of Chinese Firms [J]. China Economic Review, 2015 (36): 42-57.

Cross A. R., & Voss H. Chinese Direct Investment in the United Kingdom:

An Assessment of Motivations and Competitiveness [M]. Corporate Strategies in the New Asia, University of Bremen, 2008: 1-2.

Dai Ou, and X. Liu. Returnee Entrepreneurs and Firm Performance in Chinese High-technology Industries [J]. International Business Review, 2009, 18 (4): 373-386.

Delgado, M. A., Farinas, J. C., & Ruano, S. Firm Productivity and Export markets: A Nonparametric Approach [J]. Journal of International Economics, 2002, 57 (2) (8): 397-422.

De Loecker, J. Do Exports Generate Higher Productivity? Evidence from slovenia [J]. Journal of International Economics, 2007, 73 (1) (9): 69-98.

Dinh Hinh T. et al. Light Manufacturing in Africa [M]. Africa Development Forum, World Bank, Washington, DC, 2012.

Dixit, A. K., & Stiglitz, J. E. Monopolistic Competition and Optimum Product Diversity [J]. The American Economic Review, 1977, 67 (3): 297-308.

Dunning J. H. Globalisation of Business [M]. London and New York, Routledge, 1993.

Dunning J. H. Multinational Enterprises and the Global Economy [M]. Addison-Wesley: New York, 1992.

Durlauf, S. N., & Quah, D. T. The New Empirics of Economic Growth [M]. Handbook of Macroeconomics, 1999.

Eaton, J., & Kortum, S. Technology Trade and Growth: A Unified Framework [J]. European Economic Review, 2001, 45: 742-755.

Eaton J., S. Kortum, and F. Kramarz. Dissecting Trade: Firms, Industries, and Export Destinations [J]. American Economic Review, 2004, 94 (2): 150-154.

Eichengreen Barry. Exorbitant Privilege: The Rise and fall of the Dollar and the Future of the International Monetary System [M]. Oxford University Press. 2011.

Eichengreen Barry, Livia Chitu and Arnaud Mehl. How Global Currencies Work: Past, Present, and Future [M]. Princeton University Press, November 2017.

Ernst & Young. EY's Attractiveness Program Africa: Connectivity Redefined [M]. London: Ernst & Young, 2017.

Ethier, W. J. National and International Returns to Scale in the Modern Theory of International Trade [J]. American Economic Review, 1982, 72 (3): 389-405.

Feenstra R. and H. L. Kee. On the Measurement of Product Variety in Trade [J]. The American Economic Review, 2004, 94 (2): 145-149.

Felbermayr G. J. and W. Kohler. Exploring the Intensive and Extensive Margins of World Trade [J]. Review of World Economics, 2006, 142 (4): 642-674.

Filatotchev Igor et al. Knowledge Spillovers through Human Mobility across National Borders: Evidence from Zhongguancun Science Park in China [J]. Research Policy, 2011, 40 (3): 453-462.

Findlay, R., & Kierzkowski, H. International Trade and Human Capital: A Simple General Equilibrium Model [J]. Journal of Political Economy, 1983, 91 (6): 957-978.

Foster V., Butterfield W., & Chen C. Building Bridges: China's Growing Role as Infrastructure financier for Africa [R]. The World Bank, 2009.

Gao Haihong and Yongding Yu. Internationalization of the Renminbi in: Currency Internationalization: Lessons from the Global Financial Crisis and Prospects for the Future in Asia and the Pacific [J]. BIS Paper, 2012 (61): 105-124.

Gao Haihong. Internationalization of the Renminbi and Its Implications for Monetary Policy. In Chang Shu and Wensheng Peng (eds.) Currency Internationalization: International Experiences and Implications for the Renminbi [M]. Palgrave Macmillan, 2010.

Gao Haihong. RMB Internationalisation. The New Palgrave Dictionary of Economics [M]. Palgrave Macmillan, London. 2018. First online: September 2016.

Glen J. An Introduction to the Microstructure of Emerging Markets [R]. International Finance Corporation Discussion Paper No. 24, International Finance Corporation, Washington, D. C., 1994.

Goldberg, P., Khandelwal, A., Pavcnik, N., & Topalova, P. B. Multi-product Firms and Product Turnover in the Developing World: Evidence from India [R]. NBER Working Paper, 2008.

Gondim Igor, M. H. Ogasavara, and G. Masiero. Effects of Outward Foreign Direct Investment on Domestic Investment: The Cases of Brazil and China: OFDI from Brazil and China [J]. Journal of International Development, 2018 (5):

7-14.

Graciela Laura Kaminsky and Sergio L. Schmukler. Short-Run Pain, Long-Run Gain: Financial Liberalization and Stock Market Cycles [J]. Review of Finance, 2008, 12 (2): 253-292.

Grossman, G., & Helpman, E. Innovation and Growth in the Global Economy [M]. The MIT Press, 1993.

Hallward-Driemeier, M., Iarossi, G., & Sokoloff, K. L. Exports and Manufacturing Productivity in East Asia: A Comparative Analysis with Firm-level Data [R]. NBER Working Paper Series W8894, 2002.

Harrison, A. E. Productivity, Imperfect Competition, and Trade Reform. Theory and Evidence [J]. Journal of International Economics, 1994, 36 (1-2): 53-73.

Harrison, A., & Rodriguez-Clare, A. Trade, Foreign Investment, and Industrial Policy for Developing Countries. D. Rodrik & M. Rosenzweig [M]. Handbook of Development Economics, 2010.

Head, K., & Mayer, T. Chapter 3-Gravity Equations: Workhorse, Toolkit, and Cookbook [M]. Handbook of International Economics, 2014.

Helble M. Aid-for-trade Facilitation [J]. Review of World Economy, 2012, 148 (2): 357-376.

Helpman E. Trade, FDI, and the Organization of Firms [J]. Journal of Economic Literature, 2006, 44 (3): 589-630.

He S., & Khan Z. Boarding the High-speed Train of China-the Upgrading Journey of a British Engineering Firm after being Acquired by a Chinese Train Company. Chapter 10 of Chinese Investment in Europe: Corporate Strategies and Labour Relations [M]. Edited by Drahokoupil, J., 2017.

Howell A., Lin J., & Worack S. Impacts of Outward Direct Investments on Chinese Firms' Domestic Innovation Performance [R]. Working Paper, 2018.

Huang Yiping, and B. Wang. Chinese Outward Direct Investment: Is There a China Model? [J]. China & World Economy, 2011, 19 (4): 1-21.

Huang Youxing, and Y. Zhang. How does Outward Foreign Direct Investment Enhance Firm Productivity? A Heterogeneous Empirical Analysis from Chinese Manufacturing [J]. China Economic Review, 2017 (44): 1-15.

Imbs J. and R. Wacziarg. Stages of Diversification [J]. The American Economic Review, 2003, 93 (1): 63-86.

Infrastructure Consortium for Africa (ICA), Infrastructure Financing Trends in Africa-2015 [Online; cited July 2018], 2016, Available from: https://www.icafrica.org/en/news-events/ica-news/article/infrastructure-financing-trends-in-africa-2015-523879/.

Ito Takatoshi. A New Financial Order in Asia: Will a RMB Bloc Emerge? [J]. Journal of International Money and Finance, 2017 (74): 232-257.

Javorcik Beata Smarzynska. Does Foreign Direct Investment Increase the Productivity of Domestic Firms? In Search of Spillovers through Backward Linkages [J]. American Economic Review, 2004, 94 (3): 605-627.

Jeffrey D. Sachs. From Millennium Development Goals to Sustainable Development Goals [J]. The Lancet, 2012, 379 (9832): 2206-2211.

Kabia A., Huang J. Z., Xing Y., & Dumbuya I. "Does Chinese Outward Direct Investment (ODI) to Africa stimulate The Sino-African Trade Co-operation? [J]. International Journal of Management Sciences and Business Research [J]. 2016, 5 (4): 49-85.

Kasahara, H., & Rodrigue, J. Does the Use of Imported Intermediates Increase Productivity? Plantlevel evidence [J]. Journal of Development Economics, 2008 (87): 106-118.

Kawai Masahiro and Shinji Takagi. The RMB as a Key International Currency? [J]. Lessons from the Japanese Experience. Notes Prepared for the Asia-Europe Economic Forum, January 10-11, 2011.

Kawai Masahiro and Victor Pontines. The Renminbi and Exchange Rate Regimes in East Asia [R]. ADBI Working Paper No. 484, 2014.

Keller, W. Are International R&D Spillovers Trade-related? Analyzing Spillovers Among Randomly Matched Trade Parters [J]. European Economic Review, 1998 (42): 1469-1481.

Kenen, Peter. Currency Internationalization: An Overview in Currency Internationalization: Lessons from the Global Financial Crisis and Prospects for the Future in Asia and the Pacific [J]. BIS Papers, 2012 (61): 9-18.

Khodeir Aliaa Nabil. The Impact of Chinese Direct Investments on Employment in Africa [J]. Journal of Chinese Economic & Foreign Trade Studies, 2016, 9 (2): 86-101.

Koopmans, T. C. On the Concept of Optimal Economic Growth. in: The Econometric Approach to Development Planning (North – Holland, Amsterdam), 1965.

Kose M. A., Prasad E., & Terrones M. How does Financial Globalization Affect Risk Sharing? Patterns and Channels? [R]. IMF Working Paper No. 2903. International Monetary Fund, 2007.

Krugman Paul. China's Dollar Trap [EB/OL]. http: //nytimes. com/2009/04/03/opinion/03krugman. htm.

Krugman, P. R. Increasing Returns, Monopolistic Competition, and International Trade [J]. Journal of International Economics, 1979, 9 (4): 469-479.

Krugman, P. Scale Economies, Product Differentiation, and the Pattern of Trade [J]. The American Economic Review, 1980, 70 (5): 950-959.

Krugman P. The Myth of Asia's Miracle [J]. Foreign Affairs, 1994, 73 (6): 62-78.

Kubny & Voss. The Impact of Chinese Outward Investment: Evidence from Cambodia and Vietnam [J]. Discussion Paper, 2010.

Laban R. M., F. B. Larrain. Can a Liberalization of Capital Outflows Increase Net Capital Inflows? [J]. Journal of International Money & Finance, 1997, 16 (3): 415-431.

Lall, S. The Technological Structure and Performance of Developing Country Manufactured Exports, 1985-1998 [J]. Oxford Development Studies, 2000, 28 (3): 337-369.

Lehmann D. N. Does Foreign Aid Promote Recipient Exports to Donor Countries? [J]. Review of World Economy, 2013, 149 (3): 505-535.

Levine R. Foreign Bank Entry and Capital Control Liberalization: Effects on Growth and Stability [D]. University of Minnesota, Mimeo, 1999.

Levinsohn, J. Testing the Imports – as – market – discipline Hypothesis [J]. Journal of International Economics, 1993 (35): 1-22.

Li Linjie, et al. Does Outward FDI Generate Higher Productivity for Emerging Economy MNEs? -Micro-level Evidence from Chinese Manufacturing Firms [J]. International Business Review, 2017 (2): 7-15.

Lin J. Y. From Flying Geese to Leading Dragons: New Opportunities and Strategies for Structural Transformation in Developing Countries [R]. The World

Bank, 2011.

Lin J. Y. , & Wang Y. China-Africa Co-operation in Structural Transformation: Ideas, Opportunities, and finances [R]. Wider Working Paper, 2014.

Lucas Jr, R. E. On the Mechanics of Economic Development [J]. Journal of Monetary Economics, 1988, 22 (3): 3-42.

Markusen, J. R. Trade in Producer Services and in other Specialized. Intermediate Inputs [J]. American Economic Review, 1989 (79): 85-95.

McCauley Robert. Renminbi Internationalization and China's Financial Development [J]. BIS Quarterly Review, December 2011: 41-56.

McKinnon Ronald and Gunther Schnabl. The Return to Soft Dollar Pegging in East Asia: Mitigating Conflicted Virtue [J]. International Finance, 2004, 7 (2): 169-201.

Melitz, M. J. The Impact of Trade on Intra-industry Reallocations and Aggregate Industry Productivity [J]. Econometrica, 2003, 71 (6): 1695-1725.

Muendler, M. A. Trade, Technology and Productivity: A Study of Brazilian Manufacturers 1986 - 1998 [R]. CESifo Working Paper Series No. 1148. University of California, San Diego, 2004.

Munemo J. Foreign Aid and Export Diversification in Developing Countries [J]. The Journal of International Trade & Economic Development, 2011, 20 (3): 339-355.

Munemo J. Foreign Aid and Export Performance: A Panel Data Analysis of Developing Countries [J]. World Bank Working Papers, 2006 (23): 1-23.

Nicole Bates-Eamer ect. Post-2015 Development Agenda: Goals, Targets and Indicators [EB/OL]. The Centre for International Governance Innovation (CIGI) working paper. http://sustainabledevelopment.un.org/content/documents/775cigi.pdf, 2012.

OECD. The Paris Declaration on Aid Effectiveness (2005) and the Accra Agenda for Action, 2008.

Omoruyi M. , & Ehizuelen M. The Impact of China's Economic Activities in Africa on Economic Growth of African Countries [J]. Bangladesh Development Studies, 2015, xxxviii.

Osakwe P. N. Foreign Aid, Resources and Export Diversification in Africa: A New Test of Existing Theories [R]. MPRA Paper, 2007, No. 2228: 1-21.

Ostry Jonathan D., Atish R. Ghosh, Karl Habermeier, Luc Laeven, Marcos Chamon, Mahvash S. Qureshi, and Annamaria Kokenyne. Managing Capital Flow: What Tools to Use? [R]. IMF Discussion Note. April 2011.

Park, A., Yang, D., Shi, X., & Jiang, Y. Exporting and Firm Performance: Chinese Exporters and the Asian Financial Crisis [R]. Working Paper No. 549. University of Michigan, 2006.

Pavcnik, N. Trade liberalization, Exit, and Productivity Improvement: Evidence from Chilean Plants [J]. Review of Economic Stuides, 2002, 69 (1): 245-276.

P. B. Henry. Stock Market Liberalization, Economic Reform and Emerging Market Equity Prices [J]. Journal of Finance, 2000, 55 (2): 529-564.

Pettersson J. and L. Johansson, Aid, Aid for Trade, and Bilateral Trade: An Empirical Study [J]. Journal of International Trade and Economic Development, 2013, 22 (6): 866-894.

Pierre-Olivier Gourinchas and Olivier Jeanne. The Elusive Gains from International Financial Integration [J]. Review of Economic Studies, Oxford University Press, 2006, 73 (3): 715-741.

Pierre-Richard Agenor. Benefits and Costs of International Financial Integration: Theory and Facts [J]. World Economy, 2003, 26 (8): 1089-1118.

Prasad Eswar and Lei Ye. The Renminbi's Role in the Global Monetary System [M]. IZA Discussion Paper No. 6335, 2012.

Prasad Eswar. Gaining Currency: The Rise of the Renminbi [M]. New York: Oxford University Press, 2017.

Rey Hélène. Dilemma not Trilemma: The Global Financial Cycle and Monetary Policy Independence [R]. Federal Reserve Bank of Kansas City Economic Policy Symposium, 2013.

R. M. Stulz. Globalization, Corporate Finance and the Cost of Capital [J]. Journal of Applied Corporate Finance, 1999, 12 (3): 8-25.

Rodrik, D. What's So Special about China's Exports? [J]. China & World Economy, 2006, 14 (5): 1-19.

Romer, P. Endogenous Technological Change [J]. Journal of Political Economy, 1990, 98 (5, Part 2): SS. 71-S102.

Romer, P. Increasing Returns and Long-run Growth [J]. Journal of Political

Economy, 1986, 94: 1002-1037.

Romer, P. New Goods, Old Theory, and the Welfare Costs of trade restrictions [J]. Journal of development Economics, 1994, 43 (1): 5-38.

Sachs J. and A. Warner. Natural Resources and Economic Development: The Curse of Natural Resources [J]. European Economic Review, 1995, 45 (4-6): 827-838.

Schott, P. K., Fuest, C., & O'Rourke, K. The Relative Sophistication of Chinese Exports [J]. Economic Policy, 2008, 23 (53): 5-49.

Shen X. Private Chinese Investment in Africa: Myths and Realities [J]. Development Policy Review, 2015, 33 (1): 83-106.

Shu Chang, Dong He and Xin Cheng. One Currency, Two Markets: The Renminbi's Growing Influence in Asia-Pacific [J]. China Economic Review, 2015 (33): 163-178.

Solow, R.M, A Contribution to the Theory of Economic Growth [J]. Quarterly Journal of Economics, 1956, 70 (1): 65-94.

Spence, M. Product Selection, Fixed Costs, and Monopolistic Competition [J]. The Review of Economic Studies, 1976, 43 (2): 217-235.

Stiglitz J. E. The Insider [EB/OL]. April 17, 2000, https: //newrepublic.com/article/61082/the-insider.

Stiglitz J. E. The Role of the State in Financial Market [J]. Proceeding of the World Bank Annual Conference on Development Economics, 1993 (1): 299-316.

Subacchi Paola and Helen Huang. The Connecting Dots of China's Renminbi Strategy: London and Hong Kong [R]. Chatham House Briefing Paper, September 2012.

Takagi Shinji. Internationalizing the Yen, 1984-2003: Unfinished Agenda or Mission Impossible? [J]. BIS Paper, 2012 (61): 75-92.

The Fourth High Level Forum on Aid Effectiveness [R]. The Busan Partnership for Effective Development Cooperation, 2012.

The 67 Session of General Assembly of the United Nations Follow-up to and implementation of the Monterrey Consensus and Doha Declaration on Financing for Development, 2012.

The 67 Session of General Assembly of the United Nations Modalities of the financing for development follow-up process Report of the Secretary-General, 2012.

Timmer, M. P. , Dietzenbacher, E. , Los, B. , Stehrer, R. , & Vries, G. J. de. An Illustrated User Guide to the World Input-Output Database: The Case of Global Automotive Production [J]. Review of International Economics, 2015, 23 (3): 575-605.

UN Conference on Sustainable Development The Future We Want, 2012, http://www. un. org/ga/search/view_ doc. asp? symbol = A/RES/66/288 & Lang = E.

United Nations Conference on Trade and Development (UNCTAD), World Investment Report: Transnational Corporations, Agricultural Production and Development [M]. New York: United Nations Publications, 2009.

United Nations. Doha Declaration on Financing for Development: Outcome Document of the Follow-up International Conference on Financing for Development to Review the Implementation of the Monterrey Consensus, 2008.

United Nations. Monterrey Consensus of the International Conference on Financing for Development, 2003.

Van Biesebroeck, J. Exporting Raises Productivity in Sub-Saharan African Manufacturing Firms [J]. Journal of International Economics, 2005, 67 (2): 373-391.

Van Biesebroeck, J. Revisiting Some Productivity Debates [R]. NBER Working Papers No. W10065, 2003.

Vijil M. and L. Wagner. Does Aid for Trade Enhance Export Performance? Investigating the Infrastructure Channel [J]. The World Economy, 2012, 35 (7): 838-868.

Wagner D. Aid and Trade-An Empirical Study [J]. Journal of the Japanese and International Economics, 2003, 17 (2): 153-173.

Wang Bijun, and X. Li. From World Factory to World Investor: The New Way of China Integrating into the World [J]. China Economic Journal, 2017, 10 (2): 1-19.

Wang Bijun, R. Mao, and Q. Gou. Overseas Impacts of China's Outward Direct Investment [J]. Asian Economic Policy Review, 2014, 9 (2): 227-249.

Xiaolan Fu, J. Hou, and L. Xiaohui. Unpacking the Relationship between Outward Direct Investment and Innovation Performance: Evidence from Chinese Firms [J]. World Development, 2018.

You Kefei, and O. H. Solomon. China's Outward Foreign Direct Investment and Domestic Investment: An Industrial Level Analysis [J]. China Economic Review, 2015, (34): 249-260.

Zhang Xiaobo, J. Yang, and S. Wang. China has Reached the Lewis Turning Point [J]. China Economic Review, 2011, 22 (4): 542-554.

巴曙松、姚飞:《中国债券市场流动性水平测度》,《统计研究》2013 年第 12 期。

曹向华:《人民币国际化给我国外汇市场带来的机遇和挑战》,《银行家》2010 年第 2 期。

陈开军、赵春明:《贸易开放对我国人力资本积累的影响——动态面板数据模型的经验研究》,《国际贸易问题》2014 年第 3 期。

程定华:《双刃剑——金融国际化的利益与风险》,上海社会科学院出版社 1999 年版。

杜群阳、朱佳钰:《外资进入与银行业效率的实证研究》,《国际贸易问题》2010 年第 2 期。

范立春:《中国与东盟经济合作的互补性分析》,《特区经济》2010 年第 8 期。

高海红:《布雷顿森林遗产与国际金融体系改革》,《世界经济与政治》2015 年第 3 期。

高海红、余永定:《人民币国际化的含义与条件》,《国际经济评论》2010 年第 1~2 期。

管涛:《经济新常态下中国外汇市场建设正当其时》,《上海财经大学学报》2015 年第 4 期。

管涛:《外汇管理要坚持市场化方向》,《清华金融评论》2014 年第 1 期。

郭金龙、董云云:《对加快推动形成保险业全面开放新格局的思考》,《保险理论与实践》2018 年第 5 期。

国家发改委:《中国对外直接投资报告》,人民出版社 2017 年版。

胡洁:《当前金融监管面临的挑战及政策建议》,《银行家》2016 年第 6 期。

蒋冠宏、蒋殿春:《中国企业对外直接投资的"出口效应"》,《经济研究》2014 年第 5 期。

景光正、李平:《OFDI 是否提升了中国的出口产品质量》,《国际贸易问题》2016 年第 8 期。

阚大学、罗良文：《对外贸易对人力资本提升的实证研究——基于我国省级面板数据》，《经济与管理研究》2010年第4期。

李保民：《中国对外投资的政策形成与展望》，《对外经贸实务》2008年第4期。

李广众、P. V. Lan：《实际汇率错位、汇率波动性及其对制造业出口贸易影响的实证分析：1978~1998年平行数据研究》，《管理世界》2004年第11期。

李磊、白道欢、冼国明：《对外直接投资如何影响了母国就业？——基于中国微观企业数据的研究》，《经济研究》2016年第8期。

李杨、张晓晶等：《中国主权资产负债表及其风险评估》（上），《经济研究》2012年第6期。

李杨、张晓晶等：《中国主权资产负债表及其风险评估》（下），《经济研究》2012年第7期。

林毅夫：《后发优势与后发劣势——与杨小凯教授商榷》，《经济学》（季刊）2003年第3期。

林毅夫、李永军：《必要的修正——对外贸易与经济增长关系的再考察》，《国际贸易》2001年第9期。

林毅夫、李永军：《出口与中国的经济增长：需求导向的分析》，《经济学》（季刊）2003年第3期。

吕博：《多边援助的现状和前景》，《国际经济合作》1992年第10期。

马倩：《保险业对外开放的成果、问题与建议》，《中国保险》2018年第6期。

马卫华、应橹子：《国际货币基金组织与世界银行之比较研究》，《华北电力大学学报》（社会科学版）2006年第2期。

毛其淋、许家云：《中国企业对外直接投资是否促进了企业创新》，《世界经济》2014年第8期。

彭国华：《双边国际贸易引力模型中地区生产率的经验研究》，《经济研究》2007年第8期。

Sachs, J.、胡永泰、杨小凯：《经济改革和宪政转轨》，《经济学》（季刊）2003年第3期。

沙祖康：《通向里约之路——2011年中国可持续发展论坛开幕式致辞》，《中国人口·资源与环境》2012年第1期。

孙鸿藻：《国际多边援助的发展趋势》，《经济研究参考》1993年第

2期。

孙杰：《丰富银行间外汇市场主体结构》，《中国金融》2014年第23期。

王元龙：《中国金融安全论》，中国金融出版社2003年版。

吴晓灵：《中国债券市场的发展与开放》，《中国金融》2008年第2期。

姚枝仲、李众敏：《中国对外直接投资的发展趋势与政策展望》，《国际经济评论》2011年第2期。

余官胜：《贸易开放和人力资本形成的非线性关系——理论和基于我国省际动态面板数据的实证研究》，《财经科学》2009年第9期。

余淼杰、高恺琳：《中国—东盟自由贸易区的经济影响和减贫效应》，《国际经济评论》2018年第4期。

余永定：《人民币国际化路径再思考》，*RCIF Policy Brief*，No. 2011, 056, 2011。

余永定、肖立晟：《完成"8·11"汇改：人民币汇率形成机制改革方向分析》，《国际经济评论》2017年第1~2期。

余永定：《中国巨额外储投资困局求解》，*RCIF Policy Brief*，No. 2014, 017, 2014。

张斌：《人民币国际化：颠倒的次序》，*RCIF Policy Brief*，No. 2011, 036, 2011。

张明：《人民币国际化：在岸和离岸市场》，*RCIF Working Paper*，No. 2011W09, 2011。

张宇燕、冯维江：《国际政治与金融安全报告》，2018年4月。

中国人民银行调查统计司课题组：《我国加速开放资本账户开放条件基本成熟》，《中国证券报》2012年2月23日。

中国人民银行：《2017年人民币国际化报告》，中国金融出版社2017年版。

中国商务部等：《中国对外直接投资统计公报》，中国统计出版社2003~2016年版。

中国社科院世界经济与政治研究所：《2018年度中国海外投资国家风险评级》，2018年。